Ulla Kriebernegg, Roberta Maierhofer,
Hermine Penz (Hg.)

Interkulturalität und Bildung

Interkulturelle Pädagogik

Band 9

LIT

Ulla Kriebernegg, Roberta Maierhofer,
Hermine Penz (Hg.)

Interkulturalität und Bildung

LIT

Gedruckt mit Unterstützung der Universität Graz

Umschlaggestaltung: Melissa Milis und Tamara Tepfer, Niederlande
Redaktionelle Unterstützung: Barbara Ratzenböck

Gedruckt auf alterungsbeständigem Werkdruckpapier entsprechend
ANSI Z3948 DIN ISO 9706

Bibliografische Information der Deutschen Nationalbibliothek
Die Deutsche Nationalbibliothek verzeichnet diese Publikation in der Deutschen Nationalbibliografie; detaillierte bibliografische Daten sind im Internet über http://dnb.d-nb.de abrufbar.

ISBN 978-3-643-50191-2

Wien 2012
Krotenthallergasse 10/8
A-1080 Wien
Tel. +43 (0) 1-409 56 61
Fax +43 (0) 1-409 56 97
e-Mail: wien@lit-verlag.at
http://www.lit-verlag.at

LIT VERLAG Dr. W. Hopf
Berlin 2012
Verlagskontakt:
Fresnostr. 2
D-48159 Münster
Tel. +49 (0) 2 51-620 320
Fax +49 (0) 2 51-23 19 72
e-Mail: lit@lit-verlag.de
http://www.lit-verlag.de

Auslieferung:
Deutschland: LIT Verlag Fresnostr. 2, D-48159 Münster
Tel. +49 (0) 2 51-620 32 22, Fax +49 (0) 2 51-922 60 99, e-Mail: vertrieb@lit-verlag.de
Österreich: Medienlogistik Pichler-ÖBZ, e-Mail: mlo@medien-logistik.at
Schweiz: B + M Buch- und Medienvertrieb, e-Mail: order@buch-medien.ch

Für Elisabeth Katschnig-Fasch

Inhalt

Interkulturalität und Bildung: Einleitung

Ulla Kriebernegg / Roberta Maierhofer / Hermine Penz

Die heutige Gesellschaft ist durch wachsende Pluralität und Mobilität gekennzeichnet. Diese Entwicklung bewirkt eine Zunahme an Kontakten zwischen Menschen unterschiedlichster Herkunft und den damit verbundenen Herausforderungen. Im Zuge dieser gesellschaftlichen Entwicklungen stellt sich interkulturelle Kompetenz als Schlüsselkompetenz für die Mehrheit der Menschen und nicht mehr nur für eine kleine Elite dar.

Der Umgang mit kultureller Diversität sollte daher als eine gesellschaftliche Herausforderung betrachtet werden, die auch im Bildungssystem ihren Niederschlag findet. Eine Diskussion zum Thema „Interkulturalität und Bildung" muss aus diesem Grund auch den gesamten sozialen Kontext einschließen. Diese Notwendigkeit spiegelt sich nicht zuletzt in der Ansicht wider, dass eine Demokratie daran gemessen werden sollte, wie sie mit autochthonen und zugewanderten Minderheiten und mit Fremden umgeht.

Interkulturelles Lernen bezieht sich auf die Identität des Individuums und deren Konstruktion und Dekonstruktion. Die wesentlichsten Lernprozesse betreffen die Bereiche der Ambiguitätstoleranz, Empathie und Solidarität. Die Basis für eine Auseinandersetzung mit kultureller Pluralität besteht in der Bereitschaft zu lebenslangem Lernen, einem Prozess, der sowohl bereichernd als auch schmerzhaft sein kann. Diese Offenheit für einen ständig andauernden Lernprozess sollte sowohl auf der institutionellen als auch auf der persönlichen Ebene vorhanden sein.

Dieser Band geht aus einer Ringvorlesung der Universität Graz im Wintersemester 2008/09 hervor, deren Ziel es war, ein breites Spektrum an Zugängen zum Thema „Interkulturalität und Bildung" aufzuzeigen, um eine interdisziplinäre Plattform für weitere Diskussionen anzubieten. Ausgegangen wurde von der grundsätzlichen Frage nach dem Stellenwert von kultureller Pluralität in der Gesellschaft und von der Erfassung der unterschiedlichsten Aspekte des Themas „Interkulturalität und

Bildung" in verschiedensten Lebensbereichen sowie in der formellen und informellen Bildungsvermittlung. Wie gehen Institutionen, die formelle Bildung anbieten (vom Kindergarten bis zur Universität), mit der Herausforderung einer multilingualen und multikulturellen Gesellschaft um und wieweit integrieren sie interkulturelles Lernen? Wie spielt sich interkulturelles Lernen in informellen Kontexten, wie z.B. im täglichen Familienleben oder Arbeitsleben der Menschen ab? Der vorliegende Band ist nun die Verschriftlichung dieser Suche, die als Formulierung eines interregionalen, interdisziplinären Fragenkatalogs zu sehen ist, der zur weiterführenden Forschung anregen soll. Interkulturalität ist bereits als Begriff kaum faßbar und bietet in den unterschiedlichsten Definitionen und Verwendungen eine Projektionsfläche für multikulturelle und diverse Annäherungen an die Frage, was unter Interkulturalität nicht nur in der Forschung verstanden wird. Die Herausforderung besteht darin, die unterschiedlichen Disziplinen und Ansätze im wissenschaftlichen Kontext so aufzubereiten, dass trotz der Disparität das gemeinsame Anliegen sichtbar bleibt. Gemeinsamkeiten sollen vor allem im zusammengeführten Diskurs beim Lesen entstehen.

Der erste Beitrag des Bandes der jüngst verstorbenen Kulturwissenschaftlerin Elisabeth Katschnig-Fasch, der auch das Buch gewidmet ist, bereitet den wissenschaftlichen Zugang zum Thema auf. Unter dem Titel „Das Fremde, das Umgebung schafft. Wege zum reflexiven Verstehen" positioniert Katschnig-Fasch das Thema im wissenschaftlichen Diskurs. Die feministische Kulturanthropologin sieht die Ethnologie als die Fachdisziplin, um sich mit dem „Fremden" zu beschäftigen. Nachdem sie die Kritik am traditionellen – patriarchalischen, kolonialistischen – wissenschaftlichen Verständnis ihres Faches abgehandelt hat, schlägt sie drei akzeptable Wege zur Erforschung des „Fremden" vor: den ethno-psychoanalytischen Weg, den feministischen und den reflexiven, von Bourdieu geprägten Weg. Allen gemeinsam ist, dass die Anerkennung des Fremden in sich selbst und das Erkennen von Ähnlichkeiten im Fremden die Basis für eine wissenschaftlich lautere Ethnologie ist, die die Erforschten und Forschenden als gleichrangig verbindet.

Evelyne Glaser legt in ihrem Text „Interkulturelle Kompetenz als Schlüsselqualifikation für jeden Beruf" zunächst motivations- und lerntheoretische Grundlagen dar, auf denen aufbauend Modelle zum „Erlernen" interkultureller Kompetenz im Managementbereich vorgestellt werden. Da der Aufwand, verhaltensrelevante Lernschritte im Erwachsenenalter umzusetzen, sehr hoch ist, müssen die Lernmodelle erfahrungsbezogen sein und die Eigenverantwortung der Lernenden für das Lernen betonen. Dies gilt nicht nur im Fremdsprachenunterricht, der nun um den Bereich der Persönlichkeitsentwicklung unter interkulturellen Aspekten erweitert wird, sondern speziell für das Erlernen interkultureller Kompetenzen im engeren Sinn. Neben pädagogischen Ansätzen werden ein mindestens einjähriger Auslandsaufenthalt für Studierende sowie organisatorische Maßnahmen des Managementtrainings mit hohem Anspruch an Selbstkritik und -reflexion präsentiert und empfohlen. Dadurch sollten internationale berufliche Mobilität und multikulturell ausgerichtete Organisationen beziehungsweise Firmen zu managen sein.

Als Erziehungswissenschaftlerin sieht Eva Eirmbter-Stolbrink für ihr Fachgebiet die Aufgabe, unter den Bedingungen einer weltkulturellen Informations-, Wissens- und Mediengesellschaft Methoden interkulturellen Lernens und Lehrens zu identifizieren. In ihrem Beitrag „Zur Vermittlung von Vielfalt als interkulturelle Aufgabe einer Erziehungswissenschaft" stellt sie dabei fest, dass Humboldts Theorie der Bildung, deren Grundannahme von der Vielfältigkeit von Individuen und Welt für die Verfasserin noch Gültigkeit hat, von den Beschränkungen einer rein ökonomisch-technologischen Sichtweise wie auch einer von Meinungswissen überfluteten Medien- und Wissenswelt bedroht ist. Sie sieht im Modell einer diskursiv-systematischen Wissensvermittlung zugleich das Modell für die Vermittlung interkulturellen Wissens, das die Voraussetzung für eine reflexive Neupositionierung im interkulturellen Kontext darstellt. Daher fordert sie eine Überwindung der derzeit oft anzutreffenden rein pädagogisch-praktischen Verfahren interkulturellen Lernens und Lehrens durch eine erziehungswissenschaftlich überprüfte Methode.

Ausgehend von einer Beschreibung der Auswirkungen von Globalisierung auf die Anforderungen an das Bildungswesen führen die beiden AutorInnen Barbara Schröttner und Christian Hofer in einem anwendungsorientierten Zugang zunächst Kompetenzen an, die Lernende erwerben sollten, um „autonomes Sprachenlernen" als Befähigung zum lebenslangen Lernen realisieren zu können. Ihr Aufsatz „Spannungs- und Handlungsfelder in der modernen Bildungsgesellschaft. Lebenslanges Sprachenlernen für eine zeitgerechte Sprachendidaktik" sieht sich auch als Forderungskatalog, der deutlich macht, dass Selbstreflexion, Selbstorganisation und Selbstverantwortung als wesentliche Faktoren des Sprachlernens eingeführt werden müssen, die vor allem im „freien Schreiben" umgesetzt werden sollen.

Birgit-Katharine Seemann, Leiterin der Fachbereiche Kultur und Museen der Stadt Potsdam, geht in ihrem Text „Freiräume der Gentrifizierung – Möglichkeiten und Grenzen der Integration von Jugendkulturen in Stadtgesellschaften" der Frage nach, wie Partizipation von Jugendlichen auf kultureller, sozialer und praktischer Ebene erreicht werden kann. Sie verweist auf die in Deutschland etablierten Soziokulturen, die als interkulturelle, genreübergreifende und integrative Kunstbereiche bislang Jugendlichen die Teilhabe am Kultur- und Sozialleben der Kommunen – nicht nur virtuell – ermöglicht haben. Derzeit muss jedoch ein neuer Weg für die Partizipation von Jugendlichen gefunden werden, der die neuen sozialen Medien, wie etwa facebook, und die Ansprüche auf eine eigene, durchaus auch als „anders“ definierte Jugendkultur berücksichtigen kann. Die Soziokultur als Einrichtung muss sowohl die Einbeziehung des Internets als Partizipationsmedium von Jugendlichen als auch die Öffnung für bildungsferne Gruppen als Aufgabe sehen, um so den Städten und Kommunen durch ihre Jugend eine Zukunft zu geben.

Auf Basis zahlreicher Statistiken stellt Alexandra Dorfer, Verfasserin des Beitrags „USA, das Land der unbegrenzten Möglichkeiten für Hochqualifizierte aus aller Welt?“, die Bedeutung hochqualifizierter Zuwanderer für die USA dar. Dabei skizziert sie den Wandel bezüglich der Herkunftsregionen im Laufe des 20. Jahrhunderts: War zunächst Europa erster „Exporteur“ von hochqualifizierten Personen, so wurde es mittlerweile von Asien als häufigste Herkunftsregion abgelöst. Derzeit existiert ein starker Wettbewerb um diese Personengruppe, die, wie auch der US-amerikanische National Science Board 2010 konstatierte, einen wesentlichen Beitrag zur ökonomisch-technologischen Entwicklung der „Gastländer“ leistet. Neben den USA ist es vor allem China, das sehr stark in Bildung investiert und auch Hochqualifizierte im Land behalten beziehungsweise ins Land holen will. Mit diesen beiden Regionen muss die EU mithalten, will sie nicht ökonomisch-technologisch ins Hintertreffen geraten.

Auch wenn Diana Afrashteh in ihrem Artikel „Persepolis: Interkulturelle Aspekte in Marjane Satrapis Comic-Roman und Film – ein Fallbeispiel“ Satrapis „graphic novel“ als Liebeserklärung an das iranische Volk und insbesondere an die iranischen Frauen versteht, so bietet sie mit der Interpretation des Werks durchaus einen Beitrag zum interkulturellen Verständnis vor allem für das westliche Publikum an, das stark von einem engen, nur auf die Brutalität der iranischen Revolutionswächter fokussierten Bild vom Iran geprägt ist. Darüber hinaus thematisiert Persepolis Erfahrungen der Protagonistin sowohl als Emigrantin in Österreich als auch als Heimkehrerin in den Iran, die ganz unmittelbar die interkulturellen Brüche als persönliche Herausforderung darstellen. Erst die Akzeptanz einer „hybriden Identität“ als „Übersetzerin“ zwischen den Kulturen ermöglicht auch ein Leben in der Ambivalenz des Sowohl-Als-Auch. Im Spiegel einer autobiographischen Fiktion werden jene Kräfte aufgezeigt, die zu einer Neupositionierung aktiv und passiv aus der Sicht des Individuums beitragen, wobei nicht nur das Medium Comic den Humor als große Stütze im interkulturellen Alltag identifiziert.

Im Beitrag „‚Mein Leben ist wie eine Piñata‘ … Moralische Konflikte im Leben einer Studentin indigener Herkunft in Mexiko“ führt Claudia Pietig anhand eines biographischen Interviews die komplexe Identitätsfindung einer indigenen jungen Frau, die von einem Frauenhaus in Mexiko betreut und gefördert wird, vor Augen. Zunächst von der sehr dörflichen Umgebung geprägt, was vor allem ein enges weibliches Selbstbild bedingt, erfährt die als Studentin in der Stadt lebende Frau neue Selbstbestätigungsmöglichkeiten, die in Konflikt mit den anerzogenen geraten, aber letztlich als Chance zur Entwicklung eines komplexen Selbst wahrgenommen werden.

Gewidmet wird diese Arbeit unserer Kollegin, Elisabeth Katschnig-Fasch, einer Kulturanthropologin, die im Februar 2012 viel zu früh verstorben ist. Elisabeth Katschnig-Fasch lebte Interkulturalität auf verschiedenen Ebenen, einerseits in ihrem breiten wissenschaftlichen Oeuvre, andererseits in der Vermittlung ihrer Forschungen in öffentlichen Diskussionen, in persönlichen Gesprächen oder auch – wie in unserem Fall – im Mitwirken an der interdisziplinären Lehrveranstaltung, die die Grundlage dieser Publikation darstellt. Von ihren Kollegen und Kolleginnen am Grazer Institut für Volkskunde und Kulturanthropologie wird sie als scharfsinnige und kritische Wissenschaftlerin, engagierte und charismatische Lehrende, warmherzige Mentorin und wegweisende Intellektuelle charakterisiert. In einem Nachruf von Gerlinde Malli und Judith Laister mit dem Titel „In bleibender Erinnerung“ beziehen sich die beiden Autorinnen auf Elisabeth Katschnig-Faschs Zugang zur Forschung. So stellen die beiden fest, dass es nicht darum gehe, mit der wissenschaftlichen Auseinandersetzung dem Gegenstand gerecht zu werden, sondern es gehe vielmehr um eine Annäherung, in der die persönliche Geschichte zum Ausdruck kommt: „Ohne Leidenschaft, ohne Hingabe, ohne ‚Brennen für das Thema‘ ist jede Forschung zum Scheitern verurteilt.“[1] Katschnig-Fasch hat auf ihrer Webseite von einer „Gegeneinsamkeit“[2] gesprochen, wodurch sie sich als Ethnologin einerseits als eine „experimentelle Randständige“ zwischen den Welten, andererseits als „Nomadin zwischen den Unbehaustheiten der scientific community und des Fremden“ definiert hat. Katschnig-Fasch unterscheidet zwischen „Denken darüber“ und „Wissen darum“ in der Auseinandersetzung mit dem Fremdsein und sieht im Wissen Wesen und Ausgangsposition kulturanthropologischer Frauenforschung. Ausgehend von einer allgegenwärtigen Erfahrung des Fremdseins und der Einsamkeit postuliert sie – gegen die gesellschaftliche Tendenz der Fremdmachung – für Frauen im wissenschaftlichen Feld – als scheinbar Harmloses, Selbstverständliches und immer „Bewährtes“ – das Konzept der „Gegeneinsamkeit“, wodurch gemeinsames Denken, Erfahren und Diskutieren sowie eine Überwindung der Binarität von Selbst und Anderen gelingt. Katschnig-Fasch hat dieses Vorgehen in Bezug auf die neuen Computertechnologien postuliert. Wir kehren mit diesem Band zurück zu einem traditionelleren Medium zur Überwindung des Partiellen, dem Buch.

---

1 Gerlinde Malli und Judith Laister. „In bleibender Erinnerung“. Universität Graz. Web. 2. März 2012.

2 Elisabeth Katschnig-Fasch. „Gegeneinsamkeit“. Universität Graz, *WIDEE*. Web. 2. März 2012.

Katschnig-Fasch hat als das Wesen der feministischen Forschung das Transitorische ausgemacht. Das Heraustreten der/des Einzelnen aus einer unmittelbaren, spezifischen Arbeits-Realität kann als anthropologische Erfahrungssuche – so Katschnig-Fasch – in ihren Brüchen, Konflikten und Widerständen auch ein spezifischer Identitätsweg sein, eine Suche nach fächerübergreifender Aufmerksamkeit, die die disziplinäre Enge überwindet, die traditionellen Horizonte wissenschaftlichen Ver- und Erfahrens sprengt und auf Zuordnung, auf Geschlossenheit und auf die vermeintliche Autorisierung verzichtet. Wissen auf Erfahrungen und Lebensbedingungen im Dialog zurückzubinden und wissenschaftliches Arbeiten als Prozess zu verstehen und zu betreiben, das sei die spezifische Qualität einer von Frauen betriebenen Wissenschaft, in deren Mittelpunkt Menschen stehen.

Mit diesem Buch wollen wir im Andenken, Gedenken, aber vor allem im Miteinander-Denken mit den AutorInnen und LeserInnen die unmissverständliche Aufforderung von Katschnig-Fasch, unsere Arbeits- und Lebenswelten zu hinterfragen, aufgreifen und auf „den Gewinn des Vagabundierens“ hoffen, der nur möglich ist, wenn wir das Risiko der wissenschaftlichen Auseinandersetzung im interdisziplinären und interregionalen Dialog auf uns nehmen, um theoretische Endgültigkeiten hinter uns zu lassen.

Das Fremde, das Umgebung schafft. Wege zum reflexiven Verstehen

Elisabeth Katschnig-Fasch

Integration, so heißt es, sei ein Prozess der Angleichung zwischen der zugewanderten und der ansässigen Bevölkerung. Gelungen sieht man Integration allerdings nur dann, wenn sich die Immigrantinnen und Immigranten der gesellschaftlichen Norm der Ankunftsgesellschaft angeglichen haben. Der Stoff dieses Dogmas ist Entfremdung auf beiden Seiten: Nebeneinander, Gleichgültigkeit, steigendes Unbehagen bis hin zu Abgrenzung und aggressiver rassistischer Abwehr. Vordergründige, emotionalisierende Medienberichte und populistische Hetze zugunsten von Wählerstimmenmaximierung hinterlassen immer deutlichere Spuren: das Fremde – Projektionsfläche geschürter Ängste und Plattform ideologischer Zwecke.

Dieser für europäische Staaten kennzeichnenden Befindlichkeit erwachsen zunehmend gesamtgesellschaftliche Konflikte, die weder mit Beschwörungsformeln der Toleranz noch mit verschärften gesetzlichen Verordnungen zu bewältigen sind. Ist Integration also nur ein Schlagwort, ein Diskursbegriff der Einen über die Anderen?

Die ersten Schritte auf dem Weg zu einer gelungenen Integration in ein partizipierendes „Wir" sind Interesse und eine wirkliche Gleichbehandlung, so der Soziologe Paul Scheffer (2008). Welcher Substanz muss dieses Interesse aber sein, wenn es nicht zur leeren Phrase oder zur Verschleierung eines Zwanges zu einer vereinheitlichten Leitkultur verkommen soll, sondern sich zu einem gesellschaftlichen Miteinander entwickeln kann? So viel vorweg: Was der Integration vorausgehen muss, ist Nachdenken vor Interpretation und vor Tun – jene Momente also, die in einer reflektierten Beziehung neue Umgebung schaffen und damit erst die Horizonte einer „Integration von beiden Seiten" ermöglichen.

In diesem Beitrag wird zunächst der Prozess der anthropologischen Annäherung an das reflexive Verstehen skizziert, der das distanzierte wissenschaftliche Interesse zu überwinden versucht und nach dem dialogischen

Prinzip einen Erfahrungs- und Lernprozess zwischen dem Eigenen und dem Fremden meint.[1] Anschließend werden drei differente Zugänge zum selbst- und fremdreflektierenden Verstehen vorgestellt, wie sie aus unterschiedlichen Intentionen erarbeitet wurden: jener der Ethnopsychoanalyse, jener der feministischen Anthropologie und jener des methodischen Verstehens nach Pierre Bourdieu. Es sind dies selbstkritische Wege einer Annäherung an das Fremdverstehen, nicht allein der wissenschaftlichen Erkenntnis wegen, sondern auch, um aufklärend in gesellschaftliche Entwicklung einzugreifen und zur Lösung der drängenden Probleme zwischen Menschen unterschiedlicher kultureller Herkunft beizutragen.

Dass ein unreflektiertes Interesse am Fremden zum Sündenfall führt, zeigt nicht zuletzt die Fachgeschichte der Ethnologie selbst. Gerade diese Disziplin, der wie keiner anderen Humanwissenschaft fremde Kulturen und Völker als Forschungsgegenstand eingeschrieben sind, trug zum mächtigen und verhängnisvollen Bild des Fremden als dem „ganz Anderen" maßgeblich bei. Heute gilt es ihr, die Auswirkungen der aus unterschiedlichen Intentionen hergestellten und kulturell eingelagerten Fremdbilder auf das Leben der Einzelnen zu analysieren. Ethnologinnen und Ethnologen untersuchen gegenwärtig ein Alltagsleben, dem das Fremde nahe und das Eigene fremd geworden ist. Sie beobachten und führen Gespräche, gehen den Vorstellungen und den Erfahrungen, den Lebenspraxen der Menschen nach und folgen ihren Laufbahnen. In einem gewissen Sinn teilen sie die Position des Fremdseins mit ihren Gesprächspartnern und -partnerinnen. Sie verstehen sich als Vermittler/innen und Übersetzer/innen von einer Kultur in eine andere und führen in den Zwischenräumen ein Leben in Schwebe – wie ein Fährmann auf dem Fluss der Begegnungen, um ein Bild von Michel de Certeau zu strapazieren (de Certeau 226). Über-setzen heißt, so die Kulturanthropologin Ina-Maria Greverus, sich zwischen den Textfragmenten der verschiedenen Kulturen und der eigenen hin und her zu bewegen (*crossing over*) und die Fragmente zu einem Bild, das über die Anderen und gleichzeitig über sich selbst etwas aussagt, zusammen zu fügen (Greverus 2006).

Verstehen des kulturellen Daseins der Menschen ist nicht aus distanzierten Analysen objektiver Daten zu heben, sondern in erster Linie über eine konkrete und offene Begegnung, im Gespräch, im Kontakt und im Austausch, aus dem Pendeln zwischen Distanz und Nähe. Die Gültigkeit einer Aussage ist folglich an die immer ganz spezifische Realität der Momente der Begegnung gebunden. Dies bedeutet, nicht nur den einzelnen Menschen und sein Leben im sozialen Umfeld ins Blickfeld zu nehmen, sondern auch Widersprüche und Spannungen im Forschungsprozess

---

1 Die Beziehungssprache (*relational voice*) bestimmt das Prinzip der ethnologischen Erfahrungssuche – im Gegensatz zum Sprechen zur beziehungslosen Information (*knowing voice*). Vgl. dazu Greverus 1995, 289ff.

selbst, Übertragungen und Gegenübertragungen zu reflektieren und in die Deutung zu nehmen. Erkenntnis hat immer mit der eigenen Vorerfahrung zu tun. Will man Menschen und deren Lebenswirklichkeiten verstehen, gilt es daher sich selbst einzubeziehen und sich in dieser Gesamtheit auf Spürbares und Erfahrbares einzulassen. Die Erfahrungsmomente der Begegnung mit Menschen unterschiedlicher Herkunft überschreiten somit nicht nur immer alle bisherigen Erfahrungen, sie stellen auch den Radius des etablierten wissenschaftlichen Tuns, feststehende Kategorien und Zuordnungen in Frage. Und das heißt, auf Allgemeingültigkeit und Vollständigkeit, auf die Autorität des Beweises und auf theoretische Endgültigkeit zu verzichten. So entstehen neue Einsichten und bisher unbedachte Zusammenhänge erschließen sich.

Bild der Anderen

Lange Zeit wurde das, was von Missionaren, Reisenden und Abenteurern oder von Kolonialbeamten über weit entfernte Länder berichtet wurde, und das, was damit über die Kultur der Anderen in Texten und Bildern gezeichnet wurde, als authentisch betrachtet und erst gar nicht bezweifelt. Das Interesse war auf das Exotische gerichtet, auf eigenwillige und bizarre Kulturformen. Als der große Ethnologe Bronislaw Malinowski im frühen vorigen Jahrhundert an die Wissenschaft appellierte, am Leben der Eingeborenen selbst teilzunehmen, ihre Sprache zu erlernen und in ihre Lebenswelt einzutauchen, um die Gesamtheit ihrer sozialen Bedingungen erfassen und vergleichen zu können (Malinowski 116), war dies zweifellos ein entscheidender Schritt zum Verstehen fremder Kulturen und ein revolutionärer methodischer Paradigmenwechsel: vom Elfenbeinturm der *Scientific Community* zur Feldforschung – durch die Teilnahme am Leben der Anderen zum Selbst- und Fremdverstehen. Allerdings konnte sich diese gegenüber der Tradition des Evolutionismus gänzlich neue Perspektive, fremde Kulturen als prinzipiell gleichwertig zu sehen und anzuerkennen, noch nicht durchsetzen. Die Bilder, welche von fremden Kulturen, auch „wissenschaftlich legitimiert", produziert wurden, standen weiterhin im Banne überkommener Interessen des Kolonialismus und einer hierarchisch organisierten Distanz zum Anderen: Hier die Zivilisierten – dort die Primitiven, Unzivilisierten. Die Beforschten wurden weiterhin überheblich bevormundet und „ver-andert" (*othering*).

Die Stereotypie des „ganz Anderen" ist dem westlichen Diskurs tief in das kollektive Gedächtnis als eurozentristisches Muster der Fremdwahrnehmung eingebrannt. Eine Tatsache, die sich der nie bewältigten Begegnung des Westens mit außereuropäischen Kulturen verdankt. Damit etablierte sich eine Weltordnung, die das Eigene als gewaltfrei und als eine durch Gleichberechtigung ausgezeichnete Zivilgesellschaft stilisiert und gleichzeitig unrechtmäßige Gewalt gegen Fremde und die Ablehnung des

Anderen toleriert. Die Abwertung der Anderen garantiert die Aufwertung des Eigenen. Diese Abspaltung des Fremden hat durch die Effekte der globalisierenden Entgrenzung an Evidenz noch zugelegt, und wird heute als ganz „normal" gehandhabt. Sie bestimmt über die Aufnahmechancen und zieht sich durch die Medien, ist Basis der menschenverachtenden und gleichwohl als legitim empfundenen Abschottung Europas gegen „die aus dem Süden". Sie rechtfertigt die furchtbaren Arbeitsbedingungen der „Illegalen" in Europas Agrarplantagen und ist Motiv rassistischer Übergriffe. Heute steht die Herstellung der „Anderen" im Dienste politischer Ideologien und mächtiger globaler wirtschaftlicher Interessen, deren Auswirkungen von Projektionen, Ängsten und Unsicherheit angesichts des Verlustes gewohnter Ordnungsstrukturen unterfüttert sind.

Die Repräsentationskrise – mehr Fragen als Antworten

Als man in der Ethnologie das prinzipielle Problem der Herstellung des Anderen schließlich erkannt hatte, setzte eine kritische Auseinandersetzung rund um die Diskursproduktion und das wissenschaftliche Tun ein, welche zur sogenannten „Writing Culture-Debatte" führen sollte. In Gang gesetzt wurde diese Selbstreflexion nicht zuletzt von indigenen Intellektuellen. Der amerikanische Literaturtheoretiker palästinensischer Herkunft, Edward Said, warf in seinem Buch *Orientalismus* der abendländischen Welt vor, dass sie seit jeher dazu tendiere, statische und falsche Konstrukte zu präsentieren (Said 1981; 1993) – ein Vorwurf, der die Ära der „Postcolonial Studies" einläutete. Die von patriarchaler und westlicher Macht selbst Betroffenen waren es also, die durch ihre eigene Situation und ihre persönliche Geschichte ein Sensorium für die Wirkung autoritärer, ethnozentristischer Vorherrschaft entfalten konnten.

Aber so sehr man sich bemühte den „Fremden" gerecht zu werden, man musste erkennen, dass der wissenschaftliche Blick nie unschuldig ist. Auch die Forschenden stehen in der eigenen Geschichte, die sie eben in bestimmter Weise zu sehen und wahrzunehmen eingeübt hat. Mit ihrem ausgefeilten Gerüst von Theorien und Methoden treffen sie auf Menschen, die ihre eigenen Vorstellungen, ihre eigenen Probleme und Wirklichkeiten haben, die sie dann zu interpretieren beanspruchen. Sie schreiben den Beforschten, die selbst nicht zu Wort kommen und auch kein Einspruchsrecht haben, etwas zu. Das Leben der Fremden werde, so der Ethnopsychoanalytiker Mario Erdheim, durch die akademische Hackmaschine getrieben, simplifiziert und kategorisiert. Eine unreflektierte Wissenschaft betreibe Konstruktion, die die Wirklichkeit derer, um die es geht, doch nicht zu fassen vermöge. Sie bleibe ein Ergebnis ihres Herrschaftsanspruches, der prinzipiellen Lebensfremdheit und Verdrängung aller Gefühle im akademischen Umgang (24ff.; 133). Die Auseinandersetzungen der 1980er und 1990er Jahre rund um das Dilemma der Produktion von Wissen zogen sich durch viele Fächer und rüttelten auch an deren Selbstverständnis, nicht nur in der Literaturwissenschaft und der Ethnologie, auch in der Soziologie, der Geschichte und in der Philosophie. In den ethnologischen Fächern hat die Diskussion für eine regelrechte „kopernikanische Wende“ gesorgt, mit der das Subjekt-Objektverhältnis gründlich infrage gestellt wurde (Berg und Fuchs).

Postmoderne Annäherung an das Fremde: Lösung in Sicht?

Die neue Ethnologie (*New Ethnography*) war sich ihrer Mitwirkung an der Herstellung des „Anderen“ bewusst: Jede Begegnung mit Fremden produziert eine Beziehung, in der Menschen mit ihren jeweiligen kulturellen und sozialen Prägungen und aus einem je spezifischen, relationalen Verhältnis zueinander sprechen. Jede Begegnung hat also immer eine Vorgeschichte. Ein Gespräch auf gleicher Ebene war auch in der neuen Ethnologie durch die immanenten Dominanzstrukturen der Wissensproduktion schwer vorstellbar. Die bewegende Frage, ob eine wissenschaftliche Begegnung mit Fremden überhaupt jemals gleichwertig sein kann, auf gleicher Augenhöhe, demokratisch und frei von der Autorität des Wissens, ob das Herr-Knecht-Verhältnis zwischen Forscher und Erforschtem nicht per se unaufhebbar sei (Tyler), war berechtigt.

Entscheidend schien, wie diese ungleiche Beziehung in den wissenschaftlichen Text eingeht. Eine Lösung des Dilemmas sah man zunächst im Begriff „Dialog“. Im ursprünglichen Sinn meint Dialog einen verbalen Austausch, ein Gespräch zwischen Personen. Aber abgesehen davon, ob eine Forschung auf einem Gespräch im üblichen Sinne beruhen kann, war auch danach zu fragen, wie Angehörige fremder Kulturen einander verstehen können, wenn sie miteinander nicht in gleichen Begriffen sprechen und nicht in gleichen Welten leben.

Der Kulturanthropologe Clifford Geertz plädierte für eine „Rückkehr zur Erzählung“, die zu einer „dichten Beschreibung“ führt (2005, [1983]). Gemeint ist damit eine detaillierte und komplexe Interpretation einer Situation, die aus möglichst unterschiedlichen Blickwinkeln dargestellt werden soll. Eine dichte Beschreibung müsse einer dünnen Repräsentation entgegensetzt werden. Als postmoderner Kulturanthropologe lehnte er die objektive Wissenschaft als autoritär ab und stellte sich gegen ihren Wahrheitsanspruch. Er schlug vor, auf privilegierte Theorien zu verzichten; vielmehr komme es darauf an, die Bedeutungsstrukturen der Kulturen aus der Vielstimmigkeit zu heben. Geertz erzählt Geschichten aus den unterschiedlichen Positionen der Beteiligten. Allerdings – so argumentierten seine Kritiker – verschwinden hinter der Folie einer solch dichten Beschreibung wiederum die Stimmen derjenigen, um die es geht, in dem Sinne: *They talk – we write.* Tatsächlich bleiben die Beforschten, so wie der Autor selbst, mit ihrer Anwesenheit im Dunkeln. Zur Ermächtigung, mit ihrer eigenen Stimme in den Texten aufzutreten, ist damit nichts getan. Die Aufgeschlossenheit sei vorgeschoben, jedenfalls reiche sie nicht, und vielleicht, so vermutet sein Schüler und vehementester Kritiker, Stephen Tyler, spielt sich der viel strapazierte Begriff des Dialogs bloß als Korrektur auf und suggeriert dabei, eine Begegnung auf gleicher Augenhöhe als einziges Prinzip des Verstehens zu sein (1993). Gibt, so fragt er, die Beschwörung des Dialoges somit nur vor, die prinzipielle Schieflage überspringen zu können und verschleiert damit, dass die „Anderen“ doch nur Figuren einer Dramaturgie sind, eine Absichtsregie, mit Ablauf und Ende und immer mit Kalkül? Er befürchtet, dass der Begriff „Dialog“ im wissenschaftlichen Kontext lediglich einem Schuldbewusstsein entspringe, weil sich Ethnologen zu selbsternannten Nachlassverwaltern fremder Kulturen aufgeschwungen haben und nun unter Rechtfertigungsdruck stünden, vielleicht auch aus Angst vor der Gewissheit, doch nie eine verlässliche, eine objektive Aussage über fremde Lebenszusammenhänge machen zu können. Jedes Gespräch, so Tyler, ist bereits eine Produktion, die nach einem vorgefassten Text abläuft – das Ergebnis eines einseitigen Willens und einer Absicht. Selbst die einem Gespräch vorangehenden Beobachtungen geschehen bereits nach Codierungen, die sich während des gesamten Forschungsprozesses fortsetzen und das Aufzeichnen begleiten. Sie gehen in den wissenschaftlichen Text ein, der somit immer einer vorgefassten Intention entspricht.

Auch der bestgemeinte Dialog ist somit ein Feld von unbewussten Projektionen und bewussten Absichten, ein Problemfeld und immer eine Kontaminationsquelle, die zu falschen Aussagen und Missverständnissen führt. Wenn man sich mit Clifford Geertz auch um Sensibilisierung bemühte, darum, die Praxis der Ver-anderung zu überwinden, so wurden damit die Privilegien der machtvollen Interpretation in Wirklichkeit doch nicht aus der Hand gegeben.

Wenn wir mit Menschen auf gleicher Augenhöhe in ein Gespräch treten wollen, sind wir gezwungen, auf das Denken, die Vorstellungen des Gegenübers zu reagieren und dadurch aus festgelegten Denktraditionen und aus unserer festgefahrenen Sprache herauszutreten. Nur so können Grenzen der unterschiedlichen Wirklichkeiten aufgebrochen, Horizont und Raum des Verstehens erweitert werden. Was wir brauchen, ist also eine andere Dialogvorstellung, eine, die die kulturelle Differenz anerkennt und die Übereinstimmung wahrnimmt, eine Dialogvorstellung, die die soziale Ungleichheit im Auge behält und mit der ethische, politische und epistemologische Gesichtspunkte ins Spiel kommen, womit etablierte Denk- und Wahrnehmungsschemata durchbrochen werden können. Die im Folgenden skizzierten Wege des reflexiven Verstehens versuchen dem prinzipiellen Dilemma der Erforschung des Fremden zu entkommen. Alle drei Ansätze verbindet das Anliegen, der Verführung, die Befragten zu „Anderen“ und damit zu Objekten zu machen, zu entgehen.

Fremdheit als methodisches Prinzip – der ethnopsychoanalytische Weg

Wie Menschen anderer kultureller Herkunft fühlen und denken, mit Konflikten, Ängsten und Zuneigung umgehen, das kann man weder durch distanzierte Befragung noch durch reservierte Beobachtung erfassen. Substantielles Verstehen ist nur in einer Beziehung, in die man sich einlässt und vertieft, zu erreichen, so der bestimmende Erkenntnisweg des ethnopsychoanalytisch reflektierten Herangehens. Die Beziehungsdynamik ist daher die eigentliche Informationsquelle. Darin werden auch alle unbewussten Phänomene des Widerstandes, Übertragung und Gegenübertragung, die gegenseitigen Bilder bzw. Vorurteile und auch Ängste sichtbar und deutbar. Schon George Devereux hat darauf hingewiesen, dass die Begegnung zwischen den Kulturen und damit auch das Wissen über die Anderen stets durch die Beziehungsstruktur bestimmt wird. Mit seinem epochalen Werk *Angst und Methode in den Verhaltenswissenschaften* hat er den Faktor der Gegenübertragung und der Angst im Forschungsprozess als Schlüssel zum Verstehen bewusst gemacht (Devereux 1998, [1967]).

Der ethnopsychoanalytische Zugang zum Verstehen behält die Störung im Auge und legt die gegenseitigen Projektionen der jeweiligen kollektiven Geschichte frei, in die die Beteiligten, Forschende wie Beforschte, eingebettet sind. Die Aufmerksamkeit ist gleichzeitig auf die Differenz wie auf das Verbindende gerichtet, darauf, was man versteht und was man nicht versteht oder abwehrt. Der Weg zum Verständnis der fremden Kultur führt somit über die Reflexion der eigenen kulturellen Prägung, der sich Irritationen und Störungen verdanken. Die differenten kulturellen Vorbedingungen der beteiligten Personen, die Bilder vom jeweils Anderen und daraus resultierende Abwehr- oder Vereinnahmungsstrategien werden aufgedeckt. Der Austausch im Gespräch wird so zur wechselseitigen Möglichkeit, die Spuren der eigenen Fremdheit ebenso wie die Spuren der Vertrautheit im Fremden zu entdecken. Gerade das Verstörende schafft den zum Verstehen notwendigen Zugang. Die Position der/des Befragten bleibt dabei auf einer (annähernd) gleichen Ebene, die Beforschten verkommen nicht zu beobachteten oder befragten Objekten. Die Dialogbeziehung wird folgerichtig auf beiden Seiten als Bereicherung und Vertiefung gesehen. Gegenseitige Fremdheitswahrnehmung, die Reflexion der eigenen Vorannahmen, des Konfliktes und der Verstörungen und eine nachvollziehbare Darlegung der Erkenntnisbildung – das sind dann die entscheidenden Kontrollinstanzen der Gültigkeit der Interpretation. Anders als in postmodernen Bedeutungstexten (auch wenn sie noch so sehr „mitten hineinversetzen, was interpretiert wird“ (Geertz)), deckt die ethnopsychoanalytische Begegnung auch die Person der Forschenden in der Beziehungsdynamik des Forschungsprozesses auf.

Eindrucksvoll zeigt dies – hier als Beispiel – die Schweizerin Florence Weiss in einer Begegnung mit Frauen in Papua Neuguinea (1996). Beide, die Forscherin und die beforschten Frauen, bleiben in der täglichen Begegnung konkret, immer in ihrer verschiedenen Subjektivität. Gezeichnet durch Züge der Persönlichkeit gewinnt der „Forschungsgegenstand" ein Gesicht. Durch die nachvollziehbaren Gesprächssituationen wird die fremde Lebenswelt der Iatmul lebendig. In der Reziprozität des Dialoges ist der Objektstatus aufgehoben, nicht jedoch die Objektivierung, die durch den Prozess der Reflexion gesichert wird. Die Iatmul-Frau Miat, der die Forscherin die Hauptrolle zukommen lässt, spricht über ihre Gefühle, erzählt ihr Erlebnisse und Erfahrungen, von ihrer Arbeit, von ihrem Mann und den Kindern – und umgekehrt. Beide sind auf ihre Art schöpferisch, entwickeln einen aktiven Dialog, wobei die Gespräche auf beiden Seiten interpretiert werden. Sowohl Differenz als auch Affinität werden im Zusammenspiel der beiden Gesprächspartnerinnen offenkundig. Die Grenzen zwischen der Kultur der Iatmul-Frauen und der Kultur der Schweizer Forscherin sind durchlässig, ohne dass eine wissenschaftliche Diagnose sie im gegenseitigen Verstehens- und Interpretationsprozess zum Verschwinden bringt. So werden Lebensweise, Einstellung und Gefühle auf beiden Seiten gleichermaßen verstehbar.

Wenn beide Gesprächspartnerinnen von ihren sozialen Beziehungen reden oder von ihren verschiedenen Auffassungen von Ehre und Würde, geht es nicht darum, „das Andere" oder „das Fremde" zu fassen, es geht vielmehr darum, Unterschied wie Ähnlichkeit zwischen den Kulturen offenzulegen und darum, die jeweils gegenseitigen produzierten Bilder als kulturelle Konstruktionen zu entlarven. Der enorme Gewinn dieses ethnopsychoanalytischen Weges ist, dass die verschlingende Attitüde der oft überbewerteten Differenzen oder der falschen Konstruktion der Andersheit aufgedeckt wird. Wenn wir aus der immer bequemen autoritären Distanz heraustreten, dann wird die eigene Sichtweise, die immer ganz schnell das „Andere" entwirft, auch wahrnehmbar und die Differenz wird durchlässig.

Feministische Wege zu den Anderen

Einen ähnlich grundlegenden Weg in der Erforschung fremder Kulturen markieren feministische Positionen. Lange bevor man sich der Krise in der männlich dominierten *Scientific Community* bewusst geworden ist, widmeten sich bereits einige Ethnologinnen dem Problem der Machtmechanismen in der Wissensproduktion, welche bislang die Kultur der Frauen vernachlässigte, und auch dem Faktum, dass Gefühle im Forschungsprozess ignoriert und verschwiegen werden (Nadig). Schon in den frühen 1950er Jahren versuchte die Anthropologin Laura Bohannan die Autorität der Wissensherstellung mit einer spezifischen Textform zu brechen. In ihrem 1954 erschienenen Werk *Return to Laughter* setzt sie sich mit ihren eigenen Konflikten im Forschungsprozess auseinander, mit ihrem Befremden und ihrem Entsetzen über bestimmte Traditionen der Kultur der Tiv in Nigeria. Um ihrem westlichen Blick und Urteil zu entgehen, war ihre Lösung die, den Beforschten selbst eine Stimme zu geben. Sie ließ ihre Gesprächspartnerinnen polyphon zu Wort kommen und ihre eigene Stimme nur eine unter vielen sein. Ihre Arbeit über diese fremde Kultur musste sie allerdings dann unter dem Pseudonym Elenore Smith-Bowen erscheinen lassen, da sie fürchten musste, dass diese Textform ihrem Ruf als seriöse Wissenschaftlerin schaden würde.

In der feministischen Perspektive bedeutete die Begegnung der Forscherin mit Frauen im Feld zunächst: Ich sehe und höre mit meiner weiblichen Erfahrung, meinem eigenen Fremdsein innerhalb einer männlich dominierten und symbolisierten Welt der autorisierten Meinung einer patriarchal ausgerichteten Gesellschaft. Wissenschaftlerinnen fühlten sich mit den beforschten Frauen in der Erfahrung der erlittenen Ungleichheit ihres Geschlechts verbunden. Das Bewusstwerden der eigenen Fremdheit führte sie auf ihren Weg der Erkenntnis. Durch ihre eigene Geschichte und aus eigener Erfahrung des Differenten und der gesellschaftlichen Ungleichheit öffnete sich der Zugang zu den weiblichen Lebenswelten. Sie erkannten, dass sie, um fremde Gesellschaften und deren Kulturen zu verstehen, die eigene Wahrnehmung als vorgeprägte reflektieren müssen und ihre Einsichten an keine Verallgemeinerungen binden dürfen. Das bedeutete folglich auch, sich der eigenen Ambivalenz als Frau im patriarchalen Wissenschaftssystem bewusst zu werden – als Angehörige des Machtfeldes Wissenschaft. Aus dieser weiblichen Ambivalenzerfahrung ergab sich ein eigener kritischer feministischer Diskurs rund um die Frage, wie Daten überhaupt je zu gewinnen seien, ohne in das Machtgefälle zu fallen. Zunächst war damit eine andere Kommunikation, aber auch eine andere wissenschaftliche Praxis als Lösung zu denken: Der dialogische Austausch sollte die weibliche Differenz zum Sprechen bringen, in einer anderen Art der Befragung, die aus der empathischen und reflexiven Beziehung zu den Gesprächspartnerinnen Erkenntnis generiert, darüber hinaus auch in einer anderen Art der Textualisierung, etwa in der Form eines Romans, in dem auch Leserinnen das Eigene reflektieren und in die fremde Kultur eintauchen können, um sich selbst, vernetzt in einer gemeinsamen Frauenerfahrung, wiederzufinden und in einen quasi dialogischen Austausch mit den fremden Protagonistinnen und der Forscherin zu treten.

Gerade in der Tatsache, dass unser Gesellschaftsvertrag in Werten, Moral und Ordnungen die männliche Dominanz symbolisiert, sehen feministische Ethnologinnen einen großen Erkenntnisvorteil. In der Differenz zur patriarchalen Kultur und ihrer symbolischen Ordnungsstruktur bleiben ihnen ihr konkretes Selbst und damit auch das der jeweiligen anderen Frauen zugänglicher. Darin liegen Kreativität und Möglichkeit, das Zusammenspiel von Persönlichkeit und Gesellschaft direkter zu erkennen und auch zu verändern. Es ist „der Unterschied, der Umgebung schafft" (Gertrude Stein).[2] Marylin Strathern, eine der maßgeblichen feministischen Anthropologinnen, sieht die feministische Position und Erkenntnis nicht als bloße Erweiterung der wissenschaftlichen Praxis, sie will „keine Blumen der anthropologischen Methode hinzufügen", wie sie sagt. Nicht um epistemologische Prämissen geht es ihr, sondern vielmehr darum, die politischen und ethischen Differenzen zu stützen. Eine Forschung, so Strathern, die die Asymmetrie der Geschlechter und die Machtverhältnisse durch ihre permanente theoretische und methodische Reflexion infrage stellt, stellt per se auch die Spielregeln des wissenschaftlichen Feldes infrage.

Wie sich die ethnopsychoanalytische Annäherung durch die Reflexion des Eigenen zu verstehen sucht und damit wissenschaftliche Praxis verändert, so veränderte die feministische Position die wissenschaftliche Erkenntnis durch die Wahrnehmung der weiblichen Differenz. Ein tragfähiges Setting von Gegenseitigkeit und Anteilnahme zur Veränderung im Sinne einer gerechteren Welt zu schaffen, ist ihr darüber hinaus ein dezidiert politischer Auftrag.

Die feministische Kritik hat auf dem Weg zur Aufdeckung der unterdrückten Frauengeschichte und Frauenleben viel geleistet. Sie hat nicht nur die Genderfrage im wissenschaftlichen Denken etabliert und den Diskurs der Fremden als Machtkonstellation im symbolischen System patriarchaler Kulturen dekonstruiert (WIDEE; *Paris-Milano-Graz*), sie hat über den Austausch unter Frauen die Grenzen zwischen fremd und eigen, zwischen dem Selbst und dem Anderen überschritten und den vielen Stimmen aus unterschiedlichen Kulturen Raum gegeben, in dem die Geschlechterungleichheiten gemeinsam aufgedeckt werden.

Nun gilt es nicht nur die weibliche Differenz in der männlichen Dominanz aufzuspüren, sondern Herrschaftsstrukturen, die jeder hegemonialen Gesellschaftsstruktur eingelagert sind, zu analysieren – auch zwischen Frauen unterschiedlicher Herkunft und Zugehörigkeit ebenso wie die Beteiligung von Frauen an Ungleichheit und Machtverhältnissen. Die Aufmerksamkeit ist auf das Unterschiedliche als Effekt von Benachteiligungsstrukturen beim Zugang zu materiellen und kulturellen Ressourcen gerichtet, auf Partizipationschancen und auf gesellschaftliche Diskriminierung. Geschlecht, Klasse, Ethnizität, Hautfarbe, Alter sind Kategorien kultureller Differenz, aber gleichzeitig Zuschreibungen und Kategorien zur Reproduktion gesellschaftlicher Benachteiligungen. Christina Thürmer-Rohr thematisiert und korrigiert auf Hannah Arendts Spuren die

---

2 In Anlehnung an die Metapher Gertrude Steins hat Eva Mayer für die Rückgewinnung der Sprachhandlung plädiert, die den Sprachverlust der Wissenschaft ausdrückt, weil er die Realität nicht fasst. „Der Unterschied, der eine Umgebung schafft" findet in „der Frau" das Mittel eines Stils, der Partei ergreift (Mayer).

gängige feministische Herrschaftskritik nach dem antagonistischen Modell Unterwerfer – Unterworfene. Sie meint hingegen eine Herrschaftskritik, die jenen Aspekt der Herrschaft freilegt, die „Herrschende und Beherrschte zu gemeinsamen Beteiligten an einem umfassenden Herrschaftsarrangement macht, die bei den Zugehörigen Zustimmung und Übereinstimmung erreicht und damit auch die Nivellierung, die weitgehende Integration von Herrschenden und Volk, Staat und Gesellschaft, Unterdrückern und Unterdrückten, Tätern und Opfern“ (Thürmer-Rohr 7ff.). Diese Herrschaft, so Christina Thürmer-Rohr, liegt nicht nur den großen Verbrechen der Totalitarismen des 20. Jahrhunderts zu Grunde, sondern allen menschlichen Katastrophen.

Selbst in Gesellschaften mit demokratischen Verhältnissen kommen totalitäre Phänomene wieder an die Oberfläche, die in den rasanten kulturellen und sozialen Veränderungen der globalen Ökonomie und deren wachsenden Ungleichheitsstrukturen einen neuen Nährboden finden. So wirken die Herrschaftsmomente als historisches Erbe in der auf Konkurrenz gebauten Kultur des neuen Kapitalismus und ihrem unsolidarischen Handeln weiter und segregieren Zuwanderer und Zuwanderinnen über doktrinäre Einwanderungs- und Integrationspolitiken und deren starres bürokratisches Denken als „Fremde“, als „Ausländer“, als „Asylanten“. Die globalisierte ökonomische Vorherrschaft hat als totale Institution die Tendenz das Differente zu absorbieren und in die Norm einzupassen. Wer nicht integrierbar ist, wird verwiesen. Gerade das Verwischen der Differenz bereitet den Boden für die Deformation des zwischenmenschlichen Daseins der mitunter verschieden lebenden Menschen. Diese Deformation des Politischen ist es, so Christina Thürmer-Rohr, die für die totalitäre Herrschaft vorbereitet. Wenn der Blick die interdependenten Strukturen der Herrschaft freigibt und darunter gelagerte Machtverhältnisse als Bodensatz fataler kultureller Entwicklungen sichtbar werden, erübrigt sich die enge Suche nach konkreten Schuldigen, nach Opfern und nach Tätern. Jede vorschnelle Kategorisierung geschlechtlicher, rassistischer, ethnisierender Art verunmöglicht es hingegen – wie jede Sortierung in feste Zuordnungen – Herrschaftsstrukturen zu überwinden. Wenn unterschiedliche Lebenswelten zum akzeptierten Bestandteil der Realität werden sollen, dann sind Differenzen zu denken und zuzulassen.

Methodisches Verstehen – Objektivierung der Subjektivität

Dialog, Gespräche auf gleicher Augenhöhe, Anerkennung der Differenz und Erkennen des Verbindenden, Empathie – das sind wichtige Verstehensversuche im gelebten Alltag und zur gelebten Intersubjektivität, ebenso elementare Voraussetzung für den wissenschaftlichen Verstehensansatz. Aber sie reichen noch nicht, so Pierre Bourdieu, der die Denkweise der Sozial- und Geisteswissenschaften insgesamt kritisch hinterfragt. Den naiven, intuitiven Glauben an die Verstehbarkeit fremder Kulturen lehnt er rundweg ab. Er fordert „methodisches Verstehen“ (1997), das – ähnlich der feministischen Ethnologie oder der Ethnopsychoanalyse – die Machtstrukturen einbezieht. Bourdieu soziologisiert den humanwissenschaftlichen Ansatz zum reflexiven Verstehen, womit zum einen dezidiert die Anstrengung gemeint ist, den sozialen Kontext der Menschen, um die es geht, zu berücksichtigen, zum anderen aber auch die Position des Forschenden selbst einbezogen wird. Dieser Zugang müsste auch jedem professionellen Handeln und Bemühen um Integration vorausgesetzt sein, um seine Sinnhaftigkeit zu sichern. Erst wenn das konkrete Leben der Betroffenen mit seinen Relationen im gesamten sozialen Gesamtsystem bedacht wird, die Einflüsse der umgebenden Strukturen wie die Schalen einer Zwiebel freigelegt sind, ist Verstehen möglich. Wie Menschen denken, handeln und fühlen, was Menschen von Bedeutung ist, hängt von ihrer Erfahrung, von ihrer schon bei ihrer Geburt beginnenden Sozialisation ab, von ihrer habituellen Disposition (Bourdieu 1998, 12ff; 2006). Unter welchen sozialen Umständen Menschen leben, wie sie im gesellschaftlichen Raum verortet sind, woran sie leiden, ist dann von ihrer sozialen Einbindung und Position, von sozialen Strukturen bestimmt, deren Effekte ihre Laufbahnen und ihre Chancen bestimmen. Um zu verstehen, so Bourdieu, sind das subjektive erlebte Leben und die objektive Datenlage der Strukturen, die auf ihr jeweiliges Leben einwirken, zusammen zu denken. Er meint damit die „Objektivierung der Subjektivität“ (Bourdieu 1990; 1997). Durch die Objektivierung ihrer subjektiven Lage wird die unsichtbare Determinierung der habituellen Disposition und damit die Logik des Handelns und Denkens dechiffrierbar. Das Alltagsleben der Menschen folgt jedenfalls einem anderen Sinn als jenem der institutionellen Logik.

So wie das unmittelbare soziale Umfeld, in dem Menschen leben, zu bedenken ist um zu verstehen, warum sie so und nicht anders denken und handeln, so ist der gesamte soziale Raum zu bedenken. Gerade für Eingewanderte sind die Machtstrukturen der Ankunftsgesellschaft und deren Institutionen, auf die sie treffen, ausschlaggebend für das Gelingen oder Scheitern ihrer Integration. Sozialarbeiter, Politiker oder Beamte folgen wie Forschende den Interessen und Ordnungen der Institutionen, die sie vertreten, und sie stammen meist aus sozialen Milieus, die nicht die gleichen sind wie die der Fremden und um Aufnahme Suchenden. Wie in der wissenschaftlichen Begegnung sind also auch in der praktischen Sozialarbeit die je spezifischen sozialen bzw. kulturellen Dispositionen methodisch im Auge zu behalten und ist sich der komplexen Zusammenhänge zwischen dem eigenen Leben und dem Leben derjenigen, deren Lebenswirklichkeit anderswo und unter ganz bestimmten Kräfteverhältnissen der Weltordnung ihren Anfang genommen hat und deren Existenz jetzt zu unserer Gesellschaft gehört, bewusst zu werden. Aus der Reflexion der jeweiligen Situierungen im sozialen Raum, im lokalen, nationalen wie im globalen, lassen sich dann

Wirkungszusammenhänge erkennen. Und so wie die feministische Genderforschung die soziale Konstruiertheit von Geschlechterdifferenzen herausgearbeitet hat, werden dann auch Probleme des Zusammenlebens als sozial gemacht erkennbar und damit veränderbar; der kulturalisierende bzw. ethnisierende Dualismus fremd – eigen ist überwindbar, das vereinheitlichte und abschottende Wir vermeidbar und Handlungsräume der sozialen Arbeit als Auftrag der Gesamtgesellschaft eröffnet.

Wir haben, so der von Bourdieu an anthropologische Disziplinen gerichtete Vorwurf, die charismatische Vorstellung, dass wir frei von unserer sozialen Vorgeschichte seien, dass unsere Deutung unfehlbar sei, und hätten keine Ahnung davon, dass unser Blick einem Machtanspruch folge und somit die Wahrnehmung beeinflusse und verzerre. Dieser berechtigte Vorwurf gilt für alle Vertreter von Institutionen. Auch sie folgen ihren habituell angeeigneten Verhaltensintentionen, ebenso wie der institutionellen Macht als deren Stellvertreter. Jeder Auf- und Anforderung zur Integration muss eine Reflexionsarbeit aller beteiligten Akteure, der gesetzgebenden Verwalter des Zuzuges als rechte Hand des Staates ebenso wie der helfenden Sozialarbeiter, die Bourdieu als die linke Hand des Staates bezeichnet, vorausgehen. Die einmal gelernten Denkkategorien arbeiten in jedem im Unbewussten als Verzerrungen weiter und führen zu unbedachten Entscheidungen. Erst durch die Reflexion der jeweiligen habituellen Prägung, der sich die kulturell und sozial vermittelten Vorannahmen verdanken, werden sie aufgedeckt. So ist der Illusion der Übereinstimmung zwischen Wahrnehmung und Realität dann auch zu entkommen. Die Sicht jeder Institution ist, wie die der Wissenschaft, jedenfalls immer eine andere als jene der Betroffenen. Wenn Bourdieus Weg der „Objektivierung der Subjektivität" – wie die Wege der Ethnopsychoanalyse und der feministischen Ethnologie – bewusst nicht die „Wahrheit" über die „Fremden" zu finden beansprucht, „wer etwas vom Glauben anderer glauben will, ist verdammt, weder die objektive Glaubenswahrheit noch das subjektive Glaubenserlebnis fassen zu können" (Bourdieu 1998, 126), so führt dieser Weg zum Verstehen, gerade weil er die verhängnisvollen Vereinfachungen der komplexen sozialen Realität vermeidet. Mit Bedacht auf die sozialen Positionen, auf Relationen und auf die Wirkzusammenhänge der Strukturen im gesamten gesellschaftlichen Raum kann jedenfalls viel zur politischen Demontage der Herrschaft der einen über die anderen beigetragen werden.

Die drei hier skizzierten Wege, der ethnopsychoanalytische, der feministische und jener des methodischen Verstehens Bourdieus, nähern sich – aus unterschiedlichen Richtungen kommend – dem komplexen Prozess des Verstehens. Vorausgesetzt ist allen drei Wegen eine prinzipielle humanistische Haltung, „intellektuelle Liebe" nennt dies Bourdieu, und eine kritische Selbstreflexion. Was sie verbindet, ist die Überzeugung, nur nach sorgfältiger und komplexer Vorarbeit und Recherche des Umfeldes und durch unmittelbare, persönliche Kontakte und Gespräche dem Verstehen näher kommen zu können. Für die wissenschaftliche Erkundung des Fremden wurden diese Wege entwickelt, jedoch im Sinne einer „eingreifenden Wissenschaft, um „den Unterschied, der Umgebung schafft" zu entdecken und zu gestalten, der eine Integration zu einem besseren Zusammenleben ermöglicht. Die Wissenschaft hat gelernt, jetzt gilt es der Politik, davon auch wissen zu wollen.

Ausblick durch Einblick

Die Welt ist in Bewegung geraten, und sie entfaltet dabei Ungleichheiten in weltweit vernetzten neuen Dimensionen. Menschen sind nicht mehr an geographisch geschlossene kulturelle Räume gebunden. Was den einen Bewegungs- und Entscheidungsfreiheit bedeutet, bedeutet für immer mehr den Verlust des grundsätzlichen Rechtes auf Heimat und die Beraubung der existentiellen Lebensbasis. Die Spannung zwischen Imagination und Realität hat sie nicht in eine kosmopolitische Welt geführt, sondern in lokale Ethnodramen, in Tragödien aus dem Stoff von gesellschaftlicher Ausgrenzung und Rassismen. Schlagworte wie Pluralität oder multikulturelle Gesellschaft zielen zwar auf eine Verwirklichung der Vision eines gleichberechtigten Zusammenlebens der Verschiedenen, darauf, dass sich die Angehörigen unterschiedlicher kultureller Zugehörigkeiten gegenseitig mit Verständnis, Respekt und Toleranz begegnen und einander als gleichberechtigt betrachten, ab, allerdings steht dieser Vision immer mächtiger die Realität des zunehmenden Rechtspopulismus und der Normierung durch den alles vereinnahmenden Ökonomismus entgegen. Die Janusköpfigkeit der globalisierenden Kultur des neuen Kapitalismus ist evident. Dogmatische Anmutungen politischer, medialer oder wirtschaftlicher Diskurse bleiben jedenfalls der Realität jener gegenüber blind, deren Aufbruch in andere Territorien und Länder von einer Hoffnung des Überlebens ausgegangen ist. Dazu kommt, dass der Prozess der spätmodernen Enträumlichung einen üppigen Nährboden von Ängsten und von Ungleichheit bietet, die sich in überkommenen stereotypen Bildern vom Fremden als dem „ewig Anderen" spiegeln.

Wenn es auch zutrifft, dass wir alle längst nicht mehr kulturell homogen sind, weil Identitäten aus dem Anker gerissen sind und durchlässig, „hybrid" werden (Arjun Appadurai, Homi Bhabha) – die postmoderne Entgrenzungsideologie fußt auf neuen, noch nie dagewesenen radikalen Grenzziehungen gegen alle, die sich den neuen Anforderung nicht unterwerfen wollen oder können. Die Machtverhältnisse zwischen Einheimischen und Zugezogenen, zwischen der Mehrheit und der Minderheit, zwischen und innerhalb der Geschlechter sind es, die schließlich den kulturellen Zustand einer Gesellschaft bestimmen. Den Blick darauf gilt es offen zu halten.

Die Wege zu den sogenannten „Anderen" führen in weite Räume. In der prinzipiellen Anerkennung des kulturell Differenten liegt jene kosmopolitische Umgebung, in der sich die Bilder vom Fremden wie vom Eigenen durch das Erkennen des real Verbindenden und der realen Ähnlichkeit verwandeln. Das ist jene Umgebung, die wir zum gemeinsamen Anliegen des Menschseins und eines humanen Rechtes auf Gleichberechtigung brauchen. Um den lokalen und globalen Herausforderungen zu antworten, braucht es ein neues Denken über Fremde, ein Denken, das der Differenz die beängstigende Fremdheit nimmt und weder vereinnahmen noch ausgrenzen muss (Bauman). Jetzt, wo die westliche Moderne gründlich in die Krise zu geraten droht, ist auch die Chance groß, die falschen Heimstätten unserer Vorstellungen zu verlassen und uns von trügerischen Erwartungen und fatalen Einstellungen zu verabschieden, um im Fremden uns selbst zu erkennen.

Literatur

Bauman, Zygmunt. *Moderne und Ambivalenz – Das Ende der Eindeutigkeit.* Hamburg: Hamburger Edition, 1992. Print.

Berg, Eberhard und Martin Fuchs, Hg.. *Kultur, soziale Praxis, Text. Die Krise ethnologischer Repräsentation.* Frankfurt a. M.: Suhrkamp, 1993. Print.

Bourdieu, Pierre. *Entwurf einer Theorie der Praxis.* Frankfurt a. M.: Suhrkamp, 1976. Print.

---. *Was heißt Sprechen?* Wien: Tauschmüller, 1990. Print.

---. *Sozialer Sinn. Kritik der theoretischen Vernunft.* Frankfurt a. M.: Suhrkamp, 1998. Print.

Bourdieu, Pierre u.a.. *Das Elend der Welt. Zeugnisse und Diagnosen alltäglichen Leidens an der Gesellschaft.* Konstanz UVK, 1997. Print.

Bourdieu, Pierre und Loïc J. D. Wacquant. *Reflexive Anthropologie.* Frankfurt a. M.: Suhrkamp, 2006. Print.

Erdheim, Mario. *Die gesellschaftliche Produktion von Unbewusstheit.* Frankfurt a. M.: Suhrkamp, 1984. Print.

de Certeau, Michel. *Die Kunst des Handelns.* Berlin: Merve, 1989. Print.

Devereux, George. *Angst und Methode in den Verhaltenswissenschaften.* 4. Aufl. Frankfurt a.M.: Suhrkamp, 1998. Print.

Geertz, Clifford. *Dichte Beschreibung. Beiträge zum Verstehen kultureller Systeme.* 1983. Frankfurt a. M.: Suhrkamp, 2003. Print.

Greverus, Ina-Maria. *Die Anderen und ich.* Berlin: Wissenschaftliche Buchgesellschaft, 1995. Print.

---. „Übersetzen oder: wie lösen KulturanthropologInnen das Problem des Fährmanns?" *Kuckuck. Notizen zu Alltagskultur. Übersetzen,* 1/2006. 4–9. Print.

Malinowski, Bronislaw. *Argonauten des westlichen Pazifik.* Frankfurt a. M.: Syndikat, 1979 [1922]. Print.

Mayer, Eva. „Der Unterschied der Umgebung schafft". *Philosophie und Semiotik.* Hg. Ludwig Nagl, Elisabeth List u.a.. Wien: ÖGS/ISSS, 1991. 71–78. Print.

Nadig, Maya. *Die verborgene Kultur der Frau.* Frankfurt a. M.: Fischer, 1997. Print.

Paris – Milano – Graz: Feministische Konzepte in Entwicklung. Hg. von d. Projektgruppe der interdisziplinären Frauenstudien der Universität Graz. Wien: Wiener Frauenverlag, 1991. Print.

Said, Eward. *Orientalismus.* Frankfurt a. M.: Ullstein, 1981. Print.

---. *Culture and Imperialism.* New York: Knopf, 1993. Print.

Scheffer, Paul. *Die Eingewanderten. Toleranz in einer grenzenlosen Welt.* München: Hanser, 2008. Print.

Strathern, Marilyn. „Ein schiefes Verhältnis: Der Fall Feminismus und Anthropologie". *Unbeschreiblich weiblich. Texte zur feministischen Anthropologie.* Hg. Gabriele Rippl. Frankfurt a. M.: Fischer, 1993. 174–195. Print.

Thürmer-Rohr, Christina. „Die unheilbare Pluralität der Welt. Von Patriarchatskritik zur Totalitarismusforschung." Web. 24. März 2011.

Tyler, Stephen. „Zum ‚Be-/Abschreiben' als ‚Sprechen für'. Ein Kommentar". *Kultur, soziale Praxis, Text. Die Krise ethnologischer Repräsentation.* Hg. Eberhard Berg und Martin Fuchs. Frankfurt a. M.: Suhrkamp 1993. 288–296. Print.

Weiss, Florence. *Die dreisten Frauen.* Frankfurt a. M.: Fischer, 1996. Print.

Smith-Bowen, Elenore. *Rückkehr zum Lachen.* Berlin: Dietrich Reimer Verlag, 1984. Print.

WIDEE (Hg.). *Nahe Fremde, Fremde Nähe. Frauen forschen zu Ethnos, Kultur, Geschlecht.* Wien: Wiener Frauenverlag, 1992. Print.

Interkulturelle Kompetenz als Schüsselqualifikation für jeden Beruf

Evelyne Glaser

1. Zu den Begriffen ‚fachliche/professionelle' und ‚interkulturelle' Kompetenz

Vielleicht erübrigt sich in der Zukunft die Diskussion des Phänomens der interkulturellen Kompetenz, wenn sich die Ansicht bestätigt, welche Friedman in einem Bestseller vorgetragen hat: „The World is Flat" (5), lautet seine Devise in *A Brief History of the Twenty-First Century*. Er verweist auf Vereinheitlichungstendenzen zwischen den Kulturen, die er auf die neuen Technologien zurückführt. Ist die heute herrschende Finanzkrise nicht ein schlagender Beweis für Friedmans These, da sich offensichtlich weltweit kein Land – sei es groß oder klein, eingebunden in supranationale Staatengemeinschaften oder nicht – dieser Krise entziehen kann?

Friedmans Text zeigt, dass er vom stürmischen Fortschritt im Bereich der Informationstechnologie fasziniert ist, mit deren Hilfe naturwissenschaftlich-technische Innovationen an jedem Ort der Welt erreichbar sind und zum Einsatz kommen können, wenn nicht ihre Prosperitätschancen durch falsche politische Entscheidungen und/oder Terrorismus basierend auf religiösen/kulturellen Unterschieden als Störfaktoren aktiviert werden.

Diese These muss zu Widerspruch führen. Gerade die angesprochene Innovationsfähigkeit sieht z.B. Florida von einer unterschiedlichen Warte. Nach seinen empirischen Forschungen werden in der modernen Entwicklung die realisierten Innovationserfolge immer bedeutender; d.h. in den lokalen Differenzierungen werden weltweit gesehen die Höhenunterschiede zwischen „Bergen und Tälern" immer größer bzw. „amazingly spiky" (Florida 2007, xviii). Für Florida sind diese Unterschiede nicht allein in der Weiterentwicklung von Technologien begründet, sondern ebenso in der Entwicklung sozialer Toleranz als Anziehungskraft für individuelle Talente. Sein Slogan lautet: „From Social Capital to Creative Capital" (2002, 267–282).

Gründe hierfür sieht Florida in der Interaktionsnotwendigkeit von individuellem *Talent*, sozialer *Toleranz* und innovativer *Technik*. Letztere floriert konstant nur an jenen Orten, an denen talentierte Einzelpersonen in ihrer individuellen Mobilität in einer global offen gewordenen Welt eine tolerante Kultur finden, welche ihnen Freiheitsspielräume und interaktionelle Anregungen bietet. Florida sucht in seinen Forschungsarbeiten die Welt empirisch nach solchen Lokalitäten ab und glaubt, hierbei eine entsprechende ‚Innovationslandkarte' (2007, xxi) zeichnen zu können. Besonders interessant ist, dass er damit einen Kontingenzansatz zum Einsatz bringt, in welchem er nicht einer Kompetenz – etwa der Informationstechnologie – eine Schlüsselrolle zur Kreation von Prosperität zuweist, sondern eine Entsprechung („fit", „match") von mehreren Faktoren als notwendig ansieht.

In den Möglichkeiten und Perspektiven dieses Beitrags zu „Schlüsselqualifikationen für das Berufsleben" geht es insbesondere um sozial/ökonomische Perspektiven und damit um Beiträge aus dem Bereich der Sozial- und Wirtschaftswissenschaften, welche im Vergleich zu naturwissenschaftlich/technischen Kompetenzen ein wesentlich geringeres Maß an qualifizierter Exaktheit aufweisen.

Die Tür zum Erkennen der Grenzen axiomatisch quantitativer Kompetenzen wurde längst von Herbert A. Simon aufgestoßen und durch die erste Verleihung des wirtschaftswissenschaftlichen Nobelpreises (1969) anerkannt: "What part does decision making play in managing? I shall find it convenient to take mild liberties with the English language by using 'decision making' as though it were synonymous with 'managing'" (Simon 1960, 1). Diese Definition erhält ihre Substanz durch zwei weitere Annahmen: Simon (1947) sowie March und Simon machen darauf aufmerksam, dass der Entscheidende nur über eine beschränkte („bounded") (Simon 1997, 291) Rationalität verfügt und häufig nicht von ‚vollkommener' Informiertheit ausgehen kann. In einem weiteren Schritt öffnet Simon die Managementlehre für die gesamten Sozialwissenschaften, nimmt sich aber nicht heraus, die angesprochenen Grenzen der subjektiven Rationalität genau abzustecken (March und Simon 139–140). Die Diskussion des Begriffs der „bounded rationality" wurde insbesondere von Kahneman gleichfalls in dessen Nobelpreisrede 2002 zusammengefasst.

Hinsichtlich der Informationsqualität unterscheiden Simon sowie March und Simon (139ff.) zwischen „programmierten" (gut strukturierten) und „unprogrammierten" (unstrukturierten) Entscheidungssituationen. Erstere sind Routineentscheidungen, für welche eindeutige (Computer-) Lösungsprogramme entwickelt werden können; unstrukturierte Entscheidungssituationen sind bestenfalls als „heuristische" Programme ohne Lösungsgarantie gestaltbar (Newell und Simon 185–202). Auf der Grundlage „unprogrammierter", bestenfalls durch Heuristiken lösbare Problemstellungen korrigieren March und Simon (47–52) auch die Zielvorstellungen.

In solchen Situationen sind bestenfalls „zufriedenstellende" („satisfying") und keine „maximalen" Lösungen und Ergebnisse erwartbar.

In diesem Beitrag wird versucht, die *entscheidungsorientierte* und *kontingenztheoretische* Betrachtung weiter zu verfolgen: Unter dem Aspekt *Beruf* erfolgt eine Orientierung an *Erwachsenen*, welche im Bereich von Managementkompetenzen als Im-Beruf-Stehende bzw. In-Ausbildung-Befindliche interkulturelle Kompetenzen erlangen sollen. Dabei werden motivations- und lerntheoretische Grundlagen angesprochen, sprachliche Aspekte behandelt und abschließend konkrete Versuche dargestellt, welche die komplexe, ‚schlecht strukturierte' Welt der interkulturellen Kompetenz realisierbar machen.

Unter dem Aspekt der situationalen Kontingenzen wird angenommen, dass die Bezugspersonen als Manager unter intensivem Entscheidungsdruck stehen. Gerade das Meistern interkultureller Herausforderungen verlangt im Wesentlichen die Bewältigung unprogrammierter Entscheidungssituationen. Dies gilt nicht nur für kognitive Probleme mit unvollkommener Information, sondern auch für motivationale Anforderungen in der Form moralischer/ethischer Divergenzen zwischen Kulturen. Damit sind eben eher „zufriedenstellende" als „maximale" Lösungsergebnisse erwartbar (March und Simon 47ff.).

Die mit dem Erwerb von interkultureller Kompetenz im Erwachsenenalter verbundene Herausforderung liegt in der Veränderungsresistenz erlernter kognitiver und sozialer Verhaltensweisen. Roth gibt z.B. seinem Buch *Persönlichkeit, Entscheidung und Verhalten* den Untertitel *Warum es so schwierig ist, sich und andere zu ändern*. Diese Resistenz liegt einmal in der frühkindlichen Prägung, insbesondere des Sozialverhaltens, und andererseits in sehr komplizierten Abwehrprozessen Erwachsener gegenüber Veränderungsbemühungen:

> Erkenntnisse der Entwicklungspsychologie, insbesondere der Beschäftigung mit der Frage, ob die Erlebnisse und Erfahrungen in den ersten Lebensmonaten und -jahren tatsächlich so wichtig und prägend für die spätere Entwicklung der Persönlichkeit sind, ... gehen einher mit neuen Einsichten in den Prozess der emotionalen Konditionierung, der bereits vor der Geburt einsetzt, seinen Höhepunkt in den ersten Lebensmonaten hat und die Grundlage unserer späteren Persönlichkeit legt. Dieser Prozess verläuft *selbst-stabilisierend* und wird entsprechend resistent gegen spätere Einflüsse. Das bedeutet nicht, dass man als älterer Jugendlicher und Erwachsener nicht mehr in seiner Persönlichkeit verändert werden kann, es bedeutet aber, dass der *Aufwand*, der nun nötig ist, *immer größer* und die Methoden, dies zu erreichen, *immer spezifischer* werden müssen. (Roth 12, Hervorhebungen im Original)

Nach diesen die Erwartungen an die Erfolgsaussichten lernpsychologischer Methoden sehr dämpfenden Erkenntnissen werden z.B. einerseits Floridas empirische Befunde über die Anziehungskraft kulturell ‚toleranter lokaler Zentren' für kreative Menschen in einer grundsätzlich global ‚offenen Welt' sehr gut verständlich. Andererseits bieten sie auch eine Erklärung für das Beibehalten von individuellen Verhaltensweisen in Kulturen mit starken Veränderungen.

Der angesprochene ‚Aufwand' zu Lernprozessen im Erwachsenenalter hängt allerdings auch von der Intensität der von der Umwelt erwarteten Lern- bzw. Anpassungsprozesse ab. Hinsichtlich der interkulturellen Anpassungsnotwendigkeit macht dies eine differenzierte Betrachtung der Intensität von Andersartigkeit bzw. Divergenz deutlich. Ein Beispiel hierzu liefert Haidt in seiner Diskussion der „Happiness Hypothese". Er unterscheidet zwei Arten von Diversität – eine demographische und eine moralische:

> Demographic diversity is about socio-demographic categories such as race, ethnicity, sex, sexual orientation, age, and handicapped status. Calling for demographic diversity is in large measure calling for justice, for the inclusion of previously excluded groups. Moral diversity, on the other hand, is essentially what Durkheim described as anomie: a lack of consensus on moral norms and values. Once you make this distinction, you see that nobody can coherently even *want* moral diversity. If you are pro-choice on the issue of abortion, would you *prefer* that there be a wide variety of opinions and no dominant one? Or would you prefer that everyone agree with you and the laws of the land reflect that agreement? If you prefer diversity on an issue, the issue is not a moral issue for you; it is a matter of personal taste. (Haidt 177–178, Hervorhebungen im Original)

2. Lerntheoretische Grundlagen zum Erlernen interkultureller Kompetenzen

2.1. Motivationale Komponenten des Lernens

Das Phänomen der Motivation umfasst zwei Komponenten. Diese sind einerseits die Antriebskraft und andererseits spezifische (Motiv)Inhalte, die immer mit der Antriebskraft verbunden auftreten. Über die Vielzahl und die jeweilige Eigenart der Inhalte hat die Menschheit schon immer nachgedacht, aber auch die Wissenschaft der Motivationstheorien hat noch kein ‚Gesamtverzeichnis' erarbeiten können. Eine Systematik hat Philipp Lersch[1] als Vertreter der phänomenologischen Psychologie zusam-

1 Lersch (122ff.) kategorisiert drei Hauptantriebsgruppen (Triebe, Strebungen) mit jeweils vier bis sieben Untergruppen: (1) Antriebserlebnisse des lebendigen

mengestellt; die reinen Behavioristen haben sich mit solchen ‚Spekulationen' nicht abgegeben, da dies ihrer möglichst messbaren Ordnung der personexternalen ‚Stimuli' und ‚Responses' nicht entsprach.

Moderne Motivationstheoretiker haben sich nicht an eine ‚Gesamtliste' der Inhalte herangewagt, aber einzelne Inhalte bzw. Kategorien auf allgemeinem Niveau herausgegriffen – wie z.B. „intrinsische" und „extrinsische" Motivatoren (Deci; Frey und Osterloh 178) – und diese vertieft erforscht. Unter den motivationstheoretisch besonders intensiv erforschten Motivinhalten hat McClelland (223–410) eine Auswahl getroffen, welche für viele Forschungsarbeiten prägend wurde. Er stellt das Leistungs- (*achievement*), das Macht- (*power*), Sozial- (*affiliative*) und das Vermeidungsmotiv (*avoidance*) in den Mittelpunkt; Heckhausen folgt ihm dabei eng mit seinen Schwerpunkten „Ängstlichkeit und Leistungsmotiv" (235–275), „Soziale Motive: Anschluss und Macht" (279–322), „Pro- und antisoziale Motive: Hilfeleistung und Aggression" (324–380).

Eine solche Motivauswahl hat für die Wirtschafts- und Berufswelt zweifellos eine unmittelbare Bedeutung. Man kann in ihr eine Affinität zu unserer westlichen Werteordnung erkennen. McClelland und Winter haben sich eingehend mit der Möglichkeit befasst, in afrikanischen Dorfgemeinschaften das Leistungsmotiv erlernbar zu machen und dabei das Ziel angestrebt, diese Gemeinschaften von Hunger und Armut zu befreien. Für den Lernprozess besonders wesentlich ist das *curiosity* Motiv, auf dessen Exploration sich insbesondere Berlyne (261 ff.) und Fowler spezialisiert haben.

Als intrinsische Motivation wird eine unmittelbare Befriedigung von Antriebsinhalten jeder Art angesehen (Frey und Osterloh 24). Im beruflichen Zusammenhang kann das Leistungsmotiv ein hohes Maß an Befriedigung erfahren, wenn die Tätigkeit selbst Freude und Spaß bereitet. Das Handlungsziel ist dann kongruent mit dem Verhalten. Zum Zweiten kann es um das Einhalten von Normen um ihrer selbst willen gehen. Es können Normen sein, zu denen sich aus Einsicht in deren gute Begründung jeder verpflichtet fühlt, wie z.B. die von Max Weber (701–738) angenommene „Pflicht im idealtypischen Verhaltensrepertoire des Beamten". In Organisationen sind darüber hinaus Fairnessnormen und Gruppenzugehörigkeitsnormen von besonderer Bedeutung. Zum Dritten kann es um das Erreichen eines selbst gesetzten Zieles gehen, das unter Umständen erst in weiter Zukunft liegt und der Weg dorthin aber alles andere als lustvoll ist, wie z.B. das Erlernen einer Fremdsprache oder qualvolle Trainingsperioden in einem Sportlerleben. Mangelnde Erfolge in *einem* Motivationsbe-

---

Daseins (Tätigkeitsdrang, Genussstreben, Libido, Erlebnisdrang) (135), (2) Antriebserlebnisse des individuellen Selbstseins (Selbsterhaltungstrieb, Egoismus, Wille zur Macht, Geltungsdrang, Vergeltungsdrang, Eigenwertstreben) (147), (3) Antriebserlebnisse des Über-sich-hinaus-seins (Geselligkeitsdrang, Strebungen des Füreinanderseins, Schaffensdrang, Interessen, Liebe zu etwas, verpflichtende Teilhabe, enthebende Teilhabe) (176).

reich können auch aufgrund von großen, positiv erlebten Anstrengungen in einen *anderen* führen, z.B. durch eine Konzentration auf Fachkompetenz, aus deren Qualität inter- und extrapersonale Anerkennung und Zufriedenheit entwickelt werden kann.

Intrinsische Motivation kann aber auch sozial dysfunktionale Inhalte haben: „Wie historische Erfahrungen zeigen, waren die schlimmsten Verbrecher der Menschheit oft intrinsisch motiviert. Fanatiker wie Hitler und Stalin können als Beispiele angeführt werden. Neid, Rachsucht und Geltungsstreben sind nicht weniger intrinsisch motiviert als Altruismus, Pflichtbewusstsein und Liebe“ (Frey und Osterloh 38).

Der Begriff der extrinsischen Motivation wird für Verhalten eingesetzt, das einer mittelbaren, instrumentellen Bedürfnisbefriedigung dient. Ein Paradebeispiel hierfür ist das Geld(verdienen); es scheint fast immer Mittel zum Zweck für die intrinsische Befriedigung von Bedürfnissen zu sein. Ein immer wieder erlebtes und intensiv erforschtes Verhältnis zwischen intrinsischer und extrinsischer Motivation ist ein Effekt, den Frey und Osterloh (26) Verdrängung bzw. *crowding effect* nennen. Damit würde z.B. eine ideale Kombination ‚viel Geld für eine interessante Arbeit‘ untergraben werden. Das geschieht insbesondere dann, wenn faszinierende Aufgaben (z.B. Auslandsaufenthalte) an innerbetriebliche Konkurrenten vergeben, bzw. ethische Normen durch hohe und schnelle Gewinne korrumpiert werden. Andererseits können finanzielle Belohnungen die Erfahrung und das Erlebnis intrinsischer Ziele wesentlich unterstützen, wenn sie z.B. das Erreichen eines Leistungserfolges bzw. eine Anerkennung von Macht signalisieren. Auch in der modernen Gesundheitsmedizin stellt sich heraus, dass die Kombination motivationaler Faktoren selbst bei hoher Arbeitsbelastung positiv für Wohlbefinden und Gesundheit ist, wenn zwei motivationale Anforderungen erfüllt werden, und zwar wenn den Menschen bei diesen Tätigkeiten ein großes Maß an selbstständigem Handeln und soziale Anerkennung für ihr Tun zuteil wird (Johnson und Hall 1338–1339; Gadinger u.a. 232). Damit sind sie auch in der Lage, die vielfältigen intrapersonalen Konflikte aus der Widersprüchlichkeit ihrer Motivpalette, die auf Erfüllung drängt, auszuhalten.

Insgesamt gesehen wird die Bedeutung der motivationalen Befindlichkeit trotz der Freud‘schen Ursprünge der Psychologie mit ihrer hohen Gewichtung intrapersonaler Konflikte in der modernen Psychologie und besonders in den Lerntheorien vernachlässigt. Möglicherweise holt die sich verbreitende ‚Glücksforschung‘ dieses Defizit wieder auf. Für diese Forschungsrichtung gebraucht Haidt (4–5) ein prototypisches Bild: die motivationalen Grundlagen, welche gerade im frühen Kindesalter ausgeformt werden, vergleicht er mit einem Elefanten, der unter Umständen komplizierte Lenkungsversuche – vgl. insbesondere in der Form des *Sensemaking* – macht, aber die Kraft der Begierden und Wünsche zumindest nicht immer beherrschen kann.

2.2. Kognitive Komponenten des Lernens

2.2.1. Lernen durch Versuch und Irrtum sowie stellvertretendes Lernen

Das behavioristische Paradigma systematisiert den personalen Lernprozess external mit den Komponenten Stimulus und Reaktion. Bei aller ‚empirischen' Radikalität dieser Auffassung der ‚klassischen Konditionierung' konnte nicht auf die personinternale Komponente der Hypothesenbildung von Erfolgs- und Misserfolgserlebnissen verzichtet werden. Diese Hypothesenbildung darüber, dass ein bestimmtes Verhalten die Konsequenzen eines Erfolges (positive Verstärkung) bzw. Misserfolges (negative Verstärkung) hat, bildet den Kern des kognitiven Lernens (Foppa 43–106). Dass Misserfolge vom Gehirn als Schmerzen und Erfolge als freudige Ereignisse registriert werden (Befriedigung/Bildung von Motiven), bestätigt auch die moderne Gehirnforschung, wobei das Schmerzzentrum im Gehirn nicht nur mit Sensoren für körperliche Stimuli – z.B. ein Kind berührt eine heiße Herdplatte – (Roth 233; Spitzer 172) aktiviert wird, sondern bei Verletzungen aller Motivarten, und die Schmerzen als Frustrationen und explosionsartige Aggressionen (Heckhausen 349–384) auftreten.

Jede Hypothesenbildung, ob als Kind oder als erfahrener Experte, ist mit Risiken verbunden. Um diese Risiken abzuschwächen, wird mit eigenen Erfahrungen und der Hilfe der sozialen Umwelt ein möglichst fundiertes Wissen individuell angehäuft und gefestigt. Die soziale Umwelt muss dies nicht nur als Entwicklungshilfe für den Anderen tun, sondern aus Eigeninteresse, um in ihren eigenen Lebensgewohnheiten nicht durch das ‚unübliche' Verhalten Anderer gestört zu werden oder um Aggressionen vorzubeugen, die von den Misserfolgen Anderer ausgelöst werden, oder auch um optimale Kooperationspartner zu finden. Der Aufbau des Wissens erfolgt bei den angesprochenen Grenzen der kognitiven Fähigkeiten in der Verarbeitung und Lagerung (Gedächtnissystem) in der Form von ‚Gestalten' (Wertheimer 1967; Köhler), welche Einzelinformationen zu abstrakten Konfigurationen vereinen. Mit diesem Streben nach ‚positiver' Verstärkung bilden sich jene festen, möglichst Risiko vermeidenden ‚Gestalten' heraus, welche innerhalb der eigenen Kulturen jene Stabilität erreichen, welche die angesprochene Stabilität gegenüber Veränderungen in neuen Umweltsituationen – auch u. U. wider den *curiosity drive* – aufweisen.

Eine wesentliche Technik der Risikominimierung ist das „stellvertretende" (*vicarious)* Lernen (Bandura 27). Ausgangspunkt dieser Lernstrategie ist die Beobachtung des Erfolgs einer anderen Person (Stellvertreter) und die Erwartung, dass eine eigene Nachahmung zum gleichen Erfolg führt. Mit dieser Vorgehensweise soll das Risiko einer eigenständigen Erfolgshypothese reduziert werden. So wird z.B. das Verhalten des eigenen Vorgesetzten (auch von Kollegen einer anderen Kultur) genau beobachtet und als Vorbild für das eigene Verhalten ausgewählt. Der Vorteil dieser Lernstrategie liegt in der sozialen Einbindung; sie enthält allerdings auch eine Reihe von Risiken. Diese liegen in dem Vorhandensein eines Vorbilds bzw. seiner Auswahl sowie in der Annahme, dass man die Qualifikation oder Ressourcen hat, das Verhalten des Vorbilds gleich gut oder besser imitieren zu können. Beide Bedingungen führen dazu, dass z.B. Kinder nicht die Eltern als (Leistungs-)Vorbilder auswählen, sondern etwa gleichaltrige Schulkameraden. Das wesentliche Problem des Nachahmens liegt darin, dass keine authentische Erklärung/Begründung dafür erworben wird, warum der ‚Stellvertreter' ein als erfolgreich gewertetes Verhalten an den Tag legt. Die hierüber aufgestellten Hypothesen des Imitators bleiben ohne Offenlegung dieser Hintergründe nur Spekulationen, welche den eigenen Wissensaufbau selbstverschuldet in die Irre führen können.

2.2.2. Sensemaking und reflexives (einsichtiges) Lernen

Der Begriff „Sensemaking" wurde von Karl Weick geprägt; in ihm werden motivationale und kognitive Aspekte integriert und auch der besondere motivationale Drang des Menschen zur Stabilisierung seines historisch gewachsenen Welt(Kultur-)bildes im Rahmen der jeweils gegebenen sozialen/organisationalen Umwelt herausgearbeitet.

Weicks Grundanliegen besteht in der Vermittlung der Einsicht, dass das Phänomen des Sensemaking von dem Begriff einer objektiven, nüchternen Interpretation (z.B. eines Textes) zu unterscheiden ist. „Sensemaking is about authoring as well as reading" (Weick 7). Das heißt, Sensemaking ist nicht ‚objektiv', es schließt als Prozessbetrachtung die subjektive Motivlage und das kognitive Weltbild aus der Vergangenheit in die Verarbeitung neuer Stimuli ein. Diese Betrachtung steht in Übereinstimmung (Weick 11) mit der kognitiven Dissonanztheorie (Festinger; Abelson u.a.; Feldman). Die Übereinstimmung beider Theorien beginnt im Bereich der Motivation. Diese wird definiert als das Streben der Person nach einem konstanten Sinnzusammenhang. Damit werden kognitive Dissonanzen als ein Zustand angesehen, der mit Hilfe von kognitiven Aktivitäten abzubauen ist. Dies geschieht häufig ‚ex post', nach einem Verhalten. Ein klassisches Beispiel ist das ‚Nachentscheidungsbedauern' eines Autokäufers, wenn er bemerkt, dass ein Konkurrenzprodukt Eigenschaften hat, die er an dem gekauften Modell vermisst. Diese Dissonanz kann behoben werden, wenn eine ‚ex post' Analyse durch die Aufwertung der Eigenschaften des gekauften Modells bzw. eine Abwertung anderer Eigenschaften der konkurrierenden Automarke (z.B. höherer Benzinverbrauch) vorgenommen wird.

Der Sensemaking Prozess wird besonders von zwei Situationen herausgefordert:

Zum einen, wenn Akteure auf der Grundlage von *tacit knowledge* – z.B. entsprechend einem in früher Kindheit erworbenen Sozialverhalten – handeln und dann gefragt werden, warum sie so gehandelt haben bzw. wenn sie Misserfolge erlebt haben und genötigt wurden, eine Erklärung dafür zu geben. Im Sinne von Argyris (79–92) ist diese Erklärung eine „espoused theory", welche sich z.B. an kulturell und sozial erwünschten Merkmalen orientiert, nicht aber dem echten Grund des Handelns („theory in use") entspricht. Ein Sensemaking Prozess begründet damit ein sozial und organisational dysfunktionales Ergebnis, das Argyris unter dem Begriff des „defensiven Verhaltens" zusammenfasst:

> ... individuals strive to be in control of the context in which they are operating. Each player also tries to win and not lose. The individuals strive to minimize the creation of negative feelings in others or in themselves. They appear to do their best not to upset others or themselves. Finally, individuals strive to be rational by having a goal in mind and trying to achieve it. These four factors – (1) obtain unilateral control, (2) maximize winning and minimize losing, (3) minimize negative feelings, and (4) maximize rationality – turn out to be the four values that govern the action of most of the individuals we have studied. Such actions lead to consequences ... that are primarily defensive. This defensiveness results in miscommunication, mistrust, protectiveness, self-fulfilling prophecies, and self-stating processes. These results make it less likely that errors will be corrected – indeed it is more likely that errors would escalate. (Argyris 80–81)

Zum anderen führen schlecht definierte Situationen zu schwierig zu bewältigenden Herausorderungen für etablierte *professionals*, welche im wohl definierten Bereich über ein sehr erfolgreiches Leistungspotenzial verfügen.

Auf der Grundlage solcher Ergebnisse der Wirkungen von Sensemaking wird von Schwandt (187) verdeutlicht, dass die kognitiven Anstrengungen in diesem Prozess einer wesentlichen Ergänzung im Sinne eines reflexiven (einsichtigen) Lernens bedürfen:

> An implication of integrating sensemaking and learning is that it entails changing our own sensemaking frames concerning the concept of managerial work. It necessitates changing our expectations that managers not only *Act-Make Sense-Act,* but also *Act-Make Sense-Reflect-Make Sense-Act*. The role of the manager would become that of a „reflective practitioner" (Schön, 1983) who could respond to threats with „mindful" practices (Weick & Sutcliffe, 2001).

> By making this reflective process an expectation of the work, managers could test their sensemaking frames by continuously examining their assumptions and theories in use (Argyris & Schön, 1978) and become „more inclusive, discriminating, open, emotionally capable of change, and reflective so that they may generate beliefs and opinions that will prove true or justified to guide action“ (Mezirow 2000:7). Introducing reflectivity to the repertoire of actions expands the manager‘s organizational learning role by emphasizing processes that also include steps, or stages of inquiry, experimentation, collective reflection, and action in the context of the real-time experience as well as employing problem-solving and decision-making models (Schwandt and Marquardt, 2000). (Schwandt 187)

Betrachtet man das von Haidt angesprochene Bild vom Elefanten und Reiter, so ist der Elefant im motivationalen Bereich nicht nur mit dem Motivinhalt der Reduktion von Dissonanzen ausgestattet, sondern auch mit dem *curiosity need*, und auch der Reiter ist nicht so machtlos, dass seine kognitive Kraft nicht auch Potenzial hätte, motivationalen Konflikten eine Ordnung zu geben. Selbst im Bereich der kognitiven Dissonanztheorie zeigen Forschungen, dass Kognitionen Motive wie z.B. Hunger, Durst, Schmerzen und soziale Motive einschließlich solch explosiver Motive wie aggressive Impulse unter Kontrolle halten können (Brock und Pallak). Damit ‚innovative‘ Impulse Raum gewinnen können, bedarf es der Unterstützung aus dem sozialen Kontext:

> Creating, changing, or discarding sensemaking frameworks through a learning process is not only a function of the individual‘s personal cognition, it is also impacted by the nature of the individual‘s social structures (Giddens, 1979). We should not underestimate the influence of social-structuring mechanisms such as organizational policies and norms (Parsons, 1951), or cultural values (Schein, 1992) and institutions (Douglas, 1981; Powell, 1991) on the creation of meaning. The social nature of knowledge demands the consideration not only of the cognitive „self“ and personal frameworks, but also of the dynamic nature of social systems as they affect and are affected by sensemaking and learning. Our move to the knowledge society has renewed our interest in these social-structuring mechanisms – not only the traditional organizational structural parameters such as reporting relationships or workflow processes, but also the more subjective structuring mechanisms such as language and its use (Habermas, 1987; Luhmann, 1995).
>
> Sensemaking frameworks are operationalized through our language and can be influenced by „organizational vocabularies“ (Weick, 1995) that are manifested in organizational ideology, third-order controls,

> paradigms, theories of actions, conversations, traditions, and stories (Boden, 1994; Habermas, 1987; Taylor & Can Every, 2000; Weick, 1995). (Schwandt 186)

Die Abschlussfrage aus der theoretischen Betrachtung ist jene nach konkreten Beispielen, welche reflexives Lernen für Manager ermöglichen: Nach einer Betrachtung der Bedeutung des Erlernens von Fremdsprachen wenden wir uns einigen Beispielen für das Fördern von reflexivem Lernen zu.

3. Zur Bedeutung des Erlernens von Fremdsprachen für die interkulturelle Kompetenz

Die Fähigkeit, mit Vertretern anderer Kulturen in ihrer jeweiligen Sprache effektiv zu kommunizieren, kann die interkulturelle Kompetenz stark fördern, da Sprache ein wesentlicher Teil der kulturellen und ethnischen Identität eines Individuums ist und somit eine wichtige emotionale Bindung zu einer Kultur hervorrufen kann (Glaser 74). Eine positive emotionale Bindung zu einer anderen Kultur erleichtert wiederum das Knüpfen von Beziehungen und den direkteren Zugang zu den in dieser Kultur vorherrschenden Normen und Wertvorstellungen. Obwohl der Gebrauch von Englisch als *lingua franca* bei internationalen Kontakten und vor allem auch in der Geschäftswelt immer mehr zunimmt, werden die Grenzen des Gebrauchs einer *lingua franca* deutlich, wenn man bedenkt, dass häufig die Denkstrukturen und das Kommunikationsverhalten aus der eigenen Sprache ins Englische übernommen werden und es daher leicht zu Kommunikationsproblemen kommen kann, wenn der Gesprächspartner mit diesen Denkstrukturen oder Verhaltensnormen nicht vertraut ist. Im Umgang mit *English native speakers* stößt man wiederum an Grenzen, da *native speakers* oft eine sehr monokulturelle Sichtweise davon haben, was gute kommunikative und interpersonale Fähigkeiten sind und daher Abweichungen von diesen Idealvorstellungen als „a reflection of personal and intellectual inadequacy“ (FitzGerald 170) ansehen. Gleichzeitig ist das Phänomen bekannt, dass man „linguistically proficient but culturally deficient“ (FitzGerald 170) sein kann. Das bedeutet, dass der Erwerb von Fremdsprachenkenntnissen nicht automatisch einen Sprecher auch interkulturell kompetent macht. Fremdsprachenkompetenz kann nämlich nicht neutral gewertet werden, sondern steht immer in engem Zusammenhang mit einem spezifischen Kontext. Entsprechend der *Expectancy Violations Theory* (Burgoon) hat jede Kultur bestimmte Normen im Hinblick auf das Kommunikationsverhalten in einem bestimmten Kontext. So kann eine Kommunikation – z.B. in der Familie – als sehr kompetent erachtet werden, während dasselbe Verhalten in einem anderen Kontext – z.B. bei einer Behörde – als völlig unzureichend gesehen wird. Andererseits kann das Umlegen der kontextuellen Normen aus der eigenen Kultur auf die fremde Kultur (z.B. Verwendung von Humor, Erzählen von privaten Umständen) völlig fehl am Platz und somit ein Zeugnis von mangelnder kultureller Kompetenz sein.

Kulturelle Kompetenz in der Fremdsprache wird auch dadurch deutlich, dass man sein Kommunikationsverhalten an die Normen der Zielkultur anpassen kann. So mag es in der eigenen Kultur angebracht sein, sich möglichst wortreich auszudrücken, während dieses Verhalten in einer anderen Kultur den Eindruck erweckt, dass man mangelndes Wissen durch einen Wortschwall verstecken möchte oder in der Sache nicht wirklich kompetent ist. Ähnlich verhält es sich bei dem Vertrautsein mit Kommunikationsmustern. So zeigt z.B. das Unterbrechen eines Sprechers und Fortführen seines Gedankens von besonderer Anteilnahme mit dem Sprecher im spanischen Sprachraum, während dies in Finnland völlig fehl am Platz wäre, weil dem Sprecher unbedingt Gelegenheit gegeben werden muss, seinen Gesprächsbeitrag zu Ende zu führen.

Die Verbesserung der Fremdsprachenkompetenz ist häufig eines der erklärten Ziele von Austauschstudierenden, da die Verwendung der Fremdsprache in verschiedenen Kontexten in der Zielkultur sowie die Verbesserung der Kommunikationsfähigkeit als Schlüssel für den Erwerb interkultureller Kompetenz angesehen werden. Eine Studie von Euler und Rami hat jedoch gezeigt, dass beim Fehlen eines Minimums an Fremdsprachenkenntnissen zu Beginn des Auslandsaufenthaltes der Kompetenzzuwachs bzw. die Persönlichkeitsentwicklung nur beschränkt stattfindet und somit der Vorteil gegenüber reinen Inlandsstudien deutlich kleiner ausfällt als bei Studierenden, die bereits über gewisse Sprachkenntnisse verfügen.

Weniger effizient sind auch Auslandsaufenthalte, bei denen vorwiegend über die *lingua franca* Englisch kommuniziert wird und bei denen der Unterricht – getrennt von den Studierenden des Gastlandes – speziell für Austauschstudierende in englischer Sprache abgehalten wird. Da hier meist die intensiven kulturellen Kontakte mit den Studierenden des Ziellandes ausbleiben, sind die interkulturellen Lerneffekte sehr beschränkt. Generell ist festzustellen, dass im Rahmen eines Auslandsaufenthaltes vor allem die überfachlichen Kompetenzen gefördert werden. Wenn aufgrund von mangelnden Sprachkenntnissen die interkulturellen Kontakte mit den lokalen Studierenden nur eingeschränkt stattfinden, ergibt sich kaum ein Mehrwert im Vergleich zu Studierenden, die nicht im Ausland studiert haben (Euler und Rami 20–27).

Der größte Zuwachs im Bereich der Persönlichkeitsentwicklung und Horizonterweiterung ist bei Studierenden festzustellen, die in der Sprache des Gastlandes studieren und häufig mit Vertretern der Zielkultur interagieren. Bei großen soziokulturellen und interkulturellen Unterschieden zwischen dem Gastland und dem Heimatland wird die Entwicklung der überfachlichen Kompetenzen sowie der intra- und interpersonalen Fähigkeiten besonders stark gefördert.

Zusammenfassend lässt sich feststellen, dass der Erwerb der Sprache des Gastlandes vor Antritt des Auslandsaufenthaltes den Zuwachs der überfachlichen Kompetenzen deutlich steigert. Auch wenn die erlernte Fremdsprache im späteren Berufsleben nicht regelmäßig verwendet wird, dient sie im interkulturellen Kontakt als Kommunikations- und Sozialisationsmedium und verbessert die kommunikative Kompetenz. Der höchste Kompetenzzuwachs wird durch täglichen Kontakt mit Vertretern der Zielkultur erreicht, gefolgt von Kontakten mit anderen Austauschstudierenden.

4. Modelle für das Training interkultureller Kompetenz

Die referierten theoretischen Kenntnisse zu den Lernprozessen unterstreichen die anfangs aus der Hirnforschung entnommene Feststellung, dass der „Aufwand", der für Persönlichkeitsveränderung gerade im sozialen Verhalten nötig ist, „immer größer und die Methoden, dies zu erreichen immer spezifischer werden müssen" (Roth 12). Im Kern geht es dabei immer darum, den Widerstand, die „Persistenz" bei der „Pfadabhängigkeit" (Ackermann 54) von in der Vergangenheit erlernten Verhaltenswegen zugunsten von neuen erfolgreich zu überwinden. Das „neue" Lernen bedarf des Verlernens, bzw. in der Terminologie von Lewin (34), des „unfreezing" des Verhaltensrepertoires, mit anschließendem „moving" mit Hilfe des reflexiven (einsichtigen) Lernens, und dann die Verfestigung/Stabilisierung von Einsichten („freezing") in Gegenwart und Zukunft des Handelns. Dazu ist das Individuum eingerichtet, sowohl motivational – Neugierde, Streben nach der Erklärung von überraschenden Erlebnissen usw. – als auch durch den kognitiven Einfallsreichtum. Da dies einerseits seine internalen Hindernisse hat – z.B. Streben nach einem konsonanten Weltbild und die soziale Reaktion auf Innovationsversuche –, aber andererseits die kulturelle und soziale Umwelt auf Innovationen angewiesen ist, werden viele Ausbildungswege angeboten, um das Individuum beim ‚lebenslangen' Weiterlernen zu unterstützen. Die praktischen Anwendungen dafür sind vielfältig. Der klassische Weg liegt im Training von ‚Lernhelfern" und in der optimalen Entwicklung von Lerninstitutionen auf allen Ebenen des Bildungsbereichs. Diese Ansätze bilden den ‚pädagogischen' Bereich zur Lernunterstützung. Daneben können auch Strukturen in Organisationen Lernwirkungen erzielen.

4.1. Pädagogische Ansätze zur Förderung interkultureller Kompetenz

Im Bereich der pädagogischen Konzeptionen werden praxisbezogenen Beispiele angesprochen: (1) Kolb und Kolbs Prinzipien des Erfahrungslernens; (2) das ICOPROMO Modell, (3) Mintzbergs Konzeption zur Weiterbildung von Executives.

(1) Der Ansatz von Kolb und Kolb basiert auf der Feldtheorie von Lewin:

> The concept of learning space builds on Kurt Lewin's field theory and his concept of life space. For Lewin, both person and environment are interdependent variables, a concept Lewin translated into a mathematical formula, B = f(p,e) where behavior is a function of person and environment. As Marrow puts it, „the life space is the total psychological environment which the person experiences subjectively." (1969:35). Life space includes all facts which have existence for the person and excludes those which do not. It embraces needs, goals, unconscious influences, memories, beliefs, events of a political, economic, and social nature, and anything else that might have direct effect on behavior. The various factors in a given life space are to some degree interdependent, and Lewin strongly maintains that only the dynamic concepts of tension and force can deal with these sets of interdependent facts. This is what led him to define psychological representations as vectors to denote motion. (Kolb und Kolb 199)

Kolb erkennt die individuell unterschiedlichen Feldkräfte an, welche Individuen geprägt haben und gründet seine Theorie des Erfahrungslernens auf Persönlichkeitstests. Hierbei werden unterschiedliche Lernstile – „diverging, assimilating, converging and accommodating" (Kolb und Kolb 196) – differenziert. Für die jeweiligen Lernhilfen werden Bildungsprinzipien entwickelt, welche universell, d.h. auch für den Aufbau interkultureller Kompetenzen, zur Anwendung kommen sollen:

- Respect for Learners and Their Experience
- Begin Learning With the Learner's Experience of the Subject Matter
- Creating and Holding a Hospitable Space for Learning
- Making Space for Conversational Learning
- Making Space for Development of Expertise
- Making Spaces for Acting and Reflecting
- Making Spaces for Feeling and Thinking
- Making Space for Inside-Out Learning
- Making Space for Learners to Take Charge of Their Own Learning (Kolb und Kolb 207–209)

Die von Kolb und Kolb angesprochenen Prinzipien findet man in Lehr-/Lernprogrammen wieder, welche spezifisch auf den Erwerb interkultureller Kompetenzen fokussiert sind.

(2) ICOPROMO – Intercultural Competence for Professional Mobility
Das Forscherteam im Projekt „ICOPROMO – Intercultural Competence for Professional Mobility" (Glaser u.a.) hat sich im Auftrag des European Cen-

tre for Modern Languages (ECML) in Graz die Aufgabe gestellt, ein theoretisches Modell sowie exemplarische Trainingseinheiten zur Entwicklung interkultureller Kompetenz zur Förderung der beruflichen Mobilität zu entwerfen. Da interkulturelles Lernen stark affektive Komponenten beinhaltet, könnte ein statisches Modell den erforderlichen Transformationsprozess nicht zufriedenstellend darstellen. Es wurde daher ein dynamisches Modell entwickelt, welches Prinzipien des Erfahrungslernens (Kolb) und des transformativen Lernens (Quinnan; Mezirow 2000, 2009; Taylor 1998, 2009) mit einbezieht. In diesem Prozess müssen sich die Lernenden darauf einlassen, ihre eigene Weltsicht und Werteordnung in Frage zu stellen und nach der Erfahrung mit/in der anderen Kultur einen Veränderungsprozess zu durchlaufen. Wie Taylor mit Bezug auf Mezirow hervorhebt, verlangt der Prozess des transformativen Lernens dem Individuum große Anstrengungen ab: "It involves the most significant learning in adulthood, that of communicative learning, which entails the identification of problematic ideas, beliefs, values, and feelings; critically assessing their underlying assumptions; testing their justification through rational discourse; and striving for decisions through consensus building" (Taylor 2009, 3). Ziel der Lernenden sollte es daher sein, ein kritisches Kulturbewusstsein ("critical cultural awareness") zu entwickeln, welches nach Byram folgende Fähigkeiten fördert: "to evaluate, critically and on the basis of explicit criteria, perspectives, practices and products in one's own and other cultures and countries" (Byram u.a. 7). Die kritische Reflexion über die eigenen Erfahrungen im Umgang mit anderen Kulturen und mit der eigenen ist daher ein wesentlicher Bestandteil dieses Transformationsprozesses, der sich auch in den Trainingsaktivitäten niederschlägt.

Das Modell berücksichtigt gleichzeitig den lernerzentrierten Ansatz von Freire, der davon ausgeht, dass der Lehrende oder Trainer nicht der alleinige Wissensvermittler in einem Lernprozess ist, sondern in einen Dialog mit den Lernenden eintritt und in diesem Dialog selbst auch zum Lernenden wird (Freire 53). Dieses Konzept ist besonders wichtig, weil das ICOPROMO Forscherteam einen zentralen Fokus im Sinne der „Critical Pedagogy" auf die kritische Identitätsbildung sowie die soziale Verantwortung der Lernenden gegenüber den Vertretern der eigenen und der jeweils fremden Kulturen legt. Im Sinne von Jack bedeutet dies: "To teach interculture competence critically is to ask students to 'unlearn their privilege' (Spivak, 1993) and to contextualize difference within a context being continually re-written by global capital" (Jack 102). Es obliegt daher auch den Lernenden Eigenverantwortung für ihren Lernprozess zu übernehmen und sich mit ihrer eigenen Identität kritisch auseinander zu setzen ("We want *participants,* who take responsibility for their learning by bringing their own experience to bear on it" (Mintzberg 285)).

Das ICOPROMO Modell geht davon aus, dass das Individuum sowohl durch externe Faktoren (z.B. wirtschaftliche und politische Gegebenheiten in der Eigen- und Fremdkultur, die Verfügbarkeit von Kommunikationstechnologien, Einflüsse der Bildungspolitik usw.) als auch durch persönliche Faktoren (z.B. privater und beruflicher Kontext, Stellung in der eigenen und der fremden Kultur, ethisches Bewusstsein, individuelle Bedürfnisse und Fähigkeiten, und vor allem die grundlegende Disposition und Motivation für interkulturelles Lernen) in seinen Möglichkeiten und Fähigkeiten für die Entwicklung interkultureller Kompetenz beeinflusst wird.

Das ICOPROMO Modell und die dazu entworfenen Trainingsaktivitäten wurden vor allem entwickelt, um die Interaktion von Personen, die in ihrem beruflichen Umfeld in multikulturellen Teams arbeiten, zu verbessern und somit die Effizienz dieser in der derzeitigen Arbeitswelt sehr verbreiteten Teams zu steigern.

(3) Der wohl prominenteste Autor im Bereich der multikulturellen Programme für Führungskräfte ist Henry Mintzberg. Er veröffentlichte 2004 seine Erfahrungen aus zehnjährigen Bemühungen in enger Zusammenarbeit mit Kollegen aus fünf Ländern (Kanada, England, Indien, Japan, Frankreich). Das Ergebnis ist das *International Masters in Practicing Management Program* (IMPM) (Mintzberg 276–291). Das IMPM umfasst fünf zweiwöchige Aufenthalte an jeweils einem der Standorte; damit stellt es kein lokales Programm mit ausländischen Aktivitäten dar.

> [It is] truly balanced across different parts of the world, centered in none, so that each location feels both local and foreign. ... Our program may sound rather international, but it is not meant to be „global." ... our participants have mostly been rooted in their home cultures. Our intention has been not to rip them out of these cultures but to leave those roots intact while extending their reach to other cultures. Why impose conformity when we can benefit from diversity, to explore different perspectives? In this spirit, our intention has been to create *worldly* managers, not global ones. (Mintzberg 279–280)

Mintzbergs Überlegungen zur Interaktion zwischen Teilnehmern und Lehrenden innerhalb des IMPM sind weitgehend kongruent mit den „education principles“ im System von Kolb und Kolb, (obwohl Mintzberg den Kolb-Ansatz nicht zitiert). Prototypisch legt Mintzberg Wert auf folgende Praktiken im „reflective classroom“:

> We do not want students in our classroom – vessels sitting there waiting to be filled – any more than we want „customers“ – buyers lined up to receive our „service“. We want *participants*, who take responsibility for their learning by bringing their experience to bear on it. (...) Reflecting on experience is the IMPM‘s one big thing. (Mintzberg 285).

4.2. Organisatorische Strukturen als Auslöser zum Erwerb interkultureller Kompetenzen

4.2.1. Interkulturelle Mobilität im Rahmen von interuniversitären Austauschprogrammen (am Beispiel des KIP-Programms)

Das Kepler Internationalisierungsprogramm (KIP) der Johannes Kepler Universität Linz besitzt kein explizites pädagogisches Konzept. Es beruht auf interuniversitären Austauschverträgen; es enthält allerdings implizit universitätsspezifische pädagogische Praktiken. Jeder Partner bringt dabei seine traditionelle, kulturunterschiedliche Lehr- und Unterrichtspraxis zum Einsatz. Eine empirische Überprüfung der Wirkungen eines solchen, relativ ‚unabgestimmten' Vorgehens haben Euler und Rami durchgeführt. Folgende Zielsetzungen sind in den Statuten des KIP zwischen der Johannes Kepler Universität und dem Stipendiengeber für dieses Programm (Bundesland Oberösterreich) vereinbart worden:

- Verbesserung von Fremdsprachenkenntnissen,
- Persönlichkeitsentwicklung, kognitiver Gewinn, Horizonterweiterung,
- Erwerb von sozialen und interkulturellen Kompetenzen,
- berufliche Verwertbarkeit der im Ausland erworbenen Kenntnisse und Qualifikationen,
- positive Beeinflussung des beruflichen Aufstieges und Karriereweges,
- Erhöhung der beruflichen Mobilität,
- veränderte Einschätzung und Bewertung der eigenen Kultur.

Das KIP Programm geht in seiner Zielsetzung von der Hypothese aus, dass die in der Zielkultur erworbenen überfachlichen Fähigkeiten unabhängig von dieser Kultur in andere Kulturen und natürlich auch in die Heimatkultur übertragen werden können. Um diese Hypothese zu überprüfen, wurden folgende Merkmale bei den beiden Testgruppen untersucht:

- der Anteil von selbständigen/unselbständigen Beschäftigungsverhältnissen,
- die Verweildauer in den einzelnen beruflichen Positionen,
- der Anteil des Branchenwechsels,
- der Aufstieg in höhere berufliche Positionen,
- die berufliche Mobilität bei Beschäftigungswechsel in Verbindung mit Wohnortwechsel,
- die Einkommensentwicklung mit zunehmender Berufsdauer,
- berufliche Aus- und Weiterbildungsaktivitäten,
- eventuelle Arbeitslosigkeit.

Einige von diesen Aspekten seien hier angeführt: Im Hinblick auf den ersten ausbildungsadäquaten Arbeitsplatz sind kaum Unterschiede festzustellen. Mit zunehmender Berufsdauer steigt jedoch der Anteil an Selbstständigen in der Gruppe der Absolventen mit Auslandserfahrung etwa um das Dreifache gegenüber der Kontrollgruppe. Absolventen mit Auslandsaufenthalt während des Studiums zeigen außerdem eine kürzere Verweildauer in Beschäftigungsverhältnissen und sind deutlich mobiler. Sie erzielen dadurch schnellere Karrieresprünge als Absolventen ohne Auslandsaufenthalt.

Am Beispiel der Faktoren „Verständnis anderer Kulturen" und „Kritikfähigkeit gegenüber dem eigenen Land" lässt sich nachweisen, dass diese Kompetenzen erst nach einer Aufenthaltsdauer von zwölf Monaten deutlich zunehmen. Bei kürzeren Auslandsaufenthalten ist der Zuwachs deutlich geringer. Dies bedeutet, dass einsemestrige Auslandsaufenthalte nicht eine annähend ähnliche Effizienz haben wie solche, die sich über ein ganzes Studienjahr erstrecken. Im Hinblick auf die geänderte Studiensituation in Europa (Bologna-Abkommen), im Rahmen derer längere Auslandsaufenthalte auf Grund von restriktiven Anrechnungskriterien von Seiten der Universitäten kaum realisierbar sind, ist dies eine beängstigende Erkenntnis.

Die im Rahmen eines Auslandsstudiums erworbenen überfachlichen Kompetenzen sind für die Lösung beruflicher Problemstellungen von enormer Bedeutung. Da diese Kompetenzen bei einem reinen Inlandsstudium kaum entwickelt werden, weil sie nicht wirklich ‚lehrbar' sind, sollten diese Erkenntnisse bei Überlegungen zur Curriculumsentwicklung an unseren Hochschulen volle Beachtung finden. Durch die Globalisierung kommen immer mehr unterschiedliche Kulturen miteinander in Kontakt. Um diese Interaktionen erfolgreich zu gestalten, stellt die interkulturelle Kompetenz eine Schlüsselqualifikation dar. Internationale Austauschprogramme erscheinen als eine relativ einfache Methode, um diese Kompetenzen zu fördern und sollten daher in den Curricula ein deutlich höheres Gewicht erhalten.

4.2.2. Die Entwicklung interkultureller Kompetenz durch den organisationalen Einsatz ‚bewusstseinserweiternder' Erfahrungen

Philip Mirvis berichtet über den Einsatz drastischer personaler/interpersonaler Erfahrungen zur Stimulierung von reflexivem Lernen. Er fasst hierbei die Erfahrungen verschiedener Firmen zusammen, bei welchen Teilnehmer von Führungskräftetrainings vom Komfort betrieblicher Ausbildungsstätten in ihnen völlig fremde Verhältnisse versetzt wurden. In diesen wurden sie mit Problemen konfrontiert, welche weit entfernt vom Alltag ihres Geschäftslebens lagen, wie etwa einem Besuch und der partiellen Mitarbeit in einem Krankenhaus in einem Armenviertel Brasiliens oder dem Erlebnis eines abgeholzten Regenwaldes und dessen Folgen in

Malaysien (Mirvis 173). Die Auswertung dieser Experimente zeigte nach Mirvis starke Wirkungen auf das reflexive Lernen innerhalb kurzer Zeit. Zusammengefasst und basierend auf relevanter Literatur entwickelt er folgende Strategien für erfolgreiches reflexives Lernen (Mirvis 177–183):

- Cultivating Self-Awareness: auf der Grundlage von Tagebuchaufzeichnungen sowie „story-telling“
- Understanding the „Other“
- Appreciating and Dealing With Diversity
- Engaging the Larger World
- Collective Consciousness Raising

Die systemische, theoretisch und empirisch gestützte Auswertung der angesprochenen Strategien als Alternativen zu klassischen Führungstrainings erscheinen außerordentlich wirksam für die angestrebte „Consciousness Raising Experience“. Der Einsatz des Konzepts, für das Mirvis Gestaltungsempfehlungen gibt, scheint besonders für die Entwicklung der interkulturellen Kompetenz sehr förderlich zu sein. Mirvis Darstellung beruht im Wesentlichen auf drei Experimenten; ihre Nachahmung und Ausweitung ist wegen ihrer Effektivität sicherlich empfehlenswert.

4.2.3. Das Tandemprogramm bei der Übernahme von Škoda durch VW

Nach der Übernahme des Automobilbereichs von Škoda durch VW wurde eine spezielle Matrixorganisation unter dem Namen „Tandem“ zur schnellen Durchführung der Integration eingeführt (Dorow und Varga von Kibed 1997, 211ff.). In dieser Organisationsstruktur wurden auf die gleiche (Macht)Position jeweils ein tschechischer und ein deutscher Manager (Expatriate) eingesetzt. Dies galt nach dem Vorstand für alle wesentlichen Hierarchieebenen. Nur bei Zustimmung beider Parteien (Konsens) wurde eine Entscheidung bindend/autorisiert. Bei der Einführung des Programms waren beide betroffenen Parteien sehr schlecht auf eine solche Struktur vorbereitet; die Übernahme kam zu überraschend – es bestanden viele Zweifel auf beiden Seiten, dass sie gelingen würde. Insbesondere wurde sie zu einer großen Belastung für die beteiligen Manager, welche die kulturellen Unterschiede sowie auch die sehr unterschiedlichen Anreize (z.B. große Gehaltsunterschiede zwischen Expatriates und tschechischen Managern) verkraften mussten. Insgesamt wurde jedoch das ungewöhnliche Tandem-Modell zu einem großen Erfolg. Es wurde mit der Erledigung der Integrationsaufgabe Schritt für Schritt eine ‚normale‘ Hierarchie aufgebaut. Trotz der hohen Arbeitskosten wurde Škoda, insbesondere im Vergleich mit anderen VW-Tochterunternehmen, zu einem profitablen, im VW-Konzern sehr angesehenen Unternehmen.

Bei dem gegebenen Erfolg des Unternehmens bleibt die Frage nach dem Lerneffekt der an der Tandemstruktur Beteiligten. Seit mehr als 20 Jahren bemühen sich Reber u.a. auf der Grundlage des Vroom/Yetton – Führungsmodells in einer Langzeitstudie, das Führungsverhalten in unterschiedlichen Kulturen zu vergleichen.

Bei der Auswertung empirischer Daten richtet sich eine Hauptfrage nach dem Grad der Partizipation, welche Führungskräfte bei Führungsentscheidungen einräumen. Hierzu wird eine Skala von 0 bis 10, mit Abstufungen dazwischen, eingesetzt (0 = autoritäres Verhalten ohne Mitwirkung der Mitarbeiter; 10 = Konsensentscheidungen). Die Standardprofile für die Mittelwerte betrugen für Tschechien 4,30 und für Deutschland 5,35 sowie für Škoda-Manager 4,90. (Deutsche Expatriates in der Tandemorganisation konnten in die Untersuchung nicht einbezogen werden, da sie im VW-Konzern ‚in alle Winde verstreut' wurden.). Bei dieser vergleichenden Studie zeigte sich, dass die betroffenen Škoda-Manager ihre ‚tschechische' Stabilität aufgegeben und sich in Richtung auf die Praxis der ‚Deutschen' bewegt haben. Sie hatten somit ein Partizipationsverhalten erreicht, das in der Mitte zwischen dem deutschen und dem tschechischen Standard lag. Diese Veränderung lässt sich dissonanztheoretisch als „forced compliance" Situation (Bem 249–250) erklären: Es war nicht die eigene, freiwillige Entscheidung der tschechischen Manager, jeweils in einem Tandem mit einem Deutschen zusammen gespannt zu werden. Sie mussten mit unangenehmen, konfliktträchtigen Situationen rechnen. Dies resultierte im Aufbau einer großen kognitiven Dissonanz. Allerdings gab es sicher auch das Streben der Tandemmitgliedern, in der unangenehmen Situation erfolgreich bestehen zu können. Deshalb waren die Beteiligten wohl mit großer Vorsicht an das Miteinander herangegangen. Als sich jedoch erste Erfolge in der Interaktion zeigten, konnten die Dissonanzen mit Hilfe des ex post Sensemaking abgebaut werden. Es konnte sich Freude und Stolz daraus entwickeln, dass man in der Lage war, mit dem jeweiligen Partner viel besser als erwartet auszukommen, wenn man erfolgreich gelernt hatte, über den (unvermeidbaren) Anderen („Understanding the Other": Mirvis 178) zu reflektieren. Damit kann es gelingen, unvorbereitet und ohne ‚Lehrende' interkulturelle Kompetenz aus strukturellem Zwang zu erwerben.

5. Zusammenfassung

Dieser Beitrag setzt sich mit verschiedenen lerntheoretischen Ansätzen zum Erwerb interkultureller Kompetenz auseinander und zeigt die Komplexität von psychosozialen und motivationalen Einflüssen in diesem Prozess auf. Gleichzeitig werden auch Möglichkeiten diskutiert, wie interkulturelle Kompetenz als Schlüsselqualifikation bei Erwachsenen im Bildungsbereich durch Austauschprogramme oder unkonventionelle postgraduale Ausbildungsgänge sowie im organisationalen Bereich durch innovative Methoden des Erfahrungslernens gefördert werden kann. Dabei stellt sich das Problem, dass Erwachsene einen hohen Grad an Resistenz gegen die Veränderung von erlernten kognitiven und sozialen Verhaltensweisen zeigen.

Im Mittelpunkt der Überlegungen steht die Entwicklung der interkulturellen Kompetenz insbesondere bei Führungskräften in Organisationen, da einerseits im Zuge der Globalisierung die berufliche Mobilität von Managern stark zugenommen hat und andererseits durch die Migration von Arbeitskräften das Umfeld in den Betrieben deutlich multikultureller geworden ist. Diese Entwicklungen stellen eine große Herausforderung für die Mitarbeiter und Manager in den Unternehmen dar und fordern von ihnen eine verstärkte Auseinandersetzung mit anderen Kulturen sowie eine kritische Reflexion der eigenen kulturellen Identität.

Literatur

Abelson, Robert P., Elliot Aronson, William J. McGuire, Theodore M. Newcomb, Milton J. Rosenberg und Percy H. Tannenbaum, Hg. *Theories of Cognitive Consistency: A Sourcebook.* Chicago: Rand McNally, 1968. Print.

Ackermann, Rolf. *Pfadabhängigkeit, Institutionen und Regelreform.* Tübingen: Mohr Siebeck, 2001. Print.

Argyris, Chris. *Strategy, Change and Defensive Routines.* Boston, MA: Pitman, 1985. Print.

Argyris, Chris und Donald A. Schön. *Organizational Learning: A Theory of Action Perspective.* Reading, MA: Addison-Wesley, 1978. Print.

Bandura, Albert. *Social Learning Theory.* New York: General Learning Press, 1977. Print.

Bem, Daryl J. "Dissonance Reduction in the Behaviorist". *Theories of Cognitive Consistency: A Sourcebook.* Hg. Robert P. Abelson u.a., Chicago: Rand McNally, 1968. 246–256. Print.

Berlyne, David E. *Structure and Direction in Thinking.* New York: John Wiley and Sons, 1965. Print.

Brock, Timothy C. und Michael S. Pallak. "The Consequences of Choosing to be Aggressive: An Analysis of the Dissonance Model and Review of Relevant Research". *The Cognitive Control of Motivation.* Hg. Philip G. Zimbardo, Glenview, Ill: Scott Foresman and Co, 1969. 185–202. Print.

Burgoon, Judee K. "A Communication Model of Personal Space Violations". *Human Communication Research* 4 (1978): 129–142. Print.

Byram, Michael, Adam Nichols und David Stevens. *Developing Intercultural Competence in Practice.* Clevedon: Multilingual Matters, 2001. Print.

Deci, Edward L. *Intrinsic Motivation.* New York: Plenum Press, 1975. Print.

Dorow, Wolfgang und Gabriele Varga von Kibed. "Market Entry in Eastern Europe as a Challenge for Expatriates — Case Study: The Volkswagen-Škoda Joint Venture in the Czech Republic". *Bewältigung des ökonomischen Wandels – Entwicklung der Transformationsforschung in Ost und West – Beiträge zur „1st Potsdam Summer School in Management and Economics“ 1996.* Hg. Dieter Wagner. München / Mering: Hampp, 1997, 208–17. Print.

Dorow, Wolfgang und Gabriele Varga von Kibed. „Transformation von Unternehmungskulturen im Spannungsfeld west-osteuropäischer Wertedifferenzen: Zwei Fallbeispiele für Lösungsansätze deutscher Konzerngesellschaften“. *Europa-Studien. Eine Einführung.* Hg. Timm Beichelt, Bozena Choluj, Gerard Rowe, Hans-Jürgen Wagener. Wiesbaden: VS Verlag für Sozialwissenschaften, 2006, 415–432. Print.

Euler, Hanns-Peter und Ursula Rami. *Beruflich erfolgreicher durch Auslandsaufenthalte während des Studiums. Studie zur Evaluierung des Kepler Internationalisierungsprogrammes (KIP).* Linz: Trauner, 2006. Print.

Feldman, Shel, Hg. *Cognitive Consistency; Motivational Antecedents and Behavioral Consequents.* New York: Academic Press, 1966. Print.

Festinger, Leon. *A Theory of Cognitive Dissonance.* Stanford, CA: Standford University Press, 1957. Print.

FitzGerald, Helen. *How Different Are We? Spoken Discourse in Intercultural Communication.* Clevedon: Multilingual Matters, 2003. Print.

Florida, Richard. *The Rise of the Creative Class.* New York: Basic Books, 2002. Print.

---. *The Flight of the Creative Class.* New York: Collins, 2007. Print.

Foppa, Klaus. *Lernen, Gedächtnis, Verhalten.* Köln / Berlin: Kiepenheuer und Witsch, 1968. Print.

Fowler, Harry. *Curiosity and Exploratory Behavior.* New York: Macmillan, 1965. Print.

Freire, Paulo. *Pedagogy of the Oppressed.* London: Penguin, 1972. Print.

Frey, Bruno S. und Margit Osterloh, Hg.. *Managing Motivation.* Wiesbaden: Gabler, 2000. Print.

---. „Motivation – der zwiespältige Produktionsfaktor“. *Managing Motivation.* Hg. Bruno S. Frey und Margit Osterloh. Wiesbaden: Gabler, 2000, 20–42. Print.

Friedman, Thomas L. *The World is Flat. A Brief History of the Twenty-First Century.* New York: Farrar, Straus and Giroux, 2005. Print.

Gadinger, Michael C., Joachim E. Fischer, Sven Schneider, Gisela C. Fischer, Gunter Frank und Walter Kromm. “Female executives are particularly prone to the sleep-disturbing effect of isolated high-strain jobs: a cross-sectional study in German-speaking executives”. *Journal of Sleep Research* 18.2 (2009): 229–237. Print.

Glaser, Evelyne. „Fremdsprachenkompetenz in der interkulturellen Zusammenarbeit“. *Handbuch Interkulturelle Kommunikation und Kooperation. Band 1: Grundlagen und Praxisfelder.* Hg. Alexander Thomas, Eva-Ulrike Kinast und Sylvia Schroll-Machl. Göttingen: Vandenhoeck & Ruprecht, 2003. 74–93. Print.

Glaser, Evelyne, Manuela Guilherme, María del Carmen Méndez García und Terry Mughan. *Intercultural Competence for Professional Mobility.* Graz/Strassburg: Council of Europe, 2007. Print.

Haidt, Jonathan. *The Happiness Hypothesis. Finding Modern Truth in Ancient Wisdom*. New York: Basic Books, 2006. Print.

Heckhausen, Heinz. *Motivation und Handeln*. Berlin: Springer, 1980. Print.

Jack, Gavin. "A Critical Perspective on Teaching Intercultural Competence in a Management Department". *Becoming Interculturally Competent through Education and Training*. Hg. Anwei Feng, Mike Byram und Mike Fleming. Bristol: Multilingual Matters, 2009. 95–114. Print.

Johnson, Jeffrey V. und Ellen M. Hall. "Job Strain, Work Place Social Support, and Cardiovascular Disease: A Cross-Sectional Study of a Random Sample of the Swedish Working Population". *American Journal of Public Health* 78 (1988): 1336–1342. Print.

Kahneman, Daniel. "Maps of Bounded Rationality: A Perspective on Intuitive Judgment and Choice". Vortrag anlässlich der Verleihung des Nobelpreises, 2002. Web. 4. Sept. 2010.

Kolb, David A. *Experiential learning: Experience as the source of learning and development*. Englewood Cliffs, NJ: Prentice-Hall, 1984. Print.

Kolb, Alice Y. und David A Kolb. "Learning Styles and Learning Spaces: Enhancing Experiential Learning in Higher Education". *Academy of Management Learning & Education* 4.2 (2005): 193–212. Print.

Köhler, Wolfgang. *Gestalt Psychology*. Toronto: Mentor Books, 1947. Print.

Lersch, Philipp. *Der Aufbau der Person*. 10. Auflage. München: J. A. Barth, 1966. Print.

Lewin, Kurt. "Frontiers in Group Dynamics". *Human Relations* 1 (1947): 5–41. Print.

March, James, G. und Herbert A. Simon. *Organizations*. New York: John Wiley, 1958. Print.

McClelland, David. *Human Motivation*. Glenview, Ill.: Scott, Foresman and Co. 1985. Print.

McClelland, David und David G. Winter. *Motivating Economic Achievement: Accelerating Economic Development Through Psychological Training*. New York: Free Press, 1969. Print.

Mezirow, Jack. "Learning to Think Like an Adult. Core Concepts of Transformation Theory". *Learning as Transformation: Critical Perspectives on a Theory in Progress*. Hg. Jack Mezirow & Associates. San Francisco: Jossey Bass, 2000. 3–34. Print.

Mezirow, Jack, Edward W. Taylor, and Associates. *Transformative Learning in Practice: Insights from Community, Workplace, and Higher Education*. San Francisco: Jossey-Bass, 2009. Print.

Mintzberg, Henry. *Managers Not MBAs*. San Francisco: Berrett Koehler Publishers, 2004. Print.

Mirvis, Philip. "Executive Development Through Consciousness-Raising Experiences". *Academy of Management learning and Education*, 7.2 (2008): 173–188. Print.

Newell, Allen und Herbert A. Simon. *Human Problem Solving*. Englewood Cliffs: Prentice Hall, 1972. Print.

Quinnan, Timothy William. *Adult Students "At-Risk": Culture Bias in Higher Education.* Westport CT: Bergin & Garvey, 1997. Print.

Reber, Gerhard, Arthur G. Jago und Wolf Böhnisch. „Interkulturelle Unterschiede im Führungsverhalten". *Globalisierung der Wirtschaft: Einwirkungen auf die Betriebswirtschaftslehre.* Hg. Matthias Haller, K. Bleicher, E. Brauchlin, H.J. Pleitner, R. Wunderer, A. Zünd. Bern: Haupt Verlag, 1993. 217–241. Print.

Reber, Gerhard, Arthur G. Jago, Werner Auer-Rizzi, Erna Szabo. „Führungsstile in sieben Ländern: Ein interkultureller Vergleich". *Personalmanagement in Europa.* Hg. Erika Regnet und Laila M. Hofmann. Göttingen: Verlag für Angewandte Psychologie, 2000. 154–173. Print.

Roth, Gerhard. *Persönlichkeit, Entscheidung und Verhalten. Warum es so schwierig ist, sich und andere zu ändern.* Stuttgart: Klett-Cotta, 2007. Print.

Schwandt, David R. "When Managers Become Philosophers: Integrating Learning with Sensemaking". *Academy of Management Learning and Education,* 4.2 (2005): 176–192. Print.

Simon, Herbert Alexander. *Administrative Behavior: A Study of Decision-Making Processes in Administrative Organizations.* New York: The Free Press, 1947. Print.

---. "The Executive as Decision Maker". Hg. Herbert A. Simon. *The New Science of Management Decision,* New York: Harper & Row, 1960. 1–8. Print.

---. *Models of Bounded Rationality, Vol. 3: Empirically Grounded Economic Reason,* Cambridge, MASS: MIT Press, 1997. Print.

Spitzer, Manfred. *Hören. Musizieren, Verstehen und Erleben im neuronalen Netzwerk.* Stuttgart: Schattauer, 2008. Print.

Taylor, Edward W. *The Theory and Practice of Transformative Learning: A Critical Review.* Columbus, Ohio: ERIC Clearinghouse on Adult, Career, and Vocational Education, 1998. Print.

---. "Fostering Transformative Learning". *Transformative Learning in Practice: Insights from Community, Workplace, and Higher Education.* Hg. Jack Mezirow, Edward W. Taylor, and Associates, San Francisco: Jossey-Bass, 2009. 3–17. Print.

Vroom, Victor und Philip W. Yetton. *Leadership and Decision-Making.* Pittsburgh: University of Pittsburgh Press, 1973. Print.

Weber, Max. *Wirtschaft und Gesellschaft.* Studienausgabe, 2. Halbband. Köln / Berlin: Kiepenheuer und Witsch, 1956. Print.

Weick, Karl E. *Sensemaking in Organizations.* Thousand Oaks, CA: Sage, 1995. Print.

Weick, Karl E. und Kathleen M. Sutcliffe. *Managing the Unexpected: Assuring High Performance in an Age of Complexity.* Ann Arbor: Jossey Bass, 2001. Print.

Wertheimer, Max. *Produktives Denken.* 2. Auflage, Frankfurt a. M.: Waldemar Kramer, 1964. Print.

---. *Drei Abhandlungen zur Gestalttheorie.* Darmstadt: Wissenschaftliche Buchgesellschaft, 1967. Print.

Zur Vermittlung von Vielfalt als interkulturelle Aufgabe einer Erziehungswissenschaft

Eva Eirmbter-Stolbrink

1. Interkulturalität als ‚weltkulturelle' Herausforderung

Betrachtet man die Prozesse globaler Veränderungen in ihren politischen, ökonomischen und kulturellen Formen, lassen sich für die einzelnen Systeme kollektiven Handelns ihre je spezifischen Prinzipien und Konfigurationen benennen. Die interkulturelle Perspektive bildet dabei mit ihrem grundlegenden Verständnis der Vielheit und der wechselseitigen Akzeptanz kultureller Formen ein systemübergreifendes und zugleich ein ‚supranationales' Prinzip. Interkulturelle Programmatiken und interkultureller Umgang erweisen sich aber trotz dieses gemeinsamen grundlegenden Selbstverständnisses innerhalb gesellschaftlicher Praktiken als wandlungsfähig, different oder sogar kontrovers. Im Verständnis einer ‚reflexiven Moderne' werden die gesellschaftliche Praktiken sichernden Handlungsorientierungen und Normen, damit auch die interkulturellen Programmformeln, immer wieder verändert und neuen Funktionen zugewiesen. Eine kritische Betrachtung von Bedingungen und Wirkungen des interkulturellen Geschehens kann neben dem gesellschaftlichen Diskurs innerhalb der einzelnen wissenschaftlichen Disziplinen erfolgen, die sich mit unterschiedlichen Fragestellungen, Gegenständen und Problemen zum Thema der Interkulturalität befassen.

Gegenwärtigen Formen weltkulturellen und gesellschaftlichen Geschehens, die das Prinzip der Interkulturalität bereits realisiert haben, ist gleichzeitig das Etikett einer Informations-, Wissens- und Mediengesellschaft zugewiesen. Bei dieser Gesellschaftsformation stehen technologische und mediale Entwicklungen im Vordergrund, deren Formen und deren Wirksamkeit insbesondere für das Regime des Wirtschaftsgeschehens propagiert und diskutiert werden. In der Wissensgesellschaft läuft das interkulturelle Geschehen damit Gefahr, dem dominanten Anspruch des „ökonomischen Paradigmas“ (Münch 9) und den instrumentellen Denk-, Organisations- und Handlungsschemata dieses Systems zu unterliegen.

Das so in ökonomische Denk- und Handlungsmodelle eingebundene Selbstverständnis wechselseitig anzuerkennender vielfältiger Lebensformen in einer sich als interkulturell kennzeichnenden Wissens- und Weltgesellschaft realisiert sich damit vorrangig durch die in ihr stattfindende Funktionalisierung des kommunikativ-technologischen Geschehens. Für eine dem System der Ökonomie entliehene Norm, die der generellen Wertschöpfung allen Geschehens, wird im digitalen Netz zwar der ‚Weltbürger‘ propagiert, der ‚Wirtschaftsbürger‘ (Höffe) aber realisiert.[1] Innovation, zuvor als Ziel und Motor verschiedener gesellschaftlicher Entwicklungsprozesse gedacht, ist im gegenwärtigen Selbstverständnis webbasierten Geschehens („Wikinomics“) einer ‚neuen Kunst und Wissenschaft der Kooperation‘, vorrangig ökonomischen Prinzipien verpflichtet. In diesem neuen Selbstverständnis einer Welt- und zugleich Wissensgesellschaft, die die kommunikativen Möglichkeiten und Formen der Web-Gesellschaft nutzt, werden die Produzenten von innovativen Ideen wie auch die Konsumenten von Wissen zu ‚Prosumenten‘ (Tapscott und Williams 123ff.).

Die Produktion von Wissen, Waren und Dienstleistungen wird vor diesem Hintergrund zu einer kollektiven und kollaborativen Tätigkeit von Web-Teilnehmern, die die neue Form des Webgeschehens mit den Möglichkeiten der Community-Bildung und der Partizipation unter dem Prinzip der Gleichrangigkeit (*peers*) zu nutzen vermögen: „Die neue Kunst und Wissenschaft von Wikinomics beruht auf vier mächtigen neuen Ideen: Offenheit, Gleichrangigkeit, Teilen und globales Handeln“ (Tapscott und Williams 20).

Im Rahmen der Realisation dieser instrumentellen Vorgaben, die das technologisch-ökonomische Paradigma mit seinen Strukturmerkmalen aktuell liefert, findet ein außerhalb ökonomisch-technologischer Begriffe angesiedelter weltkultureller Denkzusammenhang vielfältigen kulturellen Geschehens letztlich keinen Ort.

Entsprechend richtet sich auch die kulturkritische Mahnung hinsichtlich der medial-technologischen Gegenwartssituation auf die Gefahr der „kulturellen Verflachung“ oder gar der „Kulturzerstörung“ (Keen 10).

Für die Erziehungswissenschaft stellen nunmehr die medialen Formen der Wissensvermittlung und ihre Wirkungen in der Wissensgesellschaft eine zentrale Herausforderung dar. Formen des Wissens und zugleich Formen der Vermittlung von Wissen befinden sich in tief greifenden Umstrukturierungen. Damit sind Fragen und Problemformulierungen für Prozesse des Lehrens und Lernens, für den Zusammenhang von Bildung

---

1 Vgl. dazu: Otfried Höffe. *Wirtschaftsbürger Staatsbürger Weltbürger*. München: C.H. Beck, 2004.

und Kultur von Interesse. Die interkulturelle Perspektive ist besonders in der Welt- und Wissensgesellschaft den globalen Digitalisierungsprozessen zwangsläufig zugeordnet. Interkulturelle Prozesse werden zum einen durch die Möglichkeit des weltumspannenden kommunikativen Umgangs ermöglicht und befördert, zum anderen sind aber zugleich die spezifischen Formen webbasierten Geschehens auf ihre dysfunktionalen Wirkungen für interkulturelle Prozesse hin zu betrachten.

2. Zur Frage der Bildung in einer interkulturellen Wissensgesellschaft

Die Thematik des Lehrens und Lernens, die Idee der Bildung und ihrer Ermöglichung sowie die Gestaltung erzieherischer Anforderungen für die nachwachsende Generation sind überlieferte Gegenstandsbereiche der Pädagogik bzw. Erziehungswissenschaft. Für die bildungstheoretische Diskussion in der Erziehungswissenschaft („Was ist Bildung? Warum, wie und wozu soll gebildet werden?") stellt das überlieferte Fragment einer „Theorie der Bildung" von Wilhelm von Humboldt), das Ende des 18. Jahrhunderts entstand, eine zentrale Theorieposition dar.[2] Betrachtet man die Thematik der Interkulturalität vor dem Hintergrund einer erziehungswissenschaftlichen Perspektive in dem Bemühen, den ökonomischen Zugriff im gegenwärtigen Selbstverständnis zu überschreiten, vermag die „Theorie der Bildung" durchaus Impulse für das gegenwärtige interkulturelle Geschehen und eine interkulturelle Theoriebildung zu liefern.

Die Theorie der Bildung wirft die Frage nach dem Verhältnis des Menschen zu seiner Welt und zu den Möglichkeiten einer individuellen ‚Standortfindung' (Positionierung) in dieser Welt durch den Prozess der Bildung auf. Für Wilhelm von Humboldt, den Philosophen, Bildungstheoretiker und Bildungspolitiker, sind sowohl Individuum als auch Welt prinzipiell durch ihre Mannigfaltigkeit oder Vielheit gekennzeichnet, die als Individuum-Welt-Verhältnis immer in einem wechselseitigen Bezug stehen. Damit ist das Prinzip der Interkulturalität im Denken Humboldts implizit entfaltet. Die Frage nach dem Menschen ist für Humboldt die Frage nach seiner Bildung, die ihm in der Auseinandersetzung mit dieser vielfältigen Welt eine „individuelle Unendlichkeit" (Spranger 44) ermöglicht. Die Bildung des Menschen ist in Humboldts bildungstheoretischem Entwurf vorrangig durch das Prinzip der Zweckfreiheit gekennzeichnet; sie kann daher niemals in einem funktionalen Zusammenhang gedacht werden. Die durch jeden Einzelnen für sich selbst herzustellende und zu gestaltende Ordnung der vorhandenen mannigfaltigen Welt (dies ist der Prozess der

2 Wilhelm von Humboldt. „Theorie der Bildung". *Wilhelm von Humboldt. Werke.* Hg. Andreas Flitner und Klaus Giel. Bd I. 3. Auflage. Darmstadt: Wissenschaftliche Buchgesellschaft, 1980. 234–240. *Schriften zur Anthropologie und Geschichte.*

Bildung) wird möglich, wenn die gesamte Welt sich als ein immerwährender Stoff darbietet, mit dem die Individuen lernend verfahren können. Der lernende Umgang mit dem ‚Stoff über die Welt' zeigt sich in den Didaktikentwürfen für die pädagogische Praxis.

Humboldts Idee der Bildung gilt als ein wesentlicher Bestandteil pädagogischer Ideengeschichte. Für die im ‚ökonomischen Paradigma' erforderliche Funktionalisierung kann sie nur als „unzeitgemäß" und damit unbrauchbar betrachtet werden. In einer ‚Wikinomics'-Welt ist die Bildung aus einer erziehungswissenschaftlichen Perspektive in der Gefahr, einer kollektiven Ressourcennutzung weichen zu müssen.

Zu den theoretischen Grundlagen einer gegenwärtigen allgemeinen Interkulturalitäts-Diskussion zählt, dass Welt und Gesellschaft jetzt explizit als interkulturell verstanden werden (Eirmbter-Stolbrink 2005). Neben einer aktuell gesteigerten Vielfalt durch Prozesse der Ausdifferenzierung in der Moderne wird zudem auf die gesteigerten Möglichkeiten der Erfahrbarkeit von Anderskulturellem, von Fremdheit und Differenz verwiesen. Als Grundlage einer Idee interkultureller Prozesse in Welt und Gesellschaft wird der wechselseitige anerkennende Umgang mit den anderen kulturellen Formen und Selbstverständnissen erachtet, durch den das Eigenkulturelle zu einer kritischen Betrachtung angeregt wird (Kimmerle 80ff.). Damit ist in der Idee der Interkulturalität, die eine inhaltliche Parallele zu Humboldts Ich-und-Welt-Verständnis aufweist, die Möglichkeit der Bildung immer noch angelegt.

Die spezifische Frage nach den Möglichkeiten und Bedingungen für Prozesse der Bildung, des Lernens und der Erziehung in einer wissens- und kommunikationsorientierten „Weltgesellschaft" (Lenhart 47ff.) ist Gegenstand eines pädagogischen (praxisbezogenen) bzw. eines erziehungswissenschaftlichen (erkenntnisorientierten) Aufgabenverständnisses. In der Überschreitung eines praxeologisch-normativen Selbstverständnisses von Pädagogik wird die Aufgabe der Erziehungswissenschaft in der Bereitstellung systematisch-wissenschaftlichen Wissens für Lern- und Bildungsprozesse gesehen. Das erziehungswissenschaftliche Wissen für den Umgang mit Interkulturalität hat das Lernen in der Vielfalt und die Frage nach der Möglichkeit von Bildung zum Gegenstand.

3. Der lernende Umgang mit dem Anderskulturellen als Gegenstand einer interkulturellen Erziehungswissenschaft

Interkulturalität in einer disziplinübergreifenden Betrachtung beinhaltet die prinzipielle Achtung und Anerkennung kultureller Diversität, den selbstreflexiven Umgang mit der eigenen Kultur und die Möglichkeit individueller Bestimmung von Identität in der Dialektik zwischen Determination und Freiheit (Fornet-Betancourt 118f.).

Für die Erziehungswissenschaft kann die Reflexion der lernenden Auseinandersetzung mit der kulturellen Pluralität als Gegenstand ihrer wissenschaftlichen Fragehaltung betrachtet werden. Im methodologischen Selbstverständnis einer beschreibenden und analysierenden Funktion von Erziehungswissenschaft werden normative Setzungen für das praktische pädagogische Geschehen vermieden. Ein erziehungswissenschaftliches Selbstverständnis der Interkulturalitätsthematik enthält ein forschungs- und erkenntnisgeleitetes Interesse, das für die interkulturelle Thematik die Frage zu beantworten versucht, mit welchen Lehr- und Lernmethoden Wahrnehmung und Umgang mit kultureller Differenz vermittelt werden können. Das Erkennen von Differenzen und der anerkennende Umgang mit ihnen stellen die Herausforderung für Vermittlungs- und Gestaltungsprozesse in interkulturellen Lernformen und bei Lernanlässen dar. Dabei geht es um die Frage, wie die Gegenstände eines kulturellen Zusammenhanges für Lernprozesse so dargestellt und vermittelt werden können, dass sie in ihrem Eigenwert, d.h. ohne Deformation durch wertende Setzungen, angeeignet und vermittelt werden können.

Über die Frage der konkreten methodischen Gestaltung von Lehr- und Lernprozessen durch eine erkenntnisorientierte Bereitstellung von Wissen hinausgehend können organisationale Veränderungen in Lernkulturformen einen Gegenstand erziehungswissenschaftlichen Interesses bilden. Damit bilden die Lernherausforderungen und die Lernwirkungen durch gesellschaftsstrukturelle Veränderungen grundlegende Problemstellungen einer Erziehungswissenschaft.

Für die Entwicklung interkultureller pädagogischer Konzepte von Erziehung und Bildung werden im pädagogischen Fachdiskurs für die Bundesrepublik Deutschland verschiedene Phasen benannt (Nieke 13ff.). Ihr Beginn wird in der ‚Ausländerpädagogik' gesehen, die angesichts der Migrationsbewegungen in den 60er und 70er Jahren des vergangenen Jahrhunderts entstand. Sie hatte als eine Form der ‚Nothilfe' im Wesentlichen die sprachliche Förderung von Ausländerkindern zum Gegenstand. Aus der Kritik an einer defizitorientierten Ausländerpädagogik entwickelten sich dann in den 80er Jahren des 20. Jahrhunderts Formen einer multikulturellen Erziehung, die über Migrationskontexte hinausgehend Konflikte und Diskriminierungserfahrungen unterschiedlicher sozialer Gruppen zu berücksichtigen versuchten (Auernheimer 2003, 40; Krüger-Potratz) und den Gedanken eines vielfältigen Nebeneinanders von Kulturen befördern wollten. In Überschreitung eines multikulturellen Selbstverständnisses ist die Idee einer interkulturellen Bildung und Erziehung, die den leitenden Figuren multikulturellen Umgangs folgt, auf die wechselseitig anerkennende Herausforderung durch die Vielfalt, vor allem durch die Differenz zwischen dem Eigenen und dem Fremden, gegründet (Holzbrecher 2). Mit dem interkulturellen Selbstverständnis ist das bislang Eigene der Befragung unterworfen. Das Prinzip interkultureller Bildung und Erziehung konnte damit in der historischen Entwicklung aus einer defizitorientierten, sozialpädagogisch verorteten Perspektive heraus als ein allgemeinpädagogisches Prinzip, eine Querschnittsaufgabe, eine Subdisziplin oder auch als interkulturelle Kompetenz im Sinne einer Schlüsselqualifikation verstanden werden (Nieke 19).

Der Begriff der „interkulturellen Kompetenz" (Thomas 143), der in den 90er Jahren des vergangenen Jahrhunderts eingeführt wurde, beinhaltet einen grundlegenden Anwendungsbezug und besitzt zudem einen engen Konnex zur Qualifikationsorientierung in den Lernprozessen der beruflichen Aus- und Weiterbildung.

Betrachtet man den Modus der Auseinandersetzung mit dem Gegenstand der Interkulturalität im Fach Pädagogik, so wird deutlich, dass der Anlass der fachspezifischen Bemühungen seit den Anfängen fremdkultureller Begegnungen in sozialen Integrationsversuchen zu sehen ist. Diese Bemühungen lassen sich auch noch im gegenwärtigen Selbstverständnis interkultureller Kompetenz, die durch eine praktisch-pädagogische Ausrichtung geprägt ist, nachweisen. Das interkulturelle Geschehen einer pädagogischen Praxis- und Handlungsorientierung wird in der pädagogischen Interkulturalitäts-Literatur im Wesentlichen in einem sozialpädagogischen Zusammenhang sowie auf schulisches (didaktisches) Geschehen und auf den Kompetenzbezug vor dem Horizont des ökonomischen Systems hin gedacht.

Vor dem Hintergrund einer unmittelbaren Praxisorientierung erweisen sich dann normativ-didaktische Entwürfe und (ungeprüfte) Rezeptologien für den interkulturellen Umgang als die erforderlichen und geeigneten Formen einer interkulturellen Pädagogik (vgl. beispielhaft Yildiz). Eine erkenntnisorientiert am Thema der Interkulturalität arbeitende Erziehungswissenschaft hingegen kann die Frage nach dem ‚Wie' (den Methoden) der Vermittlung anstelle des ‚Was' (den Inhalten) formulieren. Anstelle von Intuition und Vermutung aus dem und für den Praxisvollzug ist eine erziehungswissenschaftliche Suche auf die Beschreibung und Analyse der Formen und Wirksamkeiten von Vermittlungsmethoden gerichtet. Damit erscheint die Dominanz normativ-didaktischen Denkens im Fach Pädagogik zugunsten einer erziehungswissenschaftlichen Orientierung überwindbar (Dräger/Günther).

Ist die interkulturelle Thematik in der Erziehungswissenschaft durch ihre Theorielosigkeit zugunsten pragmatischer Handlungsorientierungen gekennzeichnet, so finden auch bildungstheoretische Grundfiguren, die Vielheit und Mannigfaltigkeit thematisieren sowie methodische Entwürfe für eine vielfältige Welt, wie sie in der pädagogischen Historiographie durchaus vorhanden sind[3], keinerlei Berücksichtigung.

---

3 Wenngleich auch hier auf den schulischen Unterricht Bezug genommen wird, vgl. zu Fragen der ‚Weltaneignung' z.B.: Johann Friedrich Herbart. *Über die ästheti-*

Die Frage nach den Methoden interkulturellen Lernens rekrutiert sich so zunächst angesichts der Dominanz pädagogischen Praxisdenkens aus der Weitergabe einer bislang ‚immer schon' funktionierenden pädagogischen Praxis. Darin zählen vorrangig Intuition und pädagogische Erfahrung angesichts fehlender Erkenntnisse über die Leistungsfähigkeit von Methoden, die Differenz lehr- und lernbar machen, zu den Bestandteilen ‚pädagogischer Professionalität'. Eine erfahrungsbasierte pädagogische Professionalität erscheint in einer interkulturell orientierten Wissensgesellschaft, die auf die Effektivität von Vermittlungsprozessen verwiesen ist, als ein Anachronismus. Für die interkulturell orientierte Informations- und Wissensgesellschaft, die zudem von der Programmatik des lebenslangen bzw. lebensbegleitenden Lernens geprägt ist, würden sich präzise Erkenntnisse über die Eigenschaften und die Wirksamkeiten von Methoden der Wissensvermittlung und der Wissensaneignung durchaus als sinnvoll erweisen. Paradoxerweise hat die Erziehungswissenschaft trotz der gesteigerten Möglichkeiten, Fremdheit, Differenz und Andersheit zu erfahren, die systematische Suche nach der Lernwirksamkeit von Methoden bislang nicht aufgegriffen.

Für die Bildung ist, wie dies mit den bildungstheoretischen Entwürfen Wilhelm von Humboldts bereits deutlich wurde, die Tatsache der Differenz von Welt, Kultur und Gesellschaft Anlass und Möglichkeit ihres Geschehens. Die lernende Aneignung des Anders- oder Fremdkulturellen geschieht unter der Prämisse des interkulturellen Geschehens in einer reflektierenden Betrachtung des ‚bislang Selbstverständlichen' und seiner potentiellen Überschreitung durch das neu Erfahrene. Die Begegnung mit Fremdheit beinhaltet hinsichtlich der kognitiven Prozesse der Lernenden den ‚neugierigen Blick' auf das Andere und zugleich eine kognitiv bereicherte Vergewisserung des Eigenen. Damit sind Prozesse interkulturellen Lernens den Merkmalen prinzipieller Offenheit allen Wissens, der Multiperspektivität und der Variabilität beteiligter Wissenselemente unterworfen, womit sich eine strukturelle Parallelität zwischen der Form des interkulturellen und der Form des wissenschaftlichen Wissens ergibt (Bühl 162ff.). Für die Frage nach den geeigneten Methoden in Prozessen interkulturellen Lernens könnte daher eine methodisch geleitete Gewährung und Herstellung von Offenheit in Denk- und Wissensformen und zugleich die methodisch geleitete Verhinderung ideologischen Wissens einen Ansatzpunkt darstellen, der in einer forschungsorientierten Suche nach geeigneten Vermittlungsmethoden für interkulturelle Lernprozesse enthalten ist.

---

sche Darstellung der Welt als Hauptgeschäft der Erziehung (1804). Kleinere pädagogische Schriften. Hg. Arthur Brückmann. Paderborn: Schöningh, 1968.

Johan Amos Comenius. *Pampaedia. Allerziehung.* Hg. Klaus Schaller (in deutscher Übersetzung). Sankt Augustin: Academia-Verlag, 1992.

Das Prinzip der Offenheit von Wissensbeständen, das dem interkulturellen Lernen zugewiesen ist, kann zur Gewährleistung immerwährender Überprüfungen und neuer ‚Standortfindungen' der interkulturell Lernenden nur dann realisiert werden, wenn die Gestaltung des Lehrens und Lernens dies auch ermöglicht. Interkulturelle Lehr- und Lernprozesse lassen sich unter dogmatisch geprägten Vermittlungs- und Lernformen nicht realisieren.

Die Kenntnis des Fremdkulturellen, der reflexive Umgang mit eigenen und fremden Sichtweisen oder Lebenspraktiken und die potentielle Umgestaltung des eigenen ‚Kopfinhaltes' bedürfen der Formen für die Ermöglichung der Aneignung des Neuen. Eine geordnete, systematische Darlegung des Fremdkulturellen, an den Kriterien der Offenheit, der Wahrheit und der Überprüfbarkeit von Aussagen orientiert, widersetzt sich der Gefahr normierender oder ideologischer Setzungen in der Darlegung des interkulturellen Wissens. Damit ist eine Parallelität zur Form und zu den Aneignungsprozessen wissenschaftlichen Wissens erneut hergestellt. Eine Korrektur des Eigenen durch die Begegnung mit dem Fremden bedarf allerdings eines umfassenden (konsistenten) Wissensgefüges, das die Multiperspektivität und die Komplexität von Sachverhalten, Themen, Lebensformen widerzuspiegeln vermag. So ist das interkulturelle Wissen wie auch das wissenschaftliche Wissen an der präzisen Kenntnis der beteiligten Elemente des Wissens und an ihrer prinzipiellen Revidierbarkeit zu orientieren (Bühl 265). Die gewählten Methoden in Prozessen interkulturellen Lernens haben dann die Darbietung der Unterschiede in den kulturellen Sichtweisen oder in den kulturellen Lebensformen in Klarheit und in systematischer Ordnung zu liefern. Die Art der Darbietung soll darüber hinaus die Möglichkeit wechselseitiger Kritik und anerkennenden Umgangs gewährleisten.

Der Umgang mit der fremden Perspektivität erfordert im Prozess der lernenden Aneignung die Fähigkeit zur dialogisch-argumentativen Auseinandersetzung, die im Rahmen der *scientific community* mit dem Diskursbegriff gekennzeichnet ist. Für den interkulturellen Austausch erscheinen aus einer erziehungswissenschaftlich-bildungstheoretischen Perspektive die Darlegung des Eigenen, die Anerkennung des Fremden und – in der Realisation des interkulturellen Prinzips – die Möglichkeit der Einnahme eines neuen ‚Standortes in der Welt' an die Fähigkeit zum argumentativen Austausch gebunden. Das Argument in der Darlegung und Verteidigung des jeweils Eigenkulturellen erhält seine Qualität durch seine inhaltliche, logisch-systematische Ordnungsstruktur und nicht durch seine rhetorisch-persuasive Kraft.

Bildungstheoretisch findet damit die Befähigung zur Reflektion, zum Argument und zum disputativen Austausch als Herstellung individueller Urteilskraft Berücksichtigung. Dabei handelt es sich um Fähigkeiten, die zu den Grundfiguren Politischer Bildung gerechnet werden können (Eirmbter-Stolbrink 2007). In einer politischen Ethik im Zeitalter der Globalisierung sind die Mitglieder der globalen Welt nicht nur als Wirtschaftsbürger, sondern im Sinne von Otfried Höffe auch als Staatsbürger und Weltbürger gedacht.

Eine erziehungswissenschaftliche Suche nach geeigneten Methoden und Verfahren zur Beförderung interkultureller Lernprozesse kann ihren Anfang in der Sammlung und Beschreibung von Lehr- und Lernformen nehmen, die den reflektierten Umgang und den systematisch-argumentativen Austausch intendieren. Damit wären zunächst Lehr- und Lernformen zu extrahieren, die dogmatisch-ideologisches Wissen eher ermöglichen als Formen überprüfbaren Wissens, die dem Anspruch interkulturellen Lerngeschehens zu entsprechen vermögen (Eirmbter-Stolbrink 2003, 175).

Die Überprüfung der Lernwirksamkeiten von Methoden und die Identifikation von Elementen, die Lernwirksamkeit zu behindern oder zu befördern versuchen, erweist sich allerdings als bislang ungelöste interkulturelle Aufgabe einer Erziehungswissenschaft.

4. Zu den Lernkulturformen in der Wissensgesellschaft

Die Lernrealität der Lern-, Informations- und Wissensgesellschaft ist insbesondere durch die weltumspannenden Digitalisierungsprozesse des Lerngeschehens beschreibbar. Als strukturelle Merkmale der dominanten digitalen Lernprozesse erweisen sich ihre Formen der Visualisierung, die Möglichkeiten der Virtualität und die sozial-kommunikative Grundstruktur webbasierten Lernens (z.B. Marotzki et al.; Keen 179). Die „Wandlungen im Innern des Wissens" (Hofmann 2ff.), die mit dem gegenwärtigen Verständnis von Wissensgesellschaften einhergehen, entstammen ihrer Angleichung an die Informations- und Kommunikationsgesellschaft, die unausweichlich an die technologisch-mediale Struktur gebunden ist.

Die kulturtheoretische bzw. kulturphilosophische Kritik am digitalen Lerngeschehen verweist auch auf die Gefahr des Verlustes epistemischen, systematisch gewonnenen Wissens zugunsten der Ausstattung mit Informationen: „In der Information sind Wissen und Meinen ununterscheidbar" (Mittelstraß 57). Die Veränderungen der Eigenschaften des Wissens sind in ihrer funktionalen Zuordnung zu den Anforderungen der Wissensgesellschaft erkennbar: Das Wissen muss sich in seinem konkreten Anwendungsbezug beweisen, es hat angesichts seiner Standardisierung und Automatisierung mit der zusätzlichen Möglichkeit des selektiven Zugriffs für die konkrete Anforderungssituation unmittelbar verwertbar zu sein. Die sozial-kommunikativen Formen des Umgangs im neueren Webgeschehen (Web 2.0) bewirken zudem weitere spezifische Merkmale des medialen Funktionsgeschehen in der Weltgesellschaft: In den Darstellungsformen und den kommunikativen Formen der nutzergenerierten Medien wird die Trennung zwischen Tatsache und Fiktion, Erfindung und Realität, Autor und Publikum aufgehoben. Damit ergibt sich die Gefahr einer Erosion von Wahrheit und Sachkenntnis zugunsten eines amateurhaften Meinungsaustauschs (Keen 35).

In den Beschreibungen der Postmoderne und im methodologischen Entwurf des Konstruktivismus sind die flüchtigen und partikularen Formen des Weltgeschehens bereits vor der Installation der Blogosphäre enthalten. Für den Diskurs im Fach Pädagogik stellte der Ansatz des didaktischen Konstruktivismus (Arnold und Siebert) den entsprechenden Beitrag dar. Der didaktische Konstruktivismus leugnet die Lehrbarkeit in Vermittlungsprozessen und stellt damit die Leistung von Vermittlungsmethoden grundlegend in Frage.

Die Auswirkungen kommunikativer und informierender Gestaltungen des Webgeschehens auf das Lern- und Bildungsgeschehen sind bislang empirisch ungeklärt und theoretisch unzureichend bearbeitet. Von daher besitzt die Kritik an den Formen des Welt-Webgeschehens auch eher einen essayistischen Charakter.

In einer bildungstheoretischen Betrachtung, in welcher der lehrende und lernende Umgang mit epistemischem und systematisch geordnetem Wissen weiterhin gedacht ist, geht es angesichts präsentieller digital-kommunikativer Lernformen um die grundlegende Frage der Möglichkeit von Bildungs- und Lernprozessen. Die vorhandene Kritik an der Verfasstheit und der medialen Gestaltung der Wissensgesellschaft mit ihren Auswirkungen auf Prozesse der Bildung betont allerdings die Prozesse der Partikularisierung und der Fragmentarisierung des Wissens einschließlich der Kritik an den institutionellen Umstrukturierungen der Bildungslandschaft (Liessmann 13 sowie Pongratz 9ff.). Als „Irrtum der Wissensgesellschaft" wird ihre nur behauptete Rationalität betrachtet, die angesichts eines dominant gewordenen „Vermutungswissens" zu „Rationalitätsfiktionen" in der Wissensgesellschaft (Schimank 58) oder auch zum „Schwund des Wissens in der Wissensgesellschaft" (Ruhloff 28) geführt hat.

Vermutungswissen, Rationalitätsfiktionen und partikulares Wissen vermögen nicht dem aufgezeigten Anspruch an ein Wissen für den interkulturellen Dialog zu entsprechen. Die partikulare Information beinhaltet immer zugleich die Gefahr der Aneignung ideologischen Wissens. Das ideologische Wissen ist in seiner Struktur nicht überprüfbar, es bezieht seine Rechtfertigung aus dem „Schein der Wissenschaftlichkeit" (Bühl 212ff.) und besitzt damit einen nur scheinbaren objektiven Anspruch. Das interkulturelle Wissen hingegen ist gerade um die Aufhebung dogmatischer Setzungen und Behauptungen und um die Relationierung von Eigenem und Fremdem bemüht. Für das interkulturelle Wissen gilt der Anspruch auf ein Wissen, mit dem die Verschiedenheit erkennbar und argumentativ verfügbar wird. Für den ‚Weltbürger' ist Urteilskraft über das weltkulturelle Geschehen nur dann zu denken, wenn dieser nicht nur informiert, sondern gebildet ist. Die Möglichkeit der Differenzerkennung ist an eine klare und eindeutige Weltdarstellung gebunden. Die lernende Aneignung des Fremdkulturellen beinhaltet die Erweiterung, nicht die Reduktion von Kontingenzen. Eine geordnete Darstellung der Welt in ihren politischen, sozialen und kulturellen Formen bildet die Voraussetzung für entstehende Ordnungsstrukturen in den Köpfen der Lernenden. Die Wahrnehmung von Differenzen und ihren Begründungen benötigt neben der prinzipiellen Offenheit und Argumentationsfähigkeit die Fähigkeit zum eigenständigen Vergleich des Verschiedenen. Der Vergleich und die darauf folgende Reflexivität wiederum sind auf identifizierbare Kategorien und Strukturen verwiesen, womit vor-rationale Setzungen, Vermutungen und ideologische Behauptungen für den interkulturellen Lernprozess ungeeignet erscheinen (König-Fuchs/Eirmbter-Stolbrink).

Für die Präsentation der interkulturellen Welt und die sich anschließende Befähigung der Lernenden zum komparativen und reflexiven Prozess ist das sowohl in der theoretischen Betrachtung als auch in der pädagogischen (didaktischen) Praxis entfaltete Prinzip einer Verknüpfung von allgemeinem und speziellem Wissen zu bedenken. Die Betrachtung des Fremdkulturellen vollzieht sich in der rückführenden ‚fragenden' Betrachtung des Eigenkulturellen. ‚Besonderes' Wissen und ‚allgemeines' Wissen stehen in einem ständigen Dialog und sind in ständigen Veränderungen und reflexiven Prozessen befindlich. Für die ‚Methoden der Weltdarstellung' in interkulturellen Lehr- und Lernprozessen besteht daher eine strukturelle Anforderung dahingehend, dass sie eine ‚Fragehaltung' der Lernenden zu befördern vermögen. Eine grundlegende Frage- und Problemhaltung, die die Lernenden an sich selbst und an andere richten, ist durch die Offenheit in der Darbietung interkultureller Lernprozesse intendiert. Für die Frage- und Problemorientierung gilt allerdings der Anspruch an den Umgang mit gesichertem und geordnetem Wissen, das zur Urteilsfindung verwendet werden kann. Damit stellen die Rationalitätsfiktionen, die flüchtigen Aussagen der ‚Amateure' und die Informiertheitsillusionen der Wissensgesellschaft, die das netzbasierte Lernen liefert, für das interkulturelle Lernen und für interkulturelle Bildungsprozesse eine Gefährdung dar.

Das bildungstheoretische Prinzip der Urteilsfähigkeit, das interkulturelle Lernprozesse kennzeichnet, schließt eine ausschließlich utilitäre Gestaltung von Lernprozessen aus. Die Kontingenzerweiterung der Lernenden, die durch die kulturelle Diversität gegeben ist, erfordert gleichermaßen eine Komplexitätserweiterung in der Darstellung des Wissens.

Welche Methoden, Elemente und Verfahren sind es also, die das Prinzip interkulturellen Weltgeschehens, die Darlegung und Selbstvergewisserung des Eigenkulturellen sowie die Darlegung und Anerkennung des Fremdkulturellen zu gewährleisten vermögen?

5. Methoden interkulturellen Lernens im pädagogischen Selbstverständnis

Im Hinblick auf die Beantwortung der Frage nach geeigneten Methoden für die Vermittlung von Interkulturalität zeigt sich das bereits erwähnte Defizit in der erziehungswissenschaftlichen Betrachtung. Es finden sich Aufzählungen von ‚Methodenrepertoires' (Flechsig) oder ‚Trainingsprogrammen' aus der pädagogischen Praxis (Auernheimer 2003, 158), die zudem das Selbstverständnis einer pädagogischen Professionalität widerspiegeln: Als dominant erweisen sich für interkulturelle Prozesse die Handlungsfelder von Schule und Unterricht, Sozialer Arbeit und Sozialpädagogik, in denen die ‚genuinen' pädagogischen Praktiker tätig sind: „Pädagoginnen und Pädagogen müssen positive Modelle für den Umgang mit Differenzen abgeben" (Auernheimer 2001, 180).

Ersetzt die Praxisbetrachtung eine erkenntnisorientierte Suche nach geeigneten Methoden für die Vermittlung von Interkulturalität und führt zudem der Verbleib im Feld des pädagogischen Handelns zu normativen Vorgaben für die pädagogische Professionalität, wird die Ursache für den defizitären Zustand systematischer Methoden-Erkenntnisse deutlich.

Auernheimer unterscheidet in dieser Praxisperspektive bei den methodischen Zugängen zur Interkulturalität für Schule und Jugendarbeit die erlebnis- und handlungsorientierten Ansätze, die direkte und die indirekte Zugehensweise, den biographischen, literarischen und den sozialökologischen Zugang, verweist darüber hinaus auf die Methoden der Medienanalyse, das Rollenspiel, Interaktionsübungen, auf Planspiele sowie auf verschiedene Formen der ästhetischen Praxis wie Schreiben, Fotografieren, Theaterarbeit (Auernheimer 2003, 158).

Das überlieferte Selbstverständnis pädagogischer Professionalität und Praxisorientierung enthält für den konkreten Handlungszusammenhang gleichermaßen die Ziele und Inhalte für das didaktische Geschehen. Als besonders wichtig wird für alle Formen interkultureller Kulturarbeit der Erfahrungsbezug gesehen, die gemeinsame lebensweltliche Erkundung der TeilnehmerInnen bzw. Zielgruppen (Auernheimer 2003, 163).

6. Fazit: Anforderungen an Methoden für die Vermittlung von Vielfalt

Gilt für die Methoden interkulturellen Lehrens und Lernens, dass sie der Offenheit und Revidierbarkeit für die interkulturellen Wissensformen verpflichtet sind, hat sich die Darstellung der kulturellen Alterität von allen ideologiestützenden und normgebenden Methodenfiguren zu distanzieren. Für Vermittlungsprozesse im interkulturellen Lerngeschehen haben die Methoden Anwendung zu finden, die keinerlei Festlegung der Lernenden bewirken, gleichermaßen aber durch umfassendes und gesichertes Wissen Reflexivität und Transformationsprozesse zu befördern vermögen. Das ‚Erleben' des kulturell Differenten als eine Form der Vermittlung erscheint insofern problematisch, als es eine andere Perspektivität, die Dimension des Emotionalen, bedient. Im Erleben werden andere Denkformen bemüht, die nicht den durch eine systematische und geordnete Form komplexer Wissensbestände geforderten entsprechen. Das Erleben unterliegt der Gefahr ideologischer oder mythischer Wissensformen. Bei diesen handelt es sich um informationsarme Wissenssysteme mit einer bipolaren Entweder-Oder-Struktur, die für die Komplexität und Reversibilität interkulturellen Wissens problematisch erscheinen (Bühl 212 sowie Dräger 513ff.).

Somit bleibt es eine erziehungswissenschaftliche Aufgabe, die Formen der Wissensdarbietung auf ihre spezifische Lernwirksamkeit hin zu prüfen. Das ‚Methodenrepertoire' der vorhandenen, ‚immer schon funktionierenden' Praxis ist durch eine forschungsgeleitete Suche nach geeigneten Methoden und Verfahren für interkulturelle weltgesellschaftliche Prozesse zu ersetzen.

In der sich gleichsam als interkulturell verstehenden Wissensgesellschaft ist das Wissen als eine Ressource gedacht. Für die interkulturelle Orientierung stellt die ökonomische Priorität einer Ressourcennutzung eine Gefährdung dar. Ökonomische Nutzenorientierung, Wertschöpfungsmaximen und zeitorientiertes Wissensmanagement sind Sinn-Normen des ökonomischen Systems, die für die Idee individueller Gestaltung durch Bildungsprozesse dann nicht förderlich sein können, wenn die Bildung sämtliche Bereiche des sozialen, politischen, kulturellen und interkulturellen Geschehens und damit nicht nur die perspektivische Einengung auf arbeits- und berufsbezogenen Prozesse umfassen soll.

Diese Idee des lernenden Umgangs mit der ‚Allheit' von Welt war in Humboldts Bildungstheorie enthalten.

Erziehungswissenschaftliche Forschung hat die Frage zu klären, wie sie mit welchen Verfahren und Methoden die Vielfalt von Wissen der interkulturellen Welt angesichts ihrer beschleunigten Veränderung zur Darstellung und Aneignung bringen kann. Dabei sind die überlieferten Methoden der Wissensvermittlung einschließlich ihrer Elemente (z.B. Text, Vortrag, Diskussion, Experiment, die Elemente der Visualisierung, der Abstraktion) und die neuen Praktiken des webbasierten Lernens auf ihre Eignung für die Lernwirksamkeit hin zu überprüfen. Der gegenwärtige Zustand erziehungswissenschaftlicher Erkenntnisse ermöglicht für den forschenden Umgang letztlich nur die Formulierung von Fragen, nicht die Präsentation von Forschungsergebnissen. Beispiele dafür sind: Welche Elemente kennzeichnen ‚gute' Vermittlungsformen? Wann ist ein Vortrag selbstorganisierten Formen der Wissensaneignung überlegen? Welche Vorteile beinhaltet eine lernende Aneignung durch einen Text? Welche Lernwirksamkeit besitzt eine Lerngruppe, eine Arbeitsgemeinschaft? Welche Elemente mit welcher Lernwirkung besitzt die Exkursion? Welche Prozesse der Visualisierung besitzen welche Lernwirksamkeit? Welche webbasierten Formen des Lernens stellen welche Wissensformen zur Verfügung?

Für die Erziehungswissenschaft erweist sich angesichts ihrer anhaltenden „Methodenvergessenheit“ (Dräger und Günther 129) die Aufgabe der Identifikation von Elementen, die Lernprozesse zu behindern oder zu befördern vermögen. Die erziehungswissenschaftlichen Fragestellungen unterscheiden sich insofern von den vorhandenen kognitionspsychologischen oder auch medienwissenschaftlichen Forschungsansätzen, als sie sich auf die Lernwirksamkeit von Methoden und Verfahren erstrecken und einen instruktionspsychologischen oder einen aufmerksamkeitsbezogenen Ansatz zu überschreiten versuchen.

In der Dringlichkeit globalen Geschehens und damit zugleich in der Dringlichkeit einer interkulturellen Weltorientierung erscheint die erziehungswissenschaftliche Suche nach ‚effektiven‘ Methoden des Lehrens und Lernens notwendig, will sie sich nicht ausschließlich den technologischen Vorgaben, die dem ökonomischen Paradigma entstammen, unkritisch aussetzen.

Der Umgang mit der Vielfalt des weltkulturellen Geschehens bedarf zugleich der vielfältigen Formen des Lehrens und Lernens. Überlieferte und neue Formen des Lehrens und Lernens sind hinsichtlich ihrer Wirksamkeit für Lernprozesse zu überprüfen. Dahingehend hat die Erziehungswissenschaft Wissen bereit zu stellen.

Literatur

Arnold, Rolf und Horst Siebert. *Konstruktivistische Erwachsenenbildung*. 5. Auflage. Baltmannsweiler: Schneider Hohengehren, 2006. Print.

Auernheimer, Georg. „Interkulturelle Pädagogik“. *Differentielle Pädagogik*. Hg. Wilhelm Brinkmann. Donauwörth: Auer, 2001. 165–183. Print.

---. *Einführung in die interkulturelle Pädagogik*. Darmstadt: Wissenschaftliche Buchgesellschaft: 2003. Print.

Bühl, Walter. *Die Ordnung des Wissens*. Berlin: Duncker & Humblot, 1984. Print.

Comenius, Jan Amos. *Pampaedia. Allerziehung*. Hg. Klaus Schaller (in deutscher Übersetzung). Sankt Augustin: Academia, 1992. Print.

Dräger, Horst. „Erlebnis als unmittelbarer Weg der Führung“. *Idee und Erkenntnis. Der Beitrag von Horst Dräger zur Erziehungswissenschaft*. Hg. Eva Eirmbter-Stolbrink und Claudia König-Fuchs. Nordhausen: Bautz, 2006. 513–523. Print.

Dräger, Horst und Ute Günther. „Die Emanzipation der Methodik von der Didaktik“. *Ent- traditionalisierung der Erwachsenenbildung*. Hg. Karin Derichs-Kunstmann et al. Frankfurt: Deutsches Institut für Erwachsenenbildung, 1997. 116–129. Print.

Eirmbter-Stolbrink, Eva. „Interkulturalität und Pädagogik". *Die Idee der Toleranz in der Interkulturellen Philosophie.* Hg. Hamid Reza Yousefi und Klaus Fischer. Nordhausen: Bautz, 2003. 157–180. Print.

---. *Wilhelm von Humboldt interkulturell gelesen.* Nordhausen: Bautz, 2005. Print.

---. „Interkulturalität und Politische Bildung". *Orthafte Ortlosigkeit der Philosophie.* Hg. Hamid Reza Yousefi u.a. Nordhausen: Bautz, 2007. 217–236. Print.

Flechsig, Karl-Heinz. „Methoden interkulturellen Trainings – Ein neues Verständnis von ‚Kultur' und ‚interkulturell'„. *Zwischen den Kulturen: pädagogische und sozialpädagogische Zugänge zur Interkulturalität.* Hg. Marion Gemende u.a. Weinheim: Beltz, 1999. 209–227. Print.

Fornet-Betancourt, Raúl. „Philosophische Voraussetzungen des interkulturellen Dialogs". *Interkulturelle Orientierung.* Bd II, Hg. Hamid Reza Yousefi und Klaus Fischer. Nordhausen: Bautz, 2004. 113–131. Print.

Herbart, Johann Friedrich. *Über die ästhetische Darstellung der Welt als Hauptgeschäft der Erziehung (1804).* Hg. Arthur Brückmann. Kleinere pädagogische Schriften. Paderborn: Schöningh, 1968. Print.

Höffe, Otfried. *Wirtschaftsbürger Staatsbürger Weltbürger.* München: Beck, 2004. Print.

Hofmann, Jeanette. „Digitale Unterwanderungen: Der Wandel im Innern des Wissens". *Aus Politik und Zeitgeschichte* 36 (2001): 2–6. Print.

Holzbrecher, Alfred. *Interkulturelle Pädagogik.* Berlin: Cornelsen scriptor, 2004. Print.

Humboldt, Wilhelm von. „Theorie der Bildung". *Wilhelm von Humboldt. Werke.* Hg. Andreas Flitner und Klaus Giel. Bd I. 3. Auflage. Schriften zur Anthropologie und Geschichte. Darmstadt: Wissenschaftliche Buchgesellschaft, 1980. 234–240. Print.

Keen, Andrew. *Die Stunde der Stümper. Wie wir im Internet unsere Kultur zerstören.* München: Hanser, 2008. (Im engl. Original: *The Cult of the Amateur.* New York: Doubleday, 2007). Print.

Kimmerle, Heinz. *Interkulturelle Philosophie.* Hamburg: Junius, 2002. Print.

König-Fuchs, Claudia und Eva Eirmbter-Stolbrink. *Ideen interkultureller Pädagogik.* Nordhausen: Bautz, 2008. Print.

Krüger-Potratz, Marianne. *Interkulturelle Bildung.* Eine Einführung. Münster: Waxmann, 2005. Print.

Lenhart, Volker. „Bildung in der Weltgesellschaft". *Globalisierung als Herausforderung für die Pädagogik.* Hg. Annette Scheunpflug und Klaus Hirsch. Frankfurt: IKO -Verlag für Interkulturelle Kommunikation, 2000, 47–64. Print.

Liessmann, Konrad Paul. *Theorie der Unbildung.* Wien: Zsolnay, 2006. Print.

Marotzki, Winfried et al. (Hg.). *Zum Bildungswert des Internet.* Opladen: Leske und Budrich, 2000. Print.

Mittelstraß, Jürgen. *Wissen und Grenzen.* Frankfurt: Suhrkamp, 2001. Print.

Münch, Richard. *Globale Eliten, lokale Autoritäten. Bildung und Wissenschaft unter dem Regime von PISA, Mc Kinsey & Co.* Frankfurt a.M.: edition suhrkamp, 2009. Print.

Nieke, Wolfgang. *Interkulturelle Erziehung und Bildung.* 3. Auflage. Wiesbaden: Verlag für Sozialwissenschaften, 2008. Print.

Pongratz, Ludwig. *Bildung im Bermuda-Dreieck: Bologna – Lissabon – Berlin.* Paderborn: Schöningh, 2009. Print.

Ruhloff, Jörg. „Schwund des Wissens in der Wissensgesellschaft?" *Bildung im Horizont der Wissensgesellschaft.* Hg. Hans-Rüdiger Müller und Wassilios Stavoravdis. Wiesbaden: Verlag für Sozialwissenschaften, 2007. 19–34. Print.

Schimank, Uwe. „Rationalitätsfiktionen in der Wissensgesellschaft". *Zur Kritik der Wissensgesellschaft.* Hg. Dirk Tänzler et al.. Konstanz: UVK Verlagsgesellschaft, 2006. 57–81. Print.

Spranger, Eduard. *Wilhelm von Humboldt und die Reform des Bildungswesens.* Tübingen: Niemeyer, 1960. Print.

Tapscott, Don und Anthony D. Williams. *Wikinomics. Die Revolution im Netz.* München: Deutscher Taschenbuch Verlag, 2009. (Im engl. Original: *Wikinomics. How Mass Collaboration Changes Everything.* New York: Portfolio, 2006). Print.

Thomas, Alexander. „Interkulturelle Kompetenz". *Erwägen – Wissen – Ethik* 1 (2003): 137 – 150. Print.

Yildiz, Safiye. *Interkulturelle Erziehung und Pädagogik.* Wiesbaden: Verlag für Sozialwissenschaften, 2009. Print.

Spannungs- und Handlungsfelder in der modernen Bildungsgesellschaft. Lebenslanges Sprachenlernen für eine zeitgerechte Sprachdidaktik

Barbara Schröttner / Christian Hofer

Globalisierung (mit)gestalten

Globalisierung strukturiert nicht nur Ereignisse des globalen Rahmens neu, sondern betrifft auch jene des alltäglichen Raums in einem beträchtlichen Umfang, wobei die globalen Vorgänge einen starken Einfluss auf die Lebenswelt des einzelnen Individuums haben (Egger/Schabler 33). Die globalen Verbindungen und Vernetzungen bringen weltweit jedoch neue Abhängigkeiten mit entsprechenden Effekten mit sich, wobei viele Prozesse zunehmend als nicht steuerbar und das Leben der Menschen negativ beeinträchtigend wahrgenommen werden (Lenz 2009, 15). Die zunehmende Komplexität von globalen Zusammenhängen aufgrund teilweise widersprüchlicher Informationen wird von vielen Menschen mit dem Gefühl der Ohnmacht verbunden. Es existiert die verbreitete Einschätzung, dass die Politik den weltweiten Entwicklungen hinterherhinkt; diese Entwicklung scheint die fortwährende internationale Finanz- und Wirtschaftskrise zu bestätigen. Je nach globaler oder lokaler Perspektive und Interessenlage wird die Globalisierung gegenwärtig daher als Metapher für Bedrohung oder für Zukunftshoffnung erlebt (Welter 152f.).

Während die Anzahl der VerliererInnen im Zuge der Globalisierung steigt und das von neoliberalen Vorstellungen getragene Programm der hemmungslosen Unterwerfung unter die Imperative des Marktes zunehmend scheitert, gewinnen Re-Nationalisierungs- und Re-Regionalisierungstendenzen, auch um die Folgen der globalen Krise abzufedern, verstärkt an Bedeutung (Faulstich 104). Für die österreichische Philosophin und Publizistin Isolde Charim ist der Neoliberalismus nicht nur eine bestimmte Form des Kapitalismus, eine besondere ökonomische Ordnung, sondern eine Ideologie und somit eine Diskursordnung; eine Anordnung also, die Begriffen Sinn und Bedeutung verleiht. Das bedeutet, dass diese Diskursordnung in die Köpfe der Menschen Einzug gehalten und dort viele Begriffe, mit denen Menschen ihre Wirklichkeitserfahrungen organisieren, affiziert hat. Diese Tatsache gilt es zu bearbeiten, denn laut Charim befinden wir uns derzeit in einem neuen Handlungszeitalter, aber in keinem „Hoffnungszeitalter" und „Lösungsparadies". Bis vor kurzem galt eine vehemente Vorherrschaft der Wirtschaft vor der Politik, die bis in die Wahrnehmung des breiten Publikums hinein wirkte und ein Ohnmachtsgehabe samt Ohnmachtserfahrung demokratischer Politik hinsichtlich der globalisierten Ökonomie bewirkte. Angesichts der ökonomischen Dynamik schien die Aussichtslosigkeit allen Gegenhandelns absolut. Doch die globalisierte Ökonomie hat sich selbst entzaubert, indem der Markt als Versprechen, sowohl jenem der Rationalität, als auch jenem vom guten Leben, gescheitert ist. Nachdem sich der Markt als größtes Medium der Irrationalität erwiesen hat, braucht es nun wieder politische Institutionen zur Bändigung der ‚befreiten', der enthemmten Egoismen. Es stellt sich die Frage, ob Politik, als staatliche Politik, die neue Akteurin der Veränderung ist, denn bis vor kurzem galt der Staat als überholt und neue Akteurinnen, wie beispielsweise NGOs oder die Bürgergesellschaft, wurden bejubelt. Gegenwärtig ist dieser Diskurs der ‚Subpolitik' zumindest teilweise überholt, denn NGOs können inhaltlich viel zu Verbesserungen beitragen, jedoch keine Politik der Regelveränderung durchsetzen. Die Renaissance des Staates nach dem großen Crash ist somit nur eine partielle (Charim).

Für den Nobelpreisträger Joseph Stiglitz (2008, zit. n. Lenz 2009, 17) hält die politische Globalisierung mit der ökonomischen nicht Schritt. Der Nobelpreisträger fordert daher dazu auf, die Globalisierung genauer zu beobachten, zu kontrollieren, zu steuern und (mitzu)gestalten. Für Stiglitz ist die Globalisierung bislang nicht hinreichend demokratisch legitimiert. Für den US-amerikanischen Wirtschaftswissenschaftler besteht die zukünftige Herausforderung darin, die Globalisierung fairer zu gestalten. Dafür bedarf es jedoch eines neuen globalen Gesellschaftsvertrages, in dem die reicheren Staaten den ärmeren mehr Chancen hinsichtlich Handlungsorientierungen, Auf- und Ausbau des Bildungswesens, Bildungs- und Forschungsförderung, angemessener Rohstoffpreise, finanzieller Unterstützungsangebote, Begrenzung von Waffenhandel, Umweltschutzmaßnahmen, etc. einräumen. Die Prozesse der Globalisierung sind demnach in demokratiepolitische Entscheidungen einzubinden, wobei die Aufgabe der Politik darin bestehen kann, einen neuen Ordnungsrahmen für die Globalisierung zu erstellen.

Die kanadische Journalistin und Globalisierungskritikerin Naomi Klein (2003 zit. n. Lenz 2009, 15) beschreibt die Globalisierung im positiven Sinne als eine Chance auf Basisdemokratie und somit als eine Bewegung – ähnlich wie die Anti-Atomkraft- oder Friedensbewegung –, in der sich die Betroffenen ihre Lernprozesse selbst organisieren können. Für den österreichischen Bildungswissenschaftler Werner Lenz (2009, 17) ist Lernen zwar nicht die Antwort auf die Probleme der Globalisierung, aber auch für ihn gibt es keine Antwort ohne Lernen. Abschließend kann festgestellt werden, dass die Weltgesellschaft, die lange Zeit als großartiges Zukunftsprojekt der Menschheitsgeschichte gedacht wurde, heute immer öfter als eine konfliktreiche Realität erfahren wird, die durch Politik sowie Bildung nicht mehr hervorgebracht, sondern im besten Falle bewältigt werden soll (Seitz 108). Ungeachtet der vielen problematischen Aspekte, die direkt und indirekt mit der Globalisierung in Beziehung stehen, ist die Fähigkeit, die ‚Welt in den Blick nehmen zu können', für die individuelle Lebensgestaltung von zentraler Bedeutung. Die Auseinandersetzung mit und die Reflexion von widersprüchlichen Phänomenen im Zusammenhang mit Globalisierungsprozessen kann die eigene Identitätsbildung fördern, während die Entfaltung von Empathie – als Voraussetzung der Gestaltung des eigenen Lebensumfeldes – zur Verbesserung der Lebensbedingungen anderer Menschen verhelfen kann (Welter 154).

Kulturelle Identitäten in Veränderung

Mit der Entwicklung einer globalen und universalen Kultur geht die Entwicklung lokaler, also partikularer Kulturen einher. Die Vielfalt kultureller Bezugssysteme, innerhalb derer und zwischen denen sich Menschen orientieren müssen, lässt kulturelle Identität nicht mehr als einseitige Bindung an ein einzelnes kulturelles Bezugssystem, sondern nur als komplexen Sachverhalt begreifen. Diese Komplexität erhöht sich dadurch, dass Menschen gegenwärtig ihre kulturelle Identität biographisch und situativ bedingt verändern bzw. zur Darstellung bringen. Individuen können in mehreren kulturellen Bezugssystemen Identitäten entwickeln, sei es im Sinne von Zugehörigkeitsgefühlen, im Sinne von realer Zugehörigkeit oder im Sinne eines zu entwickelnden komplexen kulturellen Selbstbildes. Die Frage ist, ob der Begriff der ‚kulturellen Identität' überhaupt noch im Singular verwendet werden kann, denn gegenwärtig ist von einer komplexen Identität auszugehen, die auf eine Vielfalt kultureller Bezugssysteme verweist. In diesem Zusammenhang kann von Identitätskonstrukten moderner Individuen gesprochen werden. Dennoch wird diese Vielfalt kultureller Orientierungs- und Bezugssysteme von Individuen nicht gleichrangig oder gleichwertig bewertet, sondern bildet eine Hierarchie von Identitäten (Flechsig 67).

Globalisierungsprozesse durchdringen heute alle Lebensbereiche und erhöhen dadurch die Komplexität der Lebenswelten und -formen. Gegenwärtig zählt es zu den Herausforderungen des Bildungswesens, zwischen den Ansprüchen auf Chancengleichheit und den Erfordernissen des Wettbewerbs zu vermitteln, wobei sich die eine Zielsetzung auf Solidarität und die andere auf Individualität richtet. Zwischen beiden Zielsetzungen besteht ein oft widersprüchliches Verhältnis, das keine einfachen Kompromissbildungen zulässt und als Folge der Dynamisierung gesellschaftlicher Entwicklungen, der wachsenden Mobilität und der Entkoppelung von nationaler und kultureller Identität interpretierbar ist. Es ist somit bedeutsam, das Fremde in der eigenen und das Eigene in der fremden Kultur wahrzunehmen. Aus dieser Wahrnehmung kann eine kritische Perspektive auf die eigene und die fremde Kultur entwickelt und Anschlüsse und Übergänge zwischen verschiedenen Kulturen hergestellt werden (Wulf 81). Aufgrund dieser Entwicklungen entstehen gegenwärtig neue Formen der Diffusion des Eigenen und des Fremden, in deren Rahmen die/der Andere außen und innen ist. In anderen Worten bedeutet dies, dass das Fremde vertraut und das Vertraute fremd sein kann (Wulf/Merkel 20f.). In den unterschiedlichsten Lebenswelten treffen derzeit somit Vertrautes und Fremdes unvermittelt und geographisch unzuordenbar aufeinander. Mit anderen Worten: Die Menschen sind zunehmend mit fremden Lebenswelten in ihrem vertrauten Lebensumfeld konfrontiert bzw. lassen sich vertraute Aspekte des eigenen Lebens in der sich entwickelnden globalen Einheitskultur wiederfinden (Scheunpflug/Hirsch 5).

Während die/der Andere der fremden Kultur heute häufig bereits Teil der eigenen kulturellen Welt ist, stellt die Kenntnis über das Fremde in uns eine wichtige Voraussetzung dafür dar, um an den Prozessen einer differenzierten und reflexiven Globalisierung teilzunehmen. Die transnationale Weltgesellschaft ist nicht durch Einheitlichkeit und Übersichtlichkeit, sondern durch ihre kulturelle, ökonomische, politische Vielfalt, Differenz und Komplexität charakterisiert. In Anbetracht der Globalisierung bedeutsamer Lebensbereiche und weltweiter politischer, ökonomischer und kultureller Integration sind die verstärkte Akzeptanz von Unterschieden und die Förderung der Gemeinsamkeiten von Bedeutung (Wulf 75f.). Das Wissen über fremde Kulturen wird nahezu immer durch die eigenen Vorerfahrungen gedeutet und kann dadurch Stereotype und Vorurteile fördern und festigen. Viele Schwierigkeiten in inter- wie in intrakulturellen Interaktionen lassen sich jedoch nicht nur aufgrund von Wissensmangel erklären, sondern haben mit Bedürfnissen, Wünschen und Interessen zu tun. Es gilt daher, psychische Faktoren zu berücksichtigen, die nicht losgelöst von gesellschaftlichen Bedingungen zu interpretieren sind. Die Spannung besteht folglich nicht nur zwischen dem Fremdem und dem Eigenen, sondern zwischen der gesellschaftlich-institutionellen und der personell- interaktionellen Ebene (Nestvogel 36). Der von Roland Robertson (1992, zit. nach Wulf 80) geprägte Begriff der „Glokalisierung“ bringt die Verbindung von Globalem und Lokalem sowie von Universellem und Partikularem, durch die neue autonome Formen kultureller und sozialer

Komplexität entstehen, zum Ausdruck. Durch Überschneidungen und Interdependenzen verschiedener kultureller Elemente entsteht jedoch, wie vorab erwähnt, keine in sich abgegrenzte kulturelle Einheit, sondern eine kulturelle Vielfalt der Lebensbedingungen. Für den Bildungsbereich ergeben sich daraus vielfältige Aufgaben, wobei es gilt, neue Repräsentationen des Anderen sowie neue transnationale Loyalitäten und Solidaritäten zu entwickeln.

Daraus lässt sich folgern, dass gegenwärtig eine zunehmende globale Interdependenz von Lebensverhältnissen erkennbar ist, und es gilt, diese wachsende Komplexität, die letztlich vermutlich nur über individuelles und kollektives Lernen überbrückt werden kann, angemessen zu bewältigen (Seitz 87).

Orientierung durch Freiheit

In der westlichen Welt der scheinbar unbegrenzten Möglichkeiten wächst gegenwärtig der Druck, die eigene Geschichte nicht nur zu erzählen, sondern sie zu einer Erfolgsgeschichte zu machen. Das Narrativ besagt, dass bei genügend Eigeninitiative alles möglich und jedes Scheitern das Scheitern des Individuums selbst sei. Die Folge ist, dass Menschen nicht nur die Verantwortung für ihre Initiative, sondern auch für ihr Scheitern übernehmen müssen, da die Lebensrisiken zunehmend auf das Individuum verschoben werden. Die bereits 1986 von Ulrich Beck diagnostizierte Risikogesellschaft existiert somit nach wie vor. Unsicherheit und Ungewissheit bestehen noch immer bzw. mehr denn je. Freiheit bedeutet in diesem Zusammenhang die Verantwortung für die Bewältigung von Risken, für die uns die institutionellen Stützen zunehmend abhanden kommen. Diese Freiheit gegenüber dem eigenen Leben entwickelt sich zunehmend zu einem Freigesetzt- und Ausgesetzt-Sein im ungeschützten Raum (Charim).

In diesem Zusammenhang ist eine zunehmende gesellschaftliche Bedeutung des Orientierungsbegriffs erkennbar, wobei sich das Sich-Orientieren zu einem Sich-Um-Orientieren oder Sich-Neu-Orientieren wandelt und Orientierungsphasen an Notwendigkeit gewinnen. Derzeit sind zwei Bedarfsquellen, die Bildung fordern, zu benennen: Qualifikation und Orientierung. Während Bildung im Kontext von Qualifikation auf wirtschaftliche Interessen begrenzt bleibt, kann sie im Zusammenhang mit Orientierung Grenzen überwinden und den Handlungs- und Reflexionsraum von Individuen über ihre rein wirtschaftliche Bedeutung hinweg ausdehnen (Egger/Schabler 32). Orientierungspunkte verlieren aufgrund ihrer zunehmenden Kurzlebigkeit jedoch immer schneller an Gültigkeit und Identitäts- und Lebensentwürfe sind daher nur anhand zeitweiliger und vorläufiger Bezugspunkte zu entwerfen. Orientierung ist somit nicht in der Lage, entstandene Ungewissheit aufzuheben und muss deshalb stets aufs Neue hergestellt werden (Egger/Schabler 35). Für Zygmunt Bauman

(2003, zit. nach Egger/Schabler 35) steht fest, dass Muster und Konfigurationen heute nicht mehr grundsätzlich vorgegeben und daher selbstverständlich sind. Die Folge ist, dass sie sich immer öfter widersprechen oder miteinander in Konflikt geraten, wodurch jedes einzelne Orientierungsmuster als soziales Ordnungsmuster deutlich an Verbindlichkeit und Kraft verliert. Wenn vertraute Orientierungsschemata jedoch nicht mehr zur Verfügung stehen, ist der Mensch verstärkt in seiner Eigenverantwortung gefordert.

Für Isolde Charim hat der in diesem Kontext relevante Begriff der Freiheit in den letzten Jahrzehnten einen unvergleichlichen Siegeszug hingelegt und Begriffe wie Gleichheit oder Solidarität weit hinter sich gelassen. Das Freiheitsprojekt der Moderne beruhte auf dem Glauben an ein konsistentes, autonomes, freies Ich, welches als TrägerIn politischer Emanzipation Einspruch gegen die Macht erhob. Der Neoliberalismus hat den Freiheitsbegriff jedoch in Verruf gebracht und folglich gilt es, den vielstrapazierten Freiheitsbegriff zurückzuerobern, das heißt, diesen umzudeuten und neu aufzuladen. Wie kann jedoch ein wiedergewonnener Freiheitsbegriff aussehen? Erforderlich ist es, schillernde und ambivalente Begriffe wie Aktivierung, Chance oder Freiheit aus ihrer neoliberalen Verwobenheit herauszulösen und sich deren jeweils anderer, vernachlässigter Bedeutung zuzuwenden. Aktivierung kann infolgedessen als Beteiligungsform, deren Fluchtpunkt nicht der Markt, sondern die politische Gesellschaft ist, definiert sein. Chancen können verstärkt als tatsächliche Chancengerechtigkeit wahrgenommen werden. Freiheit wird dann nicht als Freigesetzt- und Ausgesetzt Sein, sondern als geschützter Freiraum, in dem sich die/der Einzelne entfalten kann, wahrnehmbar und lebbar sein (Charim).

Zusammenfassend bedeutet dies, dass derzeit ein vielfach artikuliertes Unbehagen an der zunehmend marktförmig organisierten Welt erkennbar ist, welches den Impuls nährt, gegen die gesellschaftliche Realität, die in wachsendem Maße als unvernünftig oder ungerecht erlebt und so nicht gewollt wird, politisch und moralisch anzugehen (Radtke 113f.). Diese Entwicklung erfordert es, für Fragen von Solidarität, Gleichheit, aber auch Gerechtigkeit neue Beurteilungsmaßstäbe, Verstehenshorizonte und Handlungsperspektiven zu entwerfen (Scheunpflug/Hirsch 5).

Kompetenzen für das globalisierte 21. Jahrhundert

Für den österreichischen Bildungswissenschaftler Werner Lenz sind weder naiver Optimismus noch Bestürzung und Hoffnungslosigkeit im Hinblick auf die weltweiten Entwicklungen angebracht (Lenz 2009, 15). Für Lenz (2010) sind Lernende aufgefordert Kompetenzen zu erwerben, die sie dazu befähigen, die vor sich gehenden Transformationen in der Gesellschaft wahrzunehmen, zu analysieren, zu beurteilen und zu bewältigen.

Es gilt, sich den Veränderungen anzupassen, diese aktiv mitzugestalten und infolgedessen das eigene Handlungspotential bzw. Kompetenzprofil zu verändern. Welche Kompetenzen sind im Zeitalter moderner Globalisierung von zentraler Bedeutung, damit Menschen ihr Leben aktiv mitgestalten können? Der Bildungswissenschaftler erachtet die im Folgenden angeführten Kompetenzen als bedeutend für eine zukünftige friedliche und demokratische Entwicklung: Das Wohl der/des Einzelnen hängt eng mit dem Wohlergehen der Gemeinschaft zusammen. Aus dieser Tatsache ergibt sich die *Relativitätskompetenz – sich seiner Bedingtheit und Abhängigkeit, aber auch seiner Möglichkeiten und Freiheiten bewusst zu werden.* Der Zugang zu Bildung, die Wahrnehmung von Bildungschancen sowie der Auf- und Ausbau des Bildungswesens kann als ein Indikator für individuelle und gesellschaftliche Entwicklung interpretiert werden. Das Kompetenzfeld, das es zu füllen gilt, ist die *individuelle und kollektive Bildungskompetenz.* Die Tendenz zu Anpassung, Gehorsam und Unterordnung wird durch die Unsicherheit der sozialen Bedingungen gefördert. ‚Widerstehen' kann als Voraussetzung gesehen werden, eingefahrene Bahnen zu verlassen und neue Wege zu beschreiten. Die damit verbundene Kompetenz ist als *Ich-Stärke und Widerstandskraft* zu bezeichnen. Globalisierung ist in ihrer Komplexität eng mit dem Thema Macht verbunden. Die damit verbundene Kompetenz ist als *Machtkompetenz* sichtbar, worunter das maßvolle Ausüben der Macht bis zur Fähigkeit, Macht zu kontrollieren verstanden werden kann. Gegenwärtig ist eine prozessorientierte Arbeitskultur vorherrschend, in der komplexe Kompetenzen und Verständnis für interdisziplinäre Zusammenhänge erwartet und einmal erworbene berufliche Qualifikationen als nicht ausreichend angesehen werden. Diese Tatsache erfordert die Kompetenz, Wissen in vielfältigen Kontexten anzuwenden, mit Gelerntem und Ungelerntem umzugehen und Bildungsdefizite im Prozess des Handelns zu erkennen, um diese überwinden zu können. Die öffentliche Verantwortung besteht darin, das Bildungswesen bedarfsgerecht auszubauen und zugänglich zu machen. Das sich daraus ergebende Kompetenzfeld ist als *Bildungs- und Lernbedarf erkennen und beantworten* erkennbar. Ferner sind Kompetenzen von Bedeutung, die im kommunikativen und beurteilenden Bereich sowie im Erwerb von Wissen liegen. Für diese Aufgaben sind Führungs- und Entwicklungsaufgaben notwendig, die gleichberechtigten Umgang ermöglichen, organisatorisch auf flache Strukturen setzen und die Mitbestimmung und Mitgestaltung der ArbeitnehmerInnen fördern. Aus dieser Forderung ergibt sich die anzustrebende *Leitungskompetenz – Selbst- und Mitverantwortung.* Professionelle Leitungskompetenz und die dafür notwendige Aus- und Fortbildung sollten daher zukünftig selbstverständlicher Teil pädagogischer Berufe werden, denn sie ist eine Voraussetzung für die optimale Gestaltung des Bildungswesens. Menschen der westlichen Welt benötigen im Zeitalter der modernen Globalisierung überdies die Kompetenz

Sich informieren und Wissen erwerben, analysieren und beurteilen, kommunizieren und handeln. Aufgrund der Diversität von Globalisierungsprozessen in allen Lebensbereichen ist das Kompetenzfeld *Komplexität erfassen und in Großorganisationen mitbestimmen* zu nennen. Aufgrund von Entgrenzungsphänomenen, zunehmender beruflicher Internationalität und Migration ist die *interkulturelle oder transkulturelle Kompetenz* bedeutsam, die dazu befähigen soll, kulturelle Divergenzen zu überwinden und gemeinsame Interessen und Anliegen in den Vordergrund zu stellen. Aufgrund von Erfahrungen, Erzählungen und Informationen entstehen subjektive Bilder von der Welt, wodurch die Kompetenz *An den Weltbildern arbeiten, denn sie sind nicht endgültig, und über die Bilder kommunizieren* an Bedeutung gewinnt. Den aktuellen und zukünftigen Anforderungen zu entsprechen, ist eine kollektive Aufgabe und Herausforderung. Die Menschen sind dazu aufgefordert, die Welt zu erfassen, Vorgänge zu interpretieren, Absichten und Konsequenzen zu beurteilen und Entscheidungen zu treffen und umzusetzen. Im Schaffen von Sinn begleitet uns die Frage, wie wir unser Leben gestalten – dies erfordert eine *identitätsstiftende Kompetenz.* Die Fähigkeit, uns mit anderen innerhalb und außerhalb des uns bekannten sozialen Kontextes in Beziehung setzen zu können, erfordert *Beziehungskompetenz,* die Verantwortung für sich selbst sowie Verantwortung für andere fordert und dazu beitragen kann, die unterschiedlichen, oft auch konfligierenden Interessenslagen einer Gemeinschaft oder Gesellschaft in eine Balance zu bringen. Die *Kompetenz des erweiterten und eingreifenden Denkens* beinhaltet die Elemente sich in Beziehung setzen, Handeln abwägen und überprüfen, Wissen aneignen und beurteilen, entscheiden und die damit einhergehenden Konsequenzen akzeptieren. Damit zusammenhängend kann die *Kompetenz der Empathie – des Mitgefühls, des Zuhörens und Entdeckens* genannt werden, die dabei unterstützen kann, die Fähigkeiten, Haltungen, Werte oder Eigenschaften anderer zu erkennen. Die Welt ist nicht durch ihre Einheit, sondern durch ihre Vielfalt geprägt und jede/r Einzelne steht mit ihr in Beziehung. Dies erfordert, sich diesbezüglich in friedlicher Absicht kompetent zu erweisen.

Sprachenlernen und Sprachenlehren

Aufgrund der Annäherung und wechselseitigen Durchdringung von Kulturen, der Globalisierung der Lebensformen, der ansteigenden Verbildlichung der Welterfahrung (Wulf/Merkel 15) sowie der Verdichtung und Vernetzung grenzüberschreitender Beziehungen und Interaktionen besteht die Notwendigkeit, Bildungs- und Lernprozesse im erweiterten Horizont der Weltgesellschaft neu zu verorten, um demgemäß einen Beitrag zur Bewältigung der anstehenden (Welt-)Probleme zu leisten (Seitz 86). Die Qualität von Globalisierungsprozessen führt folglich zu neuen Bildungs- und Lernherausforderungen und verlangt nach neuen Fragestellungen, Beschreibungen, Reaktionen und Klärungen (Scheunpflug/Hirsch 6f.).

Die oben diskutierten und dargebrachten Phänomene und Prozesse einer globalen Bildungs-, Informations-, und Lerngesellschaft werden im Weiteren im Rahmen des Forschungs- und Handlungsfeldes *Sprachenlernen* und *Sprachenlehren* betrachtet. Gerade im Blickfeld der globalisierten Welt ist es angebracht, etablierte Modelle des Sprachenlernens zu begutachten, Sprachdidaktikkonzepte zu reflektieren (die Reflexion im Rahmen dieses Beitrages kann am ehesten als überblickender Streifzug bezeichnet werden, der sich einem Ganzheitlichkeitsanspruch entzieht) und gegebenenfalls zu erweitern.

Inez de Florio Hansen von der Universität Kassel bringt nicht zuletzt Globalisierung mit Sprachenlernen in Verbindung: “The intensification of worldwide social relations and the interconnectedness of nation states, their economies and cultures have resulted in an increase in the learning of second and foreign languages all over the world” (de Florio-Hansen 9). Eine moderne (*modern* wird hier sehr bewusst gewählt) und mitunter auch von der Globalisierung geprägte Sprachdidaktik, die darauf abzielt zu diskutieren, zu deuten, widerzuspiegeln, wie und auf welche Weise eine Sprache die/den Lernenden nähergebracht werden kann, soll und darf zuvor angeführte Aspekte nicht in den Hintergrund rücken. Daher gilt: Es sind aktuelle Blicke auf das Sprachenlernen und -lehren zu werfen und Aspekte der globalisierten und modernen Bildungsgesellschaft miteinzubeziehen!

Mehr denn je soll von einer zeitgerechten Sprachdidaktik gefordert werden, den Anspruch auf Individualisierung und Selbstbestimmung (gerade in einer Gesellschaft voll von Spannungsfeldern; siehe auch Egger/Schabler 31ff.) in Lernprozessen zu betonen. Zwar hat schon das Konzept der Kommunikativen Sprachdidaktik, welches sich in den 1970ern entwickelt hat und heutzutage noch gerne aufgegriffen und in Handlungsfeldern des Sprachenlernens – wie der Schule oder der Universität – mehr oder minder treffend umgesetzt wird, das lernende Individuum intensiver in Augenschein genommen, indem das Sprachenlernen im Sinne eines aktiven Verwendens von Sprache verstanden wurde und Sprachlernmaterialien hinsichtlich des konkreten Lebenskontextes konzipiert wurden; zwar wurden seit den 1990ern vermehrt (vielleicht noch zu wenig?; vgl. Hofer 2009a, 51ff.) Konstruktivistische Lerntheorien, die bekräftigen, Lernen gehe allein vom Individuum aus und basiert nicht zuletzt auf dessen Lernbereitschaft, in Überlegungen zum Sprachenlernen hinzugezogen – was auch zu begrüßen ist. Um jedoch ein Bild einer zeitgemäßen Sprachdidaktik zu entwerfen bzw. um Sprachlernprozesse auf aktualisierte Weise, ergo profund und standfest zu reflektieren, ist die Ergänzung einer bildungswissenschaftlichen Sichtweise von Individualisierung und Individualisierungsprozessen fundamental. Eine solche Perspektive bringt Eva Cendon von der Weiterbildungsuniversität Berlin zum Ausdruck, indem sie das Vorherrschen heterogener Lebenskonzepte betont und sich auf das viel diskutierte, aber trotzdem aktuelle lebenslange Lernen bezieht:

> Durch die Ablöse von Ausbildung und durchgängiger Berufstätigkeit als ‚Normallebenslauf' und der damit verbundenen Flexibilisierung von Bildungs- und Berufsphasen kommt es zu einer Pluralisierung und Individualisierung von Bildungs- und Lebensentwürfen: Menschen werden zu lebenslang Lernenden [...]. (Cendon 42)

Aktuelle und individualisierte Sprachendidaktik soll, dies bringt die hier ergänzte Perspektive mit sich, Sprachenlernen als lebenslangen und lebensbegleitenden Prozess auffassen und ebendies auch dementsprechend umsetzen (für eine methodische Umsetzvariante siehe etwa Hofer 2009a). Sowohl in Schulen als auch an den Universitäten kann noch viel mehr auf diesen Umstand Rücksicht genommen werden. Lebenslanges Sprachenlernen kann dann zum Beispiel heißen, den Lernenden das Rüstzeug mitzugeben, um das eigene Sprachlernverhalten nicht nur zu reflektieren, sondern in der entsprechenden Lebenslage auch eigenständig zu forcieren.

Sprachenlernen lernen ist ein bislang zu vernachlässigter Aspekt (im Vergleich dazu finden sich über *Lernen lernen* eine Fülle an wissenschaftlicher bzw. pseudowissenschaftlicher Literatur sowie Rezeptbücher). Viele Menschen wollen, beispielsweise um im beruflichen Alltag sattelfester zu sein, ihre Englischkenntnisse auffrischen. Für Fortbildungskurse fehlt aber vielen die Zeit und Geduld. Einmal erlernte Strategien zum ‚Wiedererwecken' von Sprachkenntnissen und das methodische Lernwissen (die methodische Kompetenz) zur Bereicherung und Auffrischung der Englischkenntnisse wären sicher sinnvoll. Für eine zeitgerechte Sprachdidaktik gilt: Lebenslanges Lernen nicht nur berücksichtigen, nicht nur in Reflexionen einbeziehen, sondern in methodisches und didaktisches Handeln inkludieren!

Den Schreibprozess als Sprachlernprozess verstehen

Der Aspekt des *Sprachenlernen Lernens* wird in Handlungsfeldern der sprachlichen Bildung (an Schulen, Universitäten und Institutionen der Erwachsenenbildung) jedoch sehr wohl realisiert und methodisch-didaktisch umgesetzt (Ausschöpfungspotential aufgrund mangelnden Problembewusstseins ist nach wie vor gegeben).

Beispielsweise gibt es nunmehr zahlreiche Sprachlehrbücher, die Tipps und Vorschläge zum selbstständigen und eigenverantwortlichen Sprachenlernen und Sprachen Weiterlernen anführen. Diese Tipps und Tricks beziehen sich auf den Erwerb verschiedener Kompetenzbereiche, vom Erstellen einer Wortschatzkartei zur Wortschatzerweiterung bis hin zu weiterführenden landes- und kulturwissenschaftlichen Informationen. Einige Lehrwerke berücksichtigen den metakognitiven Aspekt des Sprachenlernens und ermutigen, das eigene Lernverhalten zu reflektieren. Als nur ein Beispiel sei das italienische Lehrbuch *UniversItalia. Corso di italiano. Eserciziario* von Elena Carrara zu erwähnen, welches durch den Einbezug von Lerntagebüchern und Dossiers persönliche Schreibprozesse als Reflexionsmedium fruchtbar machen will. In der Art spiegelt sich das individuelle Sprachenlernen wider. Darüber hinaus regt es mittels Präsentation von Lernstrategien zum eigenverantwortlichen und somit lebensbegleitenden Sprachenlernen an:

Mein Lerntagebuch

- Die wichtigsten Wörter dieser Lektion sind für mich ...
- Drei Wörter, die ich für schwierig halte, aber lernen will ...
- Grammatische Strukturen, die ich wiederholen sollte ...
- Was mir in dieser Lektion gut gefallen hat ...
- Außerdem ...
- Lernstrategien: Über das Sprachenlernen nachdenken
- Schreiben Sie fünf Wörter auf, die Ihnen zum Thema „tempo libero“ einfallen ...
- Schreiben Sie fünf Wörter auf, die Sie mit „Universität“ verbinden ...
- Schreiben Sie fünf Wörter und deren Gegenteile auf.

Tipp: Sie können Wörter nach Sachgebieten oder Themen ordnen und sich dann diese Wortgruppen einprägen. Auch Mind Maps helfen Ihnen, die Vokabeln leichter zu lernen. Mind Maps stellen Informationen bildlich dar, wobei sie die Möglichkeit bieten, Gedanken zu verzweigen. Schreiben Sie einen Begriff oder ein Thema, zu dem Sie Wörter lernen möchten, in die Blattmitte. Ordnen Sie die Wörter, die zu diesem Begriff gehören, um diesen herum an. Diese graphische Darstellung eines Konzeptes erleichtert das Verständnis und das Einprägen. Lernen Sie ein Wort zusammen mit seinem Gegenteil. Unser Gedächtnis speichert Gegensätze leichter.

Für mein Dossier

- Erstellen Sie eine Mind Map [...] zu den Themen „La mia giornata tipica“ und „il fine settimana“. (Carrara 45)

Die eingehende Analyse und der Vergleich von Sprachlehrbüchern hinsichtlich des Einsatzes derartiger methodischer Anleitungen lernreflektierender Elemente, mitunter sprachenübergreifend – so ergäbe sich eventuell und zusätzlich ein interkultureller Diskurs –, wäre mit Sicherheit sinnvoll, wenn es um individualisierte Sprachdidaktik und lebenslange Sprachenlernprozesse geht.

Schreiben, oder präziser formuliert, der persönliche *Schreibprozess* stellt in derartigen metakognitiven Reflexionsübungen das wesentliche Element dar. Schreiben wird eingesetzt, um über das eigene Lernverhalten nachzusinnen und so über das Lernen zu lernen. Es ist unter anderen der Schreibpädagoge Gerd Bräuer, der festhält, dass Schreiben nicht nur dazu dient, Erlerntes wiederzugeben (etwa im Rahmen einer schriftlichen Prüfung). Er hebt die Prozessorientierung des Schreibens hervor und korreliert Schreiben mit Lernen:

„Schreiben [...] hat jedoch in erster Linie etwas zu tun mit Lernen. Es wird als Katalysator für Lernprozesse betrachtet, aber auch als Medium, in dem sich Lernen vollzieht" (Bräuer 21).

Schreiben als Erfahrung und Lernprozess nutzbar zu machen, ist ein Ansatz und ein Konzept, welcher bzw. welches aus der „expressionistic rhetoric" (vgl. Bräuer 108ff.) bzw. aus den „expressiv orientierten Schreibprozessmodellen" (vgl. Hofer 2006, 92ff.) abgeleitet werden kann. Der Schreibprozess versteht sich in diesen Modellen vor allem als epistemischer Prozess und als Prozess des persönlich bedeutsamen Lernens und der Selbstreflexion („Schreibprozess und Lernen: Analogiebildungen", siehe Hofer 2006, 115–143).

Im schulischen und universitären Lernfeld setzt sich der Stellenwert eines derartig persönlich bedeutsamen Lernens durch Schreiben mehr und mehr durch, wobei der angloamerikanische Raum hier eine Vorreiterrolle einnimmt (vgl. „writing across the curriculum", Hofer 2006, 155f. und „Erfolgskontrolle: Portfolio als Medium schreibprozessorientierten Lernens", Hofer 2006, 205ff.).

Es ist begrüßenswert, vor allem unter fachdidaktischem und methodischem Gesichtspunkt, wenn Schreibprozesse in Sprachlernprozesse integriert werden, wie dies am Beispiel der Autorin Elena Carrera gezeigt wurde. Die Autorin setzt etwa die gängige Methode des Mindmappings ein, um Gelerntes zu aktivieren und Lernprozesse zu bereichern. Dies scheint vor allem im Rahmen der Wortschatzerweiterung und beim Erarbeiten von Wortfeldern auf morphosyntaktischer Ebene sehr hilfreich zu sein. In diesem Zusammenhang ist auf die Methode des Clusterns zu verweisen, die auch im Rahmen des persönlich bedeutsamen Sprachenlernens stattfinden kann. Diese Methode ist dem Mindmapping ähnlich, setzt jedoch an internalisierten und unbewussteren Lerninhalten an (siehe Rico, 1984).

Hervorgehoben sei an dieser Stelle auch das so genannte (spontane oder themenzentrierte) freie Schreiben, welches in die Kategorie des persönlich bedeutsamen Lernens einzuordnen ist. Der Schreibpädagoge Peter Elbow nähert sich dieser Methode schon 1973 (Ursprünge sind im

Rahmen des literarischen Surrealismus zu lokalisieren, zur Bereicherung des Schreibflusses):

> The idea is simply to write for ten minutes. Don't stop for anything. Go quickly without rushing. Never stop to look back, to cross something out, to wonder how to spell something, to wonder what word to use, or to think about what you're doing. If you can't think of a word or spelling, just use a squiggle or else write, „I can't think of it". Just put down something. The easiest thing is to put down just what is in your mind. [...]. The only requirement is that you never stop. (Elbow 3)

Mit dieser Methode sollen unbewusste Erfahrungen und Erlebnisse an die Oberfläche gebracht werden. Denn: Vieles, was bereits gelernt wurde, scheint bloß in Vergessenheit geraten zu sein und vermag aktiviert zu werden. Wie oft hören Sprachenlehrende von Lernenden den Satz: „Das ist lange her, das habe ich alles vergessen". Freies Schreiben, gezielt für den Sprachenunterricht eingesetzt, kann hier die Basis darstellen, den Sprachenlernenden mehr Sicherheit und Zuversicht beim Lernen zu geben. Die Methode kann des Weiteren zur Lernreflexion ähnlich dem Lerntagebuch verwendet werden. Sprachenlernen kann so einmal mehr individualisiert erfolgen und ist als lebensbegleitendes Lernen fassbar. Auch im Rahmen von Wortschatzwiederholung oder komplexerer Textarbeit ist das freie Schreiben einzusetzen. Methodische und didaktische Möglichkeiten, die den Schreibprozess mit dem Erlernen von Sprachen verquicken, konnten nur angerissen werden, da sie den Rahmen dieses Beitrags sprengen. Vielmehr gilt zu veranschaulichen: Sprachenlernen soll als Reflektieren über das individuelle Lernverhalten verstanden und erfahrbar gemacht werden!

Autonomes Sprachenlernen als Bestandteil einer zeitgerechten Sprachdidaktik

Der skizzierte Ansatz einer individualisierten und am lebensbegleitenden Lernen orientierten Sprachdidaktik lässt eine zusätzliche Komponente erkennen, die als Ausdruck einer zeitgerechten Sprachdidaktik fungiert: Sprachenlernen als autonomer Lernprozess. Gerade im Rahmen des lebenslangen Lernens sind Lernende mehr denn je dazu aufgefordert, ihre Kompetenzerweiterung selbst in die Hand zu nehmen. Das Postulat „Bilde dich selbst!" ist in einer Zeit der unbestimmten und offenen Zukunft (Lenz 2005, 8) äußerst hervorhebenswert.

Gerade im Rahmen von Sprachlernprozessen ist vielfach vom autonomen Lernen die Rede (vgl. „Das Selbst-Lernen im Bildungsgeschehen", Hofer 2009b, 160ff.). Es ist jedoch ein recht häufig beobachtbarer Trugschluss, autonomes Sprachenlernen als ausschließlich autodidaktisches

Lernen oder als Lernen basierend auf Neuen Medien zu verstehen. Vielmehr versteckt sich dahinter ein Zugang, der zu zuvor erfolgten Überlegungen als Ergänzung zu sehen ist. Autonomes Sprachenlernen meint vielmehr, Lernende dazu zu ermuntern, zu bestärken und anzuleiten, ihren persönlichen Sprachlernprozess eigenverantwortlich zu steuern. De Florio-Hansen bietet dazu eine gelungene Annäherung an, welche klar macht, dass autonomes Lernen als etwas Ganzheitliches, Übergeordnetes gesehen werden muss. Es ist so weniger an der Methodik verhaftet, sondern vielmehr als, dies sei nochmals betont, sprachdidaktische Kategorie zu verstehen, die Sprachlernprozesse sozusagen umhüllt und zugleich Subbereiche des Unterrichtens, wie Unterrichtsmethoden und Lernmotivation, betrifft:

> Autonomy is not a synonym for self-instruction; in other words, autonomy is not limited to learning without a teacher.
> In the classroom context, autonomy does not entail an abdication of responsibility on the part of the teacher; it is not a matter of letting the learners get on with things as best they can.
> On the other hand, autonomy is not something that teacher do to learners; that is, it is not another teaching method.
> Autonomy is not a single, easily described behaviour.
> Autonomy is not a steady state achieved by learners.
> (De Florio-Hansen 12)

Es sei anzumerken, dass es im Rahmen einer modernen Bildungsgesellschaft und globalisierten Welt Sinn macht, Zugänge zum Sprachenlernen und zu Sprachdidaktik hinsichtlich Individualisierung, lebenslangen und lebensbegleitenden Lernens und Autonomie zu begutachten, um gegebenenfalls neue, innovative Ansätze zum Sprachenlernen zu schaffen. Es ist Aufgabe der Hochschule, Sprachlehrende und jene, die dies werden wollen, für Prozesse des lebenslangen Sprachenlernens zu sensibilisieren und dementsprechend aus- und fortzubilden, denn die Welt bewegt und entwickelt sich, und darin auch die Menschen, die (Sprachen) lernen.

Abschließende Gedanken

Auf lokaler, regionaler, nationaler, internationaler und globaler Ebene gilt es, demokratische Teilhabe und Gestaltungskompetenz gegenüber den Bedingungen, die unsere soziale Entwicklung bestimmen, wiederzugewinnen, wobei dies, je nach Sachverhalt, recht unterschiedliche Formen annehmen kann (Seitz 107). Weltumspannende Zusammenhänge, die in die lokale Lebenswelt unmerklich einfließen, sollten daher über neue didaktische Zugänge und Bildungs- und Lernprozesse, die erhebliche Abstraktionsleistungen implizieren, vermittelt und erschlossen werden (Seitz 87f.). Bildungsprozesse sind deshalb gefordert, die Diversität und Heterogenität der Welt und ihrer Regionen zu berücksichtigen und sich den Anforderungen, die sich aus den gesellschaftlichen, kulturellen, ökonomischen und politischen Entwicklungen ergeben, zu stellen. Ferner sind sie dazu angehalten, die Menschen zu befähigen und zu unterstützen, mit den gegenwärtigen Anforderungen, Spannungen und Widersprüchen umzugehen. Bildung sollte jedoch nicht auf die Erfüllung dieser Ansprüche reduziert, sondern als ein lebenslanger Prozess und als Wert an sich begriffen werden (Wulf/Merkel 16). Die gesellschaftlichen Anpassungsprozesse, die eine anspruchsvolle Bildungsaufgabe darstellen, bedürfen somit der aktiven Partizipation, der Akzeptanz und Kompetenz der breiten Öffentlichkeit sowie der Mobilisierung innovativer sozialer Ressourcen (Seitz 86f.).

Literatur

Bräuer, Gerd. *Warum Schreiben. Schreiben in den USA: Aspekte, Verbindungen, Tendenzen.* Frankfurt a. M.: Peter Lang, 1996. Print.

Carrara, Elena. *UniversItalia. Corso di italiano. Eserciziario.* Ismaning: Hueber-Verlag, 2007. Print.

Cendon, Eva. „Auf Identitätssuche – Lebenslanges Lernen und Hochschulen". *Education, Identity, Globalization. Bildung, Identität, Globalisierung.* Hg. Barbara Schröttner und Christian Hofer. Graz: Leykam, 2009. 42–54. Print.

Charim, Isolde. *Rede zu Freiheit.* Konferenz Momentum09, Hallstatt, 22. Oktober 2009. Web. 29. Nov. 2009.

De Florio-Hansen, Inez. "How to become a successful Language Learner – Learner Autonomy, Styles and Strategies Revisited". *Fremdsprachen und Hochschule.* Hg. Johann Fischer, Mario Oesterreicher und Thomas Tinnefeld. Arbeitskreis der Sprachenzentren, Sprachlehrinstitute und Fremdspracheninstitute, 81, 2009. 9–40. Print.

Diallo, Tirmiziou. „Welches Menschenbild leitet die Moderne?". *Globalisierung als Herausforderung für die Pädagogik.* Hg. Annette Scheunpflug und Klaus Hirsch. Frankfurt a. M.: IKO-Verlag für Interkulturelle Kommunikation, 2000. 78–82. Print.

Egger, Stefanie und Markus Schabler. „Bildung – Orientierung – Gestaltung". *Education, Identity, Globalization. Bildung, Identität, Globalisierung.* Hg. Barbara Schröttner und Christian Hofer. Graz: Leykam, 2009. 31–41. Print.

Elbow, Peter. *Writing without teachers.* New York: Oxford University-Press, 1973. Print.

Faulstich, Peter. „Globalisierung und Weiterbildung". *Hessische Blätter für Volksbildung: Globalisierung und Erwachsenenbildung,* 59.2 (2009): 103–105. Print.

Flechsig, Karl-Heinz. „Kulturelle Identität als Lernproblem". *Globalisierung als Herausforderung der Erziehung: Theorien, Grundlagen, Fallstudien. Europäische Studien zur Erziehung und Bildung.* Hg. Christoph Wulf und Christiane Merkel. Vol. 15. Münster, New York, München, Berlin: Waxmann, 2002. 64–74. Print.

Hofer, Christian. „Eigenverantwortlichkeit als didaktische Kategorie an universitären Sprachenzentren". *Fremdsprachen und Hochschule.* Hg. Johann Fischer, Mario Oesterreicher und Thomas Tinnefeld. Arbeitskreis der Sprachenzentren, Sprachlehrinstitute und Fremdspracheninstitute, 81, 2009a. 41–66. Print.

---. „SprachKompetenzProfil. Ein Projekt der Eigenverantwortlichkeit in der globalisierten Welt". *Education, Identity, Globalization. Bildung, Identität, Globalisierung.* Hg. Barbara Schröttner und Christian Hofer. Graz: Leykam Universitätsverlag, 2009b. 153–182. Print.

---. *Blicke auf das Schreiben: Schreibprozessorientiertes Lernen. Theorie und Praxis.* Wien: Lit-Verlag, 2006. Print.

Lenhart, Volker. „Bildung in der Weltgesellschaft". *Globalisierung als Herausforderung für die Pädagogik.* Hg. Annette Scheunpflug und Klaus Hirsch. Frankfurt a. M.: IKO-Verlag für Interkulturelle Kommunikation, 2000. 47–64. Print.

Lenz, Werner. *Bildung im Wandel.* Wien: Lit-Verlag, 2005. Print.

---. „Globalisierung braucht lernende Demokratien". *Education, Identity, Globalization. Bildung, Identität, Globalisierung.* Hg. Barbara Schröttner und Christian Hofer. Graz: Leykam, 2009. 14–17. Print.

---. „Mitgefühl und Widerstand". *Kompetenzen: Interdisziplinäre Perspektiven.* Hg. Barbara Schröttner und Christian Hofer: Graz: Leykam, 2010. Print.

Nestvogel, Renate. „Zum Verhältnis von ‚Interkulturellem Lernen', ‚Globalem Lernen' und ‚Bildung für eine nachhaltige Entwicklung'„. *Globalisierung als Herausforderung der Erziehung: Theorien, Grundlagen, Fallstudien.* Hg. Christoph Wulf und Christiane Merkel. *Europäische Studien zur Erziehung und Bildung.* Vol. 15, Münster, New York, München, Berlin: Waxmann, 2002. 31–44. Print.

Radtke, Frank-Olaf. „Außer Kontrolle: Bildung und Erziehung in der ‚postnationalen Konstellation'„. *Hessische Blätter für Volksbildung: Globalisierung und Erwachsenenbildung* 59.2 (2009): 106–115. Print.

Rico, Gabriele L. *Garantiert schreiben lernen: Sprachliche Kreativität methodisch entwickeln.* Hamburg: Rowohlt, 1984. Print.

Scheunpflug, Annette und Klaus Hirsch. „Einleitung". *Globalisierung als Herausforderung für die Pädagogik.* Hg. Annette Scheunpflug und Klaus Hirsch. Frankfurt a. M.: IKO-Verlag für Interkulturelle Kommunikation, 2000. 5–13. Print.

Seitz, Klaus. „Bildung für ein globales Zeitalter? Mythen und Probleme weltbürgerlicher Erziehung". *Globalisierung als Herausforderung für die Pädagogik.* Hg. Annette Scheunpflug und Klaus Hirsch. Frankfurt a. M.: IKO-Verlag für Interkulturelle Kommunikation, 2000. 85–114. Print.

Welter, Sebastian. „Lernen für die Eine Welt – Politische Bildung bei ARBEIT UND LEBEN in Zeiten der Globalisierung. Ein Werkstattbericht". *Hessische Blätter für Volksbildung: Globalisierung und Erwachsenenbildung,* 59. 2 (2009): 159–259. Print.

Wulf, Christoph. „Globalisierung und kulturelle Vielfalt. Der Andere und die Notwendigkeit anthropologischer Reflexion". *Globalisierung als Herausforderung der Erziehung: Theorien, Grundlagen, Fallstudien. Europäische Studien zur Erziehung und Bildung.* Hg. Christoph Wulf und Christiane Merkel. Vol. 15, Münster, New York, München, Berlin: Waxmann, 2002. 75–100. Print.

Wulf, Christoph und Christiane Merkel. „Einleitung: Die globale Herausforderung der Erziehung". *Globalisierung als Herausforderung der Erziehung: Theorien, Grundlagen, Fallstudien. Europäische Studien zur Erziehung und Bildung.* Hg. Christoph Wulf und Christiane Merkel. Vol. 15, Münster, New York, München, Berlin: Waxmann, 2002. 11–28. Print.

Freiräume in der Gentrifizierung – Möglichkeiten und Grenzen der Integration von Jugendkulturen in Stadtgesellschaften

Birgit-Katharine Seemann

Die Demonstrationszüge sind stets bunt, die Parolen lauten „Lebensräume statt Preußenträume“ in der brandenburgischen Landeshauptstadt Potsdam, „Her mit dem autonomen Zentrum“ in Köln oder „Kultur statt Gewalt“ in der *documenta*-Stadt Kassel. Protestmärsche vor allem junger Menschen, in deren Mittelpunkt die Forderung nach mehr Jugendkultur steht, finden in vielen deutschen Städten statt. Die Demonstrationen verlaufen in den meisten Fällen gewaltfrei und ohne Zwischenfälle. Sie sind Teil einer mehrdimensionalen Kritik an einem gesellschaftlichen System, das Jugendlichen aus ihrer Sicht das Recht auf eigene Freiräume versagt. Die Anlässe für die Protestaktionen sind häufig die Schließung oder Einschränkungen alternativer Jugendtreffs und Projekte. Die Ursachen für das Unbehagen junger Menschen über das Verschwinden oder die Zurückdrängung ihrer Kultur sitzen jedoch viel tiefer. Neben der Kritik an der Gentrifizierung der Innenstädte, die in ihrem sanierten Kern keine Möglichkeiten der Alternativkultur mehr zuließen, fordern die jugendlichen Akteur/innen von den Städten und Gemeinden, in denen sie leben, das Recht auf Ausübung einer „eigenen Ästhetik“. Neben den Demonstrationen spielt das Mittel der Hausbesetzung eine zentrale Rolle – Selbstbestimmtheit allein reicht den jungen Menschen jedoch nicht: Zusätzlich wird die Anerkennung ihrer Aktionen und vor allem ihrer Motivation durch die Kommune aktiv eingefordert; auch verbunden mit einem Anspruch auf Förderung durch die öffentliche Hand. Dabei nutzt ein Teil der Jugendlichen aktiv das Internet, das eine ständige und rasche globale Kommunikation garantiert. Die jungen Menschen erreichen durch das Internet einen hohen Grad an Vernetzung untereinander, der über die Stadtgrenzen weit hinausgeht. Trotzdem beanspruchen die Jugendlichen frei nach dem Motto „think global, act local" neben dem virtuellen Raum ausdrücklich Akzeptanz und Berücksichtigung in dem Gemeinwesen, in dem sie beheimatet sind. Wie ist dies vereinbar? Einerseits sind Jugendliche Teil der städtischen Gemeinschaft und besitzen ein hohes Kreativitätspotenzial, andererseits befinden sie sich oftmals in offener Opposition zu dieser Gemeinschaft oder der Gesellschaft im Allgemeinen; oder sie sind aufgrund ihrer sozialen Situation von Seiten der öffentlichen Institutionen schwer zu erreichen. Kulturprojekte stellen in mehrfacher Hinsicht eine Möglichkeit zur Integration gerade auch von Teilkulturen in das urbane Spektrum dar. Voraussetzung dafür ist die Bereitschaft der politischen Entscheidungsträger/innen und der städtischen Institutionen, eine solche Integration herbei zu führen und aktiv und nachhaltig zu betreiben. Dabei müssen neue Beteiligungsmodelle, die das bürgerliche Engagement auch auf der politischen Ebene nutzen, entwickelt und angewendet werden, um die *Partizipation* der jungen Menschen an gesellschaftlichen Prozessen zu sichern.

1. Nullbockmentalität? Politikverdrossenheit?

Lustlos und ohne Zukunftsorientierung, von dem Spektrum der etablierten Parteien enttäuscht und prinzipiell ohne Interesse an gegenwartsbezogenen Fragen – die Vorurteile, die der Jugend entgegengebracht werden, sind wenig schmeichelhaft. Auch verschiedene Jugendstudien wie die Shellstudie (2006) kommen zu dem Schluss, dass die Aktivität Jugendlicher an demokratischen Meinungsbildungsprozessen verbesserungswürdig sei (Shell Kurzbericht 7). Im internationalen Vergleich scheint das Interesse gerade deutscher Jugendlicher laut der *International Association for the Evaluation of Educational Achievement* an gesellschaftlichen Themen und an politischer Beteiligung sogar ausgesprochen gering (Shell Kurzbericht 7). Die Abwendung vieler junger Menschen von traditionellen politischen Beteiligungsformen ist offenkundig. Damit einher geht ein Vertrauensverlust in Politiker und politische Parteien, in politische Institutionen und in die Gewerkschaften (Hoffmann-Lange 178). Diese Haltung muss allerdings nicht als Politikverdrossenheit interpretiert, sondern kann auch als Kritik an klassischen Beteiligungsformen gewertet werden – von der Wahl bis zum Engagement in den Nachwuchsorganisationen der Parteien. Dafür spricht die Tatsache, dass viele Kinder und Jugendliche sich durchaus wünschen, aktiv in die Belange der Kommunen und Gemeinden, in denen sie leben, einbezogen zu werden (Fatke 31). Dies trifft auf eine Tendenz, die sich in der Gesamtgesellschaft verzeichnen lässt: Politik verliert zunehmend an Glaubwürdigkeit. Viele Bürger/innen wünschen sich eine direktere Beteiligung an Entscheidungen, die auf kommunaler oder auch auf der Länderebene getroffen werden (Sarcinelli 6). Dieser Wunsch zeigt sich in der Erweiterung und Nutzung eines breiten Instrumentariums politischer Teilhabe wie Demonstrationen, Petitionen, Unterschriftensammlungen oder der Beteiligung an den immer beliebter werdenden Bürger/innenhaushalten. Diese Tendenz ähnelt den Bestrebungen der sozialen Bewegungen der 1970er Jahre in der Bundesrepublik, die auf mehr Teilhabe des einzelnen Bürgers/der einzelnen Bürgerin abzielten; sie verbindet sich aber aktuell mit der Abwendung von den traditionellen politischen Milieus.

Der Wunsch nach Partizipation scheint durchaus vorhanden, nur offenbar immer weniger in den althergebrachten Strukturen eines als abstrakt empfundenen Staates und seiner Organe.

2. Neue Beteiligungsmodelle

Die Herausforderungen, denen sich die Kommunen und andere Gemeinschaften – im Sinne wert-kohärenter sozialer Gruppen – stellen müssen, können nicht ohne die Einbeziehung ihrer Bürger/innen gemeistert werden. Beteiligungsmodelle, die Engagement in politische Entscheidungsstrukturen und -prozesse überführen, werden derzeit in vielen Kommunen erprobt, um eine stärkere bürgerliche Teilhabe herzustellen. Auf der Ebene der Kulturpolitik sind in den letzten Jahren in zahlreichen deutschen Städten durch die Beteiligung von Akteur/innen und Bürger/innen an kulturpolitischen Entscheidungen gute Erfolge erzielt worden. Dies gilt zum Beispiel für die Städte Dresden, Oldenburg, Leipzig und Potsdam, wie den Internet-Portalen zu entnehmen ist (Stadt Dresden, Stadt Oldenburg, Stadt Leipzig, Landeshauptstadt Potsdam). In moderierten Prozessen zwischen der Politik, der Verwaltung, den kulturellen Akteur/innen, den Bürger/innen und den kulturellen Institutionen wurden kulturpolitische Schwerpunkte diskutiert und festgelegt. Dabei wurde sowohl das Internet als neues Instrument der Kommunikation genutzt als auch die Anhörung und die Versammlung als klassische Instrumente angewendet. Ein Mix aus *Virtuellem* und *Konkretem* scheint dabei der Königsweg bei neuen Formen der Beteiligung zu sein. Diese Nutzung neuer Formen der Beteiligung für Jugendliche ist gerade auch auf der kommunalen Ebene wichtig, wenn Städte und Gemeinden nicht Gefahr laufen wollen, an den Interessen der jungen Menschen vorbei zu planen. Dies wäre fatal – auch hinsichtlich der Wettbewerbsfähigkeit der Städte im Vergleich zueinander. Angesichts der demografischen Entwicklung, die eine Überalterung der Gesellschaft prognostiziert, sind Kinder und Jugendliche Garant/innen für Innovationsfähigkeit. Die aktuellen Debatten, die in der Öffentlichkeit über die Zukunftsfähigkeit unserer Gesellschaft und Pierre Bourdieu folgend über das „soziale Kapital“ der nachwachsenden Generation, zum Beispiel in Form hochgradiger Vernetztheit, geführt werden, belegen dies (Albrecht 202). Durch die verstärkte Beteiligung von Jugendlichen an politischen Entscheidungsprozessen kann einerseits die

Attraktion des Standortes und seine Bindungsfähigkeit erhöht werden; andererseits wird durch die verstärkte Beteiligung von Jugendlichen an Entscheidungen erreicht, dass neue und ungewohnte Sichtweisen einfließen und frische Energie in die Erneuerung verkrusteter Strukturen gebracht wird (Olk/Roth 51).

3. Partizipation und Jugendkultur

Der Begriff Jugendkultur beinhaltet verschiedene Deutungsmöglichkeiten. Es handelt sich um einen Querschnittsbegriff, der sich aus soziologischen und kulturwissenschaftlichen Elementen zusammensetzt. Der gängigen Definition nach bezeichnet Jugendkultur die kulturellen Aktivitäten und Stile von Jugendlichen innerhalb einer gemeinsamen Szene. Im Zentrum steht dabei die Etablierung einer eigenen Subkultur innerhalb der bestehenden, da diese den Jugendlichen keine befriedigenden Ausdrucksmöglichkeiten und -formen für ihr als neu empfundenes Lebensgefühl anbietet (Ferchhoff 59–63). Dabei ist der Terminus „Jugend" eine Konstruktion, deren zunächst eher negative Konnotation seit der Entstehung der Jugendbewegung vor und nach 1900 positiv umgedeutet wurde (56ff.).

Durch die Komplexität des Begriffs entstehen Schwierigkeiten in der Zuordnung. So wird die Jugendkultur selbst in dem umfangreichen und inhaltsreichen Schlussbericht der Enquete-Kommission „Kultur in Deutschland" nur mittelbar und in Zusammenhang mit anderen kulturellen Feldern, insbesondere mit dem Handlungsfeld „kulturelle Bildung" genannt. Auffällig ist, dass die Partizipation als Grundelement der Definition aus dem Blickwinkel der kulturellen Bildung gesehen wird, die Definition selbst jedoch Jugendliche zunächst als Konsument/innen sieht. Zwar wird der/die Jugendliche als aktiv im Sinne der Teilhabe gesehen, nicht aber als aktivierendes Subjekt. Der Tendenz der aktiven Kulturpolitik folgend formuliert Wolfgang Schneider zum gegenwärtigen Stand der Jugendkultur:

> Die kulturelle Kinder- und Jugendbildung ist ein [...] unverzichtbarer Bildungsort. Sie vermittelt Kunst und Kultur und durch sie werden grundlegende Fähigkeiten und Fertigkeiten erworben: Entwicklung von Lesekompetenz, Kompetenz im Umgang mit Bildsprache, aber auch Disziplin, Flexibilität und Teamfähigkeit. [...] Kulturelle Bildung geht nicht in Wissensvermittlung auf, sondern ist vor allem auch Selbstbildung. (Schlussbericht Enquete-Kommission „Kultur in Deutschland", Kulturelle Bildung, 448)

Die kulturelle Bildung, die in ihrer Funktion für die Allgemeinheit unumstritten ist, geht von den formellen Institutionen der Bildung aus und lotet deren Möglichkeiten für die Entwicklung von Kindern und Jugendlichen aus. Der Gedanke der kulturellen Bildung findet immer mehr Einzug auch in die traditionellen und hoch angesehenen kulturellen Institutionen wie zum Beispiel in Opernhäuser. Die Berliner Staatsoper Unter den Linden bietet zahlreiche Veranstaltungen für Kinder und Jugendliche an, die ihnen Musik und Oper als Institution näher bringen. Dabei finden sowohl klassische musikpädagogische Veranstaltungen statt, als auch Reihen für Jugendliche, die der Entwicklung und Anwendung eigener Fähigkeiten dienen. Ein Beispiel dafür stellt der Jugendklub der Berliner Staatsoper mit dem Titel „operatiefer Eingriff" dar. Hier entstehen Musiktheaterstücke, die von den Mitarbeiter/innen der Oper und den Jugendlichen gemeinsam entwickelt werden, genauso wie die dazugehörigen Programmhefte, Bühnenbilder und Kostüme (siehe Website der Staatsoper Berlin). Vor einigen Jahren sorgte der Dokumentarfilm *Rhythm is it* für Furore, der die Entstehung des ersten großen Bildungsprojekts der Berliner Philharmoniker mit ihrem Chefdirigenten Sir Simon Rattle zeigt (*Rhythm Is It*).

Jenseits der kulturellen Bildung stehen jedoch Wünsche eines Teils der Jugendlichen im Raum, ihre Kultur außerhalb der etablierten Bildungs- und Kulturinstitutionen selbst zu gestalten. Die Jugendkultur schließt dabei dicht an die Definitionen und Praxisfelder sowie Zielsetzungen von Soziokultur, kultureller Bildung und Stadtteilkulturarbeit an, sie begreift sich aber als andersartig.

Mehr als jeder andere Begriff steht dabei die Partizipation im Mittelpunkt der Diskussionen und Befunde um die Jugendkultur. Die aktive Mitwirkung an der Gestaltung der kulturellen Räume durch Jugendliche und die damit einhergehende Selbstbestimmtheit sind zentrale Forderungen, die die Jugendlichen äußern, wenn es um Kulturausübung geht. In den vergangenen zwei Jahrzehnten wurde dieser Wunsch nach Partizipation von der Soziokultur erfüllt, die sich neben den klassischen Ausdrucksformen der Kultur, wie Theater oder Museum, zum allgemein akzeptierten kulturellen Handlungsfeld entwickelt hat. In dem Schlussbericht der Enquete-Kommission „Kultur in Deutschland" werden die soziokulturellen Zentren in Hinblick auf ihre Erfahrungen mit den Themen Interkulturalität, Teilhabechancen und Einfluss auf die Lebensqualität sogar als möglicherweise beispielhaft für andere kulturelle Bereiche betrachtet (Schlussbericht Enquete – Kommission „Kultur in Deutschland", 3.1.2.4.).

Für die Soziokultur haben sich im Laufe ihrer in Deutschland mehr als zwei Jahrzehnte dauernden Entwicklung Konstanten herausgebildet, die sich wie folgt beschreiben lassen:

1. beteiligungsorientierte, spartenübergreifende Kulturpraxis mit Schwerpunkt auf Kinder- und Jugendarbeit unter Einbeziehung von Sozial-, Bildungs- und Umweltelementen (Partizipation)
2. Schwerpunktbildung im Bezug auf politische Bildung und demokratische Praxis

3. nichtkommerzielle Ausrichtung der Angebote, kulturelle Standortsensibilität und Engagement für das Gemeinwesen
4. niedrigschwellige Angebote, die auch benachteiligten Bevölkerungsgruppen den integrativen Zugang durch offene Treffs, Veranstaltungs- und Kreativangebote ermöglichen (Rezeption)
5. Förderung kreativer Eigentätigkeit und Vermittlung zwischen professioneller Kunstproduktion und selbst organisiertem künstlerisch-kulturellem Schaffen. (Ebd., 132 ff.)

Seit einiger Zeit ist jedoch von der „Krise der Soziokultur" die Rede, die auf der Ebene der Kommunen, aber auch in den Verbänden für Zündstoff sorgt (Informationsdienst Soziokultur 03/08 4). In vielen Städten haben die soziokulturellen Zentren finanzielle Probleme, verändern ihr Profil und werden tendenziell zu kommerziell geprägten Party-Locations. Ursprünglich wurden Partys vor allem zur Finanzierung der soziokulturellen Aktivitäten genutzt. Gegenwärtig haben sich die kommerziellen Veranstaltungen vielerorts verselbständigt. Zu der rein finanziellen Krise gesellt sich in der Soziokultur eine inhaltliche, die mindestens ebenso schwer wiegt wie jene. Die Leitfragen, die den aktuellen Diskurs beherrschen, sind zum Beispiel

- Wie hat sich die Funktion von Partizipation verändert, z.B. angesichts der Medienentwicklung?
- Welche Zielgruppen werden noch durch die klassischen soziokulturellen Zentren erreicht?
- Wo findet sich die Jugend, die ihren Kulturbegriff und ihr Kulturverständnis selbst prägt, in der Soziokultur wieder?

Zudem müssen sich die Akteur/innen im Feld der Soziokultur angesichts der derzeit konstatierten rasanten Wandlungen der Gesellschaft, Fragen nach den Veränderungen ihres Handlungsfelds gefallen lassen. Heinz Bude beschreibt in seinen Forschungen in diesem Zusammenhang das Phänomen der Exklusion von gesellschaftlichen Gruppen und die damit einhergehenden Veränderungen, die die Gesamtgesellschaft betreffen:

> Die Gesellschaft definiert sich nicht mehr über eine dicke, breite Mitte, sondern zieht sich nach oben und unten auseinander. Das ist ein für die Selbstwahrnehmung der Bundesrepublik irritierender Vorgang, weil wir lange Zeit geglaubt haben, dass man über die Mitte die gesamte gesellschaftliche Ordnung und die Chancenverteilung regeln könnte. Jetzt funktioniert das nicht mehr. Die Mitte selber fängt an, prekär zu werden. Wir haben eine armutsgefährdete Schicht, die wirklich wächst und bis in die Mitte hineinreicht. Gleichzeitig wachsen die einkommensstarken Schichten. (Bude Süddeutsche Zeitung online)

Angesichts solcher Entwicklungen frage ich, welche Rolle der Soziokultur zukommen wird, wenn ein Teil der Gesellschaft künftig über keine sozialen Chancen verfügen und in der Konsequenz weder über Kultur noch über Bildung erreichbar sein wird.

Der Definition zufolge zeichnet sich Soziokultur dadurch aus, dass sie genreübergreifend und Partizipation ihr Grundelement ist (Schlussbericht Enquete – Kommission „Kultur in Deutschland", 3.1.2.4. Soziokulturelle Zentren 132–237). Partizipation bedeutet hier sowohl Mitbestimmung als auch Teilhabe an kulturellen Produktionsprozessen. Diese Ausrichtung entspricht den Wünschen vieler Jugendlicher. Offenbar erreicht die Soziokultur aber in ihrer heutigen Form weitaus nicht alle Jugendlichen, da die traditionelle Ansprache und die klassischen Inhalte teilweise überholt scheinen. Die Akteur/innen der Jugendszene verlagern daher ihre Aktivitäten in das Handlungsfeld ihrer Kultur. Zudem scheint die soziale Dimension des kulturellen Habitus an Wichtigkeit zu gewinnen. Hier zwei Beispiele für diesen Trend: In Potsdam traf die öffentliche Diskussion um die Soziokultur auf jene um den integrierten Kultur- und Gewerbestandort Schiffbauergasse, der nach der Sanierung der (sozio-) kulturell genutzten Gebäude von vielen Jugendlichen als „totsaniert" bezeichnet wurde. Im Zentrum der Kritik stand die scheinbare Gentrifizierung des Areals, das die „Selbstbestimmtheit" vor allem jugendlicher Gruppen einschränkte. Konkretisiert wurde dies anhand des Wegfalls von Flächen, die zuvor für Graffiti und Streetart genutzt werden konnten. In Kassel kritisieren Jugendliche, dass die Stadt einen zu „altbackenen und begrenzten Kulturbegriff" benutze. Auch Sprayer/innen und Skater/innen gehörten zur Kultur, lautet einer der Vorwürfe. Etablierte Institutionen wie das Staatstheater oder die Museumslandschaft erhielten Millionen, für alternative Jugendkultur bleibe nichts übrig. Viele Kreative, Künstler/innen und Medienschaffende verließen daher Kassel. Auslöser der Demonstration war die drohende Schließung zweier Szenetreffs in der Nähe des Kasseler Hauptbahnhofes, die auf einem Grundstück stehen, dem die Zwangsversteigerung drohte. Die Initiative „Pro junge Kultur Kassel" forderte den Erhalt und Ausbau von Kulturangeboten für junge Leute in Kassel. Sie wurde unter anderem vom Jugendring, der Gewerkschaftsjugend, der Evangelischen Jugend, dem Allgemeinen Studierendenausschuss (AStA) der Universität sowie weiteren freien Gruppen und Initiativen getragen (Mainstage online).

Fazit: Die von der Öffentlichkeit akzeptierten und von der öffentlichen Hand geförderten soziokulturellen Zentren und Projekte scheinen den Bedarf der Jugendlichen an Partizipation und Autonomie nicht oder nicht mehr zu erfüllen. Dies hängt möglicherweise mit der Prägung der Soziokultur durch eine ältere Generation zusammen, aber sicherlich auch mit Veränderungen in der Sozialstruktur und neuen Wahrnehmungsweisen.

4. Integrieren – aber wie?

Projekte zur Beteiligung von Kindern und Jugendlichen erfahren in vielen Kommunen derzeit Hochkonjunktur. Partizipation und damit verbundene bessere Teilhabechancen für junge Menschen sind ein Zukunftsthema, das fallweise auch in Wahlkämpfen der etablierten Parteien genutzt wird. Beteiligungsverfahren sind jedoch – gerade in Hinblick auf die Zielgruppe „Jugendliche" – schwer zu organisieren und durchzuführen. In einigen Kommunen werden Jugendliche vorwiegend an der Gestaltung des öffentlichen Raumes beteiligt. Beispiele hierfür sind die Gestaltung von Spielplätzen in Dortmund. In Berlin werden durch integrierte Beteiligungsverfahren Kinder und Jugendliche gezielt und aktiv in die Entwicklung und Gestaltung des öffentlichen Raums einbezogen. Sie werden etwa mit Problemen der Planung, der Baudurchführung, der Unterhaltung öffentlicher Flächen sowie mit Problemen des Umwelt- und Naturschutzes vertraut gemacht. Ein weiteres Ziel dieser Beteiligung ist es, Anlagen zu errichten, die auch den Bedürfnissen von Kindern und Jugendlichen gerecht werden, von ihnen angenommen und damit schonend behandelt werden.

Kommunale Angelegenheiten eignen sich per se besonders gut für die Beteiligung von Kindern und Jugendlichen. Die Kommunen regeln aufgrund ihres Selbstverwaltungsrechts nach Artikel 28 II des deutschen Grundgesetzes „alle Angelegenheiten der örtlichen Gemeinschaft in eigener Verantwortung". Die Kinder und Jugendlichen sind Teil dieser örtlichen Gemeinschaft. Nadia Kutscher diagnostiziert jedoch Schwierigkeiten, die sich aus der Tatsache ergeben, dass bestimmte Zielgruppen bei Partizipationsaktionen bevorzugt bzw. benachteiligt würden (Kutscher 188). Die Gründe dafür:

- Es beteiligen sich an vielen Verfahren grundsätzlich immer die gleichen Akteurinnen und Akteure, meist jene, die über gute Netzwerke verfügen.
- Internetabstimmungen können nicht als repräsentativ gewertet werden, da sich vor allem solche Personen beteiligen, die über einen hohen Grad an Erfahrungen mit dem Medium verfügen.
- in Gremien, die der Mitwirkung dienen, sitzen überproportional viele formal höher gebildete Personen, und damit werden andere exkludiert. (Kutscher 188)

Auch die 15. Shell-Studie stellt fest, dass sich die Mitwirkungsgrade entlang formaler Bildungsgrade unterscheiden. Die Motivation, sich auch aus formal weniger gebildeten Schichten zu beteiligen, muss verstärkt werden, wenn auch Jugendliche für Beteiligungsprozesse gewonnen werden sollen, die keine Gymnasiast/innen oder Studierende sind (Shell Kurzbericht 7). Fatke und Schneider kommen in ihrer Jugendpartizipationsstudie zu dem Schluss, dass die Bereitschaft zur Mitwirkung gesteigert werden könne, wenn

- frühere Partizipationserfahrungen am Wohnort zur Zufriedenheit geführt hätten
- auch die Schule als ein Ort zur Einübung von Partizipation erlebt werde
- gute Informationsmöglichkeiten über Mitwirkungsmöglichkeiten bestünden
- ein ausgeprägter Wunsch nach Veränderungen bestünde
- Zutrauen zu eigenen Fähigkeiten gegeben sei
- ein Freundeskreis bestünde, der ebenfalls in der Kommune mitwirke
- Vereinsaktivitäten ausgeübt würden. (Fatke/Schneider 6)

Jugendliche mit einem nicht-akademischen Hintergrund fühlen sich daher ausgegrenzt; die Chancen auf Beteiligung stehen schlecht. Da sich aber gerade solche Jugendliche über das Mittel der Musik – zum Beispiel Hip-Hop oder Rap – oder über Graffitis ausdrücken, bleiben diese kulturellen Ausdrucksformen im öffentlichen Diskurs häufig „auf der Strecke". Damit findet eine Integration von Teilkulturen und ihrer Akteur/innen in die kulturelle Szene einer Kommune nur selten statt.

Es wird deutlich, dass die oftmals individuell anmutende Entscheidung für eine Nicht-Beteiligung an demokratischen Prozessen oder Verfahren auf Erfahrungen von gesellschaftlicher Benachteiligung und Chancenlosigkeit beruhen. Und dies in doppeltem Sinne: Je weniger ausgeprägt die Beteiligung in den immer stärker werdenden sozialen Netzwerken – ob von der Kommune unterstützt oder nicht – ist, desto weniger findet, auch im Sinne des Habituellen, ein Anschluss an demokratische Beteiligungsprozesse statt. Ganze Gruppen von Jugendlichen, denen der Zugang zu den bürgerlichen Bildungswelten nicht per se offen steht, verlieren den Anschluss an die Strukturen und Inhalte bürgerlich geprägter Milieus. Hier bildet sich die von Heinz Bude thematisierte Exklusion deutlich ab.

Ebenso ist die Beteiligung von alternativen Projekten häufig schwierig oder steht im Widerspruch zu der erklärten Autonomie der Projekte. Die Gründe sind jedoch anders gelagert als im Falle der Jugendlichen aus benachteiligten Milieus. In bewusster Abkehr von den als Mainstream empfundenen Ästhetiken und Werten bürgerlicher Milieus orientieren sich autonome Gruppen und Projekte nach innen – innerhalb ihrer Szene und Netzwerke.

5. Mitwirkungsprojekte in der Praxis

Die eher kritische Einschätzung, dass Beteiligungsverfahren vor allem solche Gruppen bevorzugen, die ohnehin beteiligungsaffine Zielgruppen seien, und die mangelnde Erfahrung mit komplexen Beteiligungsverfahren gerade auch auf kommunaler Ebene, führte zu einer verstärkten Aufmerksamkeit gegenüber der Thematik. Eine umfangreiche Initiative unter dem Namen „mitWirkung" wurde beispielsweise von der Bertelsmann-Stiftung im Jahre 2004 ins Leben gerufen, gemeinsam mit den Partnern Unicef und dem deutschen Kinderhilfswerk sowie mit Unterstützung des Deutschen Städte- und Gemeindebundes und der Gemeinschaftsaktion „Schleswig-Holstein – Land für Kinder". In zwei Wellen wurden rund 17.000 Schüler/innen sowie deren Lehrkräfte und Schulleitungen zum Thema Jugendpartizipation befragt. Die Studie fand in 51 Kommunen statt, vertreten waren Groß-, Mittel- und Kleinstädte. Den Kommunen wurde Hilfestellung bei der Auseinandersetzung mit ihrem Angebot im Bereich der Jugendbeteiligung gegeben. Auf der praktischen Ebene wurde eine Recherche nach guten Praxisbeispielen eingerichtet. Außerdem wurde ein wissenschaftlicher Beirat gegründet, der Qualitätskriterien der Beteiligung erarbeitet, die in Modellkommunen angewendet werden. Zu den Modellkommunen zählen Essen, Saalfeld (Thüringen), Flensburg, Elmshorn und Kropp.

Als herausragend werden folgende Beteiligungsprojekte im Rahmen der Initiative betrachtet:

- Junior-Kinder- und Jugendbeirat Ahrensburg
- Jugend-Delegierte/r für den Kinder- und Jugendbeirat im Rahmen eines Freiwilligen Sozialen Jahres in Elmshorn
- Essens Beste (junge Essener/innen mit einer besonderen Geschichte, einem besonderen Talent oder einer besonderen Idee) (Toolbox Bildung online)

Gerade das Beispiel der Jugendräte, -foren oder -parlamente wird derzeit in vielen Kommunen erfolgreich erprobt. Durch diese Einrichtungen wird ein Dialog ermöglicht, der die Vertreter/innen einer kommunalen Jugendszene mit dem Stadtparlament und der Verwaltung vernetzt. Dabei besteht häufig von allen Seiten Interesse am Austausch, der den traditionellen demokratischen Strukturen entspricht. Die Außenwirkung der Jugendparlamente und auch ihre Vorbildwirkung sollte nicht unterschätzt werden. Die Jugendräte rekrutieren ihre Mitglieder vermutlich vor allem aus dem gebildeten Milieu.

Um die nicht-bildungsaffinen Jugendlichen zu erreichen, müssen zusätzlich andere Formen der Beteiligung initiiert werden. Notwendig ist dabei eine Änderung des Betrachtungswinkels: Wie sollen Beteiligungsprojekte aufgebaut sein, wenn sie auch nicht-privilegierte Jugendliche oder solche, die sich jenseits des Mainstreams verorten, erreichen wollen? Adressat/innenorientierung muss hier als erster Schritt formuliert werden – Alltagsbedürfnisse und -interessen müssen als legitim und gleichwertig zu anderen Interessen gelten. Es müssen Räume und Foren angeboten werden, die nicht sehr voraussetzungsvoll sind und zunächst einen hohen Unterhaltungswert haben. Dabei spielen neben Sportangeboten kulturell-expressive Events und Projekte wie Tanz- und Theaterangebote eine große Rolle. Gleichzeitig muss betont werden, dass Projekte dieser Art nicht die Ursachen der Benachteiligung beseitigen, sondern nur der Einstieg für mögliche künftige Beteiligungen von Jugendlichen darstellen können (Detjen 8).

In Potsdam wurde versucht, dem Protest Jugendlicher gegen einen aus ihrer Sicht überholten Kulturbegriff zunächst mithilfe von Diskussionsrunden zu begegnen, die von der Landeshauptstadt ins Leben gerufen wurden. In Gesprächen an sog. „Runden Tischen" wurde deutlich, dass – über die konkrete Problemlage hinaus – nach einem spezifischen Kulturbegriff gesucht wurde, der die Bedürfnisse der Jugendlichen und jungen Menschen beschreibt, die jenseits des Mainstream aktiv sein wollen. Es konstituierte sich u.a. die AG „Alternative Jugendkultur Potsdam" (AJKP), die sich regelmäßig trifft und einen eigenen Internetauftritt betreibt (www.ajkp.de). Die AJKP veröffentlichte im Januar 2009 eine Forderungsliste, in deren Zentrum die Selbstbestimmtheit der Jugendlichen steht und die Freiräume, die sie fordern. Darüber hinaus forderten sie die Einrichtung eines Servicebüro Jugendkultur, die Etablierung eines Jugendkulturfonds, die Einsetzung eines Beirats für jugendkulturelle Projekte, Jugendkultur in allen Sozialräumen beziehungsweise in Wohnortnähe, Lebensweltorientierung, die Weiterführung bedrohter autonomer Jugendprojekte, eine Skater/innen- und Sporthalle sowie legale Graffitiflächen und Bandprobenräume. Zudem wurde ein gefördertes, aber trotzdem autonom geführtes Jugendzentrum gefordert, in dem Jugendliche ihre Freiräume selbst gestalten können. Im Laufe eines Jahres reagierte die Potsdamer Stadtverwaltung mit der Verwirklichung einiger Forderungen, die durch die Stadt akzeptiert und im Rahmen eines Konzeptes zusammengefasst wurden: Erstmals im Jahr 2009 ist eine spezielle Förderung jugendkultureller Projekte mit den entsprechenden Grundlagen und Richtlinien eingerichtet worden. Ein Graffitikonzept in Anlehnung an die Kampagne „Wiener Wand" ist in Zusammenarbeit mit Sprayerinitiativen erarbeitet und ins Internet gestellt worden. Die musikalische Nachwuchsförderung auch im Rock- und Popbereich wurde intensiviert. Die Einrichtung von Bandprobenräumen wurde unterstützt. Auch ein jugendkulturelles Zentrum wurde ins Leben gerufen (Cultus UG, Freiland Potsdam).

Dabei orientiert sich Potsdam an Städten wie Hamburg und Aachen, in denen sich eine verstärkte Jugendbeteiligung gerade über das Mittel der Kultur schon seit einigen Jahren etabliert hat (Städteregion Aachen, Stadt Hamburg, „Kinder- und Jugendkultur in Hamburg"). In allen Hamburger Bezirken gibt es zum Beispiel Jugendkulturräte, in denen 14- bis 25-Jährige selbstständig über die Förderung von Kulturprojekten in ihrem Bezirk entscheiden können. Sie verfügen jeweils über ein Jahresbudget von 5.000 Euro (Stadt Hamburg).

Hamburg hat darüber hinaus einen Jugendserver eingerichtet und betreibt kulturelle Beteiligungsprojekte wie zum Beispiel die „Nacht der Jugend". (Jugendinformationszentrum Hamburg)

6. Das Internet als Medium der Beteiligung

„Browser. Was sind'n jetzt nochmal Browser?" antwortete die ehemalige Bundesjustizministerin Brigitte Zypries im Juni 2007, nachdem ARD-Kinderreporter sie aufforderten, „doch mal ein paar verschiedene Browser, die es gibt", zu nennen (Spiegel online). Dieses Zitat beleuchtet den Umgang mit dem Internet auf sehr eindrückliche Weise. Das Internet ist für junge, anders als für ältere Menschen, eine Selbstverständlichkeit. Viele von ihnen sind mit dem Internet aufgewachsen und benutzen es tagtäglich. Das Netz und seine Möglichkeiten werden im Rahmen der Bürger/innenbeteiligungen, auch zum Beispiel bei Bürger/innenhaushalten, verstärkt genutzt. Aber das Internet, obwohl seine Nutzung durch Jugendliche mit bis zu 90% angegeben wird, verhält sich in der Art der Nutzung ähnlich zur „analogen Welt": Diejenigen Jugendlichen, die formal höher gebildet sind, beschäftigen sich auch im virtuellen Raum mit politischen oder sozialen Themen. Junge Menschen, deren formaler Bildungsgrad niedriger ist, tendieren stark zu Webseiten, die sich mit Popstars oder Konsumartikeln befassen. Allen gemeinsam ist allerdings, dass ein starker Antrieb zur Nutzung des Webs das Downloaden von Musik ist.

Auch das scheinbar „demokratische" Medium Internet kann im Rahmen von Beteiligungsprozessen nur dann genutzt werden, wenn zielgruppenspezifische Besonderheiten berücksichtigt werden (Soboczynski). Die Beteiligung der Jugendlichen mit einem nicht-akademischen Hintergrund ist also mit ähnlichen Problemen behaftet wie in der „analogen" Welt und bedarf ebenso einer Aufbereitung der Inhalte.

In der Konsequenz verändert das Internet nicht als „Allheilmittel" die Möglichkeit der Kommunikation mit Jugendlichen, die schwer in Beteiligungsprozesse zu integrieren sind. Auch hier wirken Mechanismen der Exklusion.

7. Jugendkultur als Herausforderung an eine Gesellschaft, die nicht altern will

Die Kommunikation mit Jugendlichen, die sich den traditionellen Formen der kulturellen Bildung oder der Soziokultur entziehen, ist für etablierte Institutionen oder kommunale Verwaltungen oft unbequem. Zudem verlangt sie nach neuen Formen der Zusammenarbeit – innerhalb der Verwaltungen selbst und mit externen Partnern.

Die Forderungen der Jugendlichen in der Freiraumdiskussion, aber auch in Hinblick auf Graffitis oder Konzerte, verlangen zunächst ein Zusammenwirken verschiedener Ressorts in den Verwaltungen. So müssen vor allem die Kultur- und die Jugendämter kooperieren, um mit den Forderungen der Jugendlichen umgehen zu können. Fallweise muss auch eine enge Kooperation mit den Verwaltungsstellen für Bau und Ordnung herbeigeführt werden, da oftmals Gebäude im Zentrum der Diskussionen zwischen Jugendlichen und der Kommune stehen. Damit verbunden sind das Verlassen von bekannten Wegen und die Annäherung an soziale und kulturelle Fragen, die insbesondere bei dem Thema Jugendkultur zusammengehören. Zwangsläufig führt die Beschäftigung mit Jugendkultur zudem zu einer Reflexion des Kulturbegriffs und seiner Anwendung. Konnte vor einigen Jahren noch davon ausgegangen werden, dass die Jugendkultur in vielen Facetten deckungsgleich mit der Soziokultur sei, so lässt sich dies derzeit nicht mehr belegen. Zu weit entfernt und zu nah am „Mainstream“ lautet die Kritik an vielen soziokulturellen Zentren, die über lange Zeit als „Hort“ der Alternativkultur galten. Die Mütter und Väter der Soziokultur, die in den 70-er und 80-er Jahren Zentren und Projekte für alternative Kultur aufbauten, die bis dahin in die Schmuddelecke des kulturellen Diskurses verbannt waren, hatten vor allem eines im Sinn: „Kultur für alle!“. Alle Menschen, ohne Berücksichtigung ihres Geschlechts, ihres Bildungshintergrundes, ihrer Nationalität, ihrer sozialen Stellung und ihres Alters, sollten sich in den Programmen, die von Trommelworkshops über politische Seminare bis hin zu Rockkonzerten reichten, wiederfinden können. Ziel der Soziokultur war und ist ein intergenerationeller und genreübergreifender Ansatz, der in jeder Hinsicht integrierend wirken soll. Ganz anders die Forderung der Akteur/innen, die aktuell Freiräume und eine dezidierte Jugendkultur fordern. Jugend (und damit auch Alter) stellt für sie ein kulturelles Segment dar, das ausschließt anstatt integriert. Der Wunsch nach Abgrenzung scheint zunächst wenig verständlich, da die Gesellschaft „jugendliches“ Verhalten nicht nur duldet, sondern zum Leitmotiv aufgebaut hat. Arrivierte Rechtsanwältinnen jenseits der vierzig tragen die gleichen Markenjeans wie ihre fünfzehnjährigen Töchter, Discobesuche und Night-Clubbing gehören zum Repertoire auch der über Fünfzigjährigen, „jung“ ist eines der meistverwendeten Attribute in der Werbung. Die Generation, die bereits mit MTV aufwuchs, empfindet sich selbst auch im fortgeschrittenen Alter – zumindest hinsichtlich ihres Lifestyles – noch immer als jugendlich. Die ihrem biologischen Alter nach Jungen hätten also jede Möglichkeit, sich in den vorhandenen Netzen und gesellschaftlichen Strukturen zu verwirklichen. Bei genauerem Hinsehen zeigt sich jedoch der Irrtum: Jugendliche jeder Generation müssen ihre eigene Identität aufbauen und dafür muss zumindest die Möglichkeit auf Autonomie und Unverwechselbarkeit gegeben sein. Formale Strukturen in der Kultur oder der Bildung, die auf Integration ausgerichtet sind, können hier nur partiell weiterhelfen.

Die Soziokultur sieht sich in Frage gestellt und in ihrer Existenz bedroht – vonseiten einer jungen Alternativkultur, die sie als etabliert betrachtet. Damit gehen offenbar auch Identitätskrisen einher, die von einigen Zentren genutzt werden, um sich neue Zielgruppen zu erschließen oder neue Schwerpunkte in der täglichen Arbeit zu setzen. Dies allerdings könnte mittelfristig mit den Förderzwecken kollidieren und wird künftig in Einzelfällen überprüft werden müssen. Aus Sicht der Kommunen müssen sich die geförderten soziokulturellen Zentren öffnen und eine Umorientierung von eher traditionellen Formen der soziokulturellen Arbeit hin zu einer Öffnung zur netzwerkgeprägten Kultur einiger jugendkultureller Szenen vollziehen. Damit wäre auch die Gefahr einer „Zementierung" der geförderten Soziokultur vermindert.

Die Beschäftigung mit Jugendkultur bringt Diskussionen über einen *entgrenzten* Kulturbegriff mit sich, die ideologisch hoch aufgeladen sind und zu Spannungen innerhalb der städtischen Gremien, in Teilen der Verwaltung und auch bei den kulturellen Akteur/innen untereinander führen. Ein wichtiger Aspekt dabei sind die kommunalen Finanzen, von denen im Zweifelsfall alle Akteur/innen profitieren wollen. Da Kultur zu den sogenannten Freiwilligen Leistungen der Kommune zählt, fallen die Etats für Kultur häufig nicht eben üppig aus. In Zeiten finanzieller Unsicherheit wird darüber hinaus nicht selten der Rotstift beim Kulturetat angesetzt. Daraus ergibt sich fast zwangsläufig eine Konkurrenzsituation der jugendlichen Kultur-Akteur/innen mit den angestammten Institutionen.

Trotz der Schwierigkeiten und dem hohen Konfliktpotenzial, das die Integration von Jugendkultur für Kommunen bedeutet, kann dieser Weg auch einen hohen Nutzen für die Stadt mit sich bringen – wenn die *Andersartigkeit* der geforderten kulturellen Räume respektiert und die Integration nicht mit Vereinnahmung verwechselt wird.

Die Nutzung von *Governance als Konzept*, das die Zivil-/Bürger/innengesellschaft in Entscheidungsprozesse einbezieht, verspricht mehr als die klassische Hierarchie- und Regelsteuerung. Dabei umfasst Governance im zivilen Bereich jene *öffentlichen Güter* wie Bildung, Rechtssicherheit und öffentlichen Raum, die im weitesten Sinn der Wohlfahrt zugeordnet werden können und die Frage nach der Zuständigkeit nach demjenigen, der sie liefern muss, heute erneut stellen lässt. Es ist sicher nicht mehr nur der „Staat", der diese Ablieferung allein leisten kann. Die vielfältigen Interaktionen zwischen der kommunalen Verwaltungsebene, der Wirtschaft und den zivilgesellschaftlichen Akteur/innen können nutzbringend zur Problemlösung eingesetzt werden. Dabei zielt ein derartiges Konzept auf Legitimation von Ordnungsfunktionen ab, die nicht der vertikalen Staatlichkeit entnommen sind; auf die Bereitstellung von öffentlichen Gütern wie Partizipation und Freiheit von engen Zweckbindungen bei gleichzeitiger realistischer Berücksichtigung mikro-sozialer Machtpositionen; und auf ein Konzept bereitgestellter Autonomie, das immer wieder Integrationsangebote macht, aber ihre Einlösung offen lässt.

Erstens wird durch den die Jugend einbeziehenden Governance-Ansatz der Gefahr einer Selbstmusealisierung vorgebaut, indem neue Inhalte und eine frische kulturelle Formensprache sich auch im Stadtbild niederschlagen. Zweitens kann eine aufgeschlossene Kulturpolitik, die auch in starkem Maße Jugendliche miteinbezieht, daran mitwirken, dass eine Stadt auch für die nachwachsende Generation attraktiv ist. Drittens wird die Gefahr sozialer Konflikte gemindert, wenn einerseits zielgruppenaffine Kulturprojekte, auch in Zusammenarbeit mit soziokulturellen Zentren, und andererseits selbstverwaltete Freiräume zur Verfügung gestellt werden. Zu guter Letzt wirken Inhalte und Ästhetik der Jugendkultur, zum Beispiel die Orientierung an Videoclips oder Computersimulationen, zurück auf die eher traditionellen Formen der Kultur und können zu deren Weiterentwicklung beitragen.

Literatur

ABA Fachverband. Shell-Kurzbericht. Zusammenfassung der 15. Shell-Jugendstudie – Jugend 2006. Eine pragmatische Generation unter Druck. Web. 21. März 2012.

Albrecht, Steffen. „Netzwerke als Kapital. Zur unterschätzten Bedeutung des sozialen Kapitals für die gesellschaftliche Reproduktion". *Bourdieus Theorie der Praxis. Erklärungskraft, Anwendungen, Perspektiven*. Hg. Jörg Ebrecht und Frank Hillebrandt. Wiesbaden: VS Verlag für Sozialwissenschaften, 2004. 199–221. Print.

AJKP – Alternative Jugendkulturen Potsdam. Web. 27. Feb. 2012.

Bertelsmann Stiftung Toolbox Bildung. Jugendbeteiligung. 2.0. Web. 23. März 2012.

Bertelsmann Stiftung, Hg.. *Kinder- und Jugendbeteiligung in Deutschland. Entwicklungsstand und Handlungsansätze*. Gütersloh: Bertelsmann Stiftung, 2007.

Bude, Heinz. Interview zum Armutsbericht „Die Mitte beginnt prekär zu werden", *Süddeutsche Zeitung* 19. Mai 2008. Web. 27. Feb. 2012.

Cultus UG. Freiland. Ein Freiland für Potsdam. Web. 21. März 2012.

Detjen, Joachim. „Politische Bildung für bildungsferne Milieus“. *Aus Politik und Zeitgeschichte* (APuZ 32–33/2007). 06. Aug. 2007. *Bundeszentrale für politische Bildung.* 3–8. Web. 27. Feb. 2012.

Fatke, Reinhard. „Kinder- und Jugendpartizipation im wissenschaftlichen Diskurs“. *Kinder- und Jugendbeteiligung in Deutschland. Entwicklungsstand und Handlungsansätze.* Hg. Bertelsmann Stiftung. Gütersloh: Bertelsmann Stiftung 2007. 19–39. Print.

Fatke, Reinhard und Helmut Schneider. „Die Beteiligung junger Menschen in Familie, Schule und am Wohnort“. *Kinder- und Jugendbeteiligung in Deutschland. Entwicklungsstand und Handlungsansätze.* Hg. Bertelsmann Stiftung. Gütersloh: Bertelsmann Stiftung 2007. 59–85. Print.

Ferchhoff, Wilfried: Jugend und Jugendkulturen im 21. Jahrhundert. Lebensformen und Lebensstile, Wiesbaden: VS Verlag für Sozialwissenschaften, 2007. Print.

Goldmann, Gudrun. „Sind wir unser Geld wert?“ Interview mit Cornelia Dümcke. *Informationsdienst Soziokultur 03/08. Tanz auf dem Vulkan (1) und (2).* 4. Print.

Hoffmann-Lange, Ursula. „Jugend zwischen politischer Teilnahmebereitschaft und Politikverdrossenheit“. *Jugend und Politik. Ein Handbuch für Forschung, Lehre und Praxis.* Hg. Christian Paltentien und Klaus Hurrelmann. 2. durchgesehene Auflage. Neuwied, Kriftel und Berlin: Luchterhand, 1998. 178–205. Print.

Jugendinformationszentrum Hamburg. Behörde für Schule und Berufsbildung. *Der Hamburger Jugendserver.* Web. 27. Feb. 2012.

Kutscher, Nadia. „Beteiligung von Jugendlichen zwischen Interessen, Erwartungen und Lebensalltag“. *Kinder- und Jugendbeteiligung in Deutschland. Entwicklungsstand und Handlungsansätze.* Hg. Bertelsmann Stiftung. Gütersloh: Bertelsmann Stiftung, 2007. 187–205. Print.

Landeshauptstadt Potsdam. *Kulturpolitische Konzepte der Landeshauptstadt Potsdam 2008–2012.* Web. 27. Feb. 2012.

Mainstage. Initiative pro junge Kultur Kassel demonstriert. Web. 21. März 2012.

Olk, Thomas und Roland Roth. „Zum Nutzen der Beteiligung von Kindern und Jugendlichen“. *Kinder- und Jugendbeteiligung in Deutschland. Entwicklungsstand und Handlungsansätze.* Hg. Bertelsmann Stiftung. Gütersloh: Bertelsmann Stiftung, 2007. 39–59. Print.

Pfaff, Nicolle et al. „Politische Lernprozesse in der Schule im Spiegel verschiedener Forschungsmethoden“. *Jugend und Demokratie – Politische Bildung auf dem Prüfstand. Eine quantitative und qualitative Studie aus Sachsen-Anhalt.* Hg. Heinz-Hermann Krüger et al. Opladen: Leske + Budrich, 2002. 243–280. Print.

“RHYTHM IS IT! You Can Change Your Life in a Dance Class”. *Stiftung Berliner Philharmoniker.* Web. 27. Feb. 2012.

Sarcinelli, Ulrich. „Medien und Demokratie“. Demokratie in Deutschland 2011 – Ein Report der Friedrich-Ebert-Stiftung. Web. 21. März 2012.

Schlussbericht der Enquete-Kommission „Kultur in Deutschland“, Deutscher Bundestag, 16. Wahlperiode, Drucksache 16/7000, 11.12.2007. Web. 26. Feb. 2012.

Schmidt, Jan-Hinrik et al.. Hg. *Heranwachsen mit dem Social Web. Zur Rolle von Web 2.0-Angeboten im Alltag von Jugendlichen und jungen Erwachsenen.* Kurzfassung des Endberichts für die Landesanstalt für Medien Nordrhein-Westfalen (LfM). Hans-Bredow-Institut für Medienforschung an der Universität Hamburg und Fachbereich Kommunikationswissenschaften der Universität Salzburg. Hamburg/Salzburg, April 2009. 19–21. Print.

Soboczynski, Adam. „Höfische Gesellschaft 2.0“. *DIE ZEIT* 44, 22. Okt. 2009: 47. Print.

Spiegel Online. Nachrichten – Netzwelt. *Web-Tipp zum Wochenende: „Browser, was sind jetzt noch mal Browser?* 01. Juli 2007. Web. 27. Feb. 2012.

Staatsoper Unter den Linden im Schiller Theater Berlin. Web. 27. Feb. 2012.

Städteregion Aachen. *Service. Was geht? Jugendbeteiligung.* Web. 21. März 2012.

Stadt Dresden. *Kulturelle Bildung.* Web. 21. März 2012.

Stadt Hamburg. Stadt und Staat. Kulturbehörde. *Kulturamt, Jugendkulturrat, Kinder- und Jugendkultur.* „Jugendkulturräte“. Web. 27. Feb. 2012.

Stadt Hamburg. Stadt und Staat. Kulturbehörde. *Kulturamt. Kunst und Kultur, Kinder- und Jugendkultur.* „Kinder- und Jugendkultur in Hamburg“. Web. 27. Feb. 2012.

Stadt Leipzig. *Kulturentwicklungsplan 2008 – 2015.* Web. 27. Feb. 2012.

Stadt Oldenburg. Kultur und Sport. *Masterplan Kultur.* Web. 27. Feb. 2012.

USA, das Land der unbegrenzten Möglichkeiten für Hochqualifizierte aus aller Welt?

Alexandra Dorfer

Fachkräftemangel, Wettbewerbsfähigkeit, ausländische Hochqualifizierte und internationale Spitzenkräfte, Brain Drain und Brain Gain: Nicht erst in letzter Zeit finden sich in den Medien häufig Berichte zu diesen Schlagworten. Die Positionierung eines Landes als Wirtschafts- und Wissensstandort in der globalisierten Welt lässt sich nicht nur anhand seiner durchschnittlichen Bildungsausgaben ausmachen, die innovative Kraft des geistigen Spitzenpotenzials leistet einen ebenso wichtigen Beitrag für den intellektuellen und ökonomischen Status einer Nation. Mittlerweile gibt es daher weltweit einen zunehmenden Wettbewerb um die besten Köpfe – mit beträchtlichen Nachteilen für jene Länder und Unternehmen, die ihre Talente nicht halten und ausländische Hochqualifizierte nicht anlocken können.

In der vornehmlich angelsächsischen und deutschen Literatur ist man sich dieser Tatsache schon seit längerer Zeit bewusst; so schreibt Straubhaar etwa über die Folgen von Migration: „And if migration matters, it is emigration and not immigration that might become a macroeconomic ‚growth problem'!" (Straubhaar 7). Die *New Growth Theory*, die diesem Zitat zustimmen würde, geht noch weiter und hebt den zusätzlichen Nutzen, der durch die zugewanderten MigrantInnen entsteht, hervor und betont, dass aus diesem Grund jedes Land von vorneherein daran interessiert sein sollte, das Ziel von mobilen qualifizierten Arbeitskräften zu werden.

Migration matters!

Während in den Vereinigten Staaten – auch historisch gesehen – immer sehr pragmatisch mit dem Thema der Immigration umgegangen und sozusagen der ‚rote Teppich' für MigrantInnen mit speziellen Fähigkeiten ausgerollt wurde, war die Europäische Union bisher eher widerwillig, was die Öffnung ihrer Grenzen anbelangt. Erst seit kurzem, seitdem qualifizierte Arbeitskräfte vor allem im Informations- und Kommunikationssektor rar werden, beginnt sich diese Einstellung zu ändern. Es entstanden Initiativen wie z.B. die ‚Blue Card', bei der sich die Mitgliedsländer der EU verpflichteten, bis spätestens 2011 ihre Grenzen für hochqualifizierte Arbeitskräfte – allerdings unter recht strengen Voraussetzungen – zu öffnen (Zukunft Europa).

Im Vergleich zur EU scheinen die USA auf die Bedürfnisse und Trends des 21. Jahrhunderts jedoch besser vorbereitet zu sein. Während in den Vereinigten Staaten die Forschungspolitik neben der Rüstungs-, Außen- und Wirtschaftspolitik zu den zentralen Anliegen des Landes zählt, wird sie in der EU immer noch als „weiches Thema" behandelt (Schwägerl 44). Auch zeigen sich die unterschiedlichen migrationspolitischen Ausrichtungen der USA und der EU deutlich: Aufgrund ihrer langen Immigrationstradition ist die amerikanische Wirtschaft offen und flexibel genug, um migrationswillige Personen willkommen zu heißen. Die Vereinigten Staaten sind sich nämlich schon seit langem der Vorzüge bewusst, die sich durch die mobilen, qualifizierten ausländischen SpezialistInnen ergeben – angefangen mit den etwa 500.000 ausländischen Studierenden, die zur amerikanischen Wirtschaft jedes Jahr über sieben Milliarden US-Dollar beisteuern, bis hin zum bedeutenden Langzeiteffekt, der für den amerikanischen Markt dadurch entsteht, dass viele der erfolgreichen Studierenden – vor allem die besonders begabten – nach ihrem Studium weiterhin in den Vereinigten Staaten bleiben und für amerikanische Unternehmen arbeiten (Straubhaar 10).

Historischer Rückblick: Die USA empfangen Hochqualifizierte mit offenen Armen

Historisch betrachtet erfolgte die erste große Migrationswelle von Hochqualifizierten aus Europa von der Mitte des 19. Jahrhunderts bis zu Beginn des zweiten Weltkrieges. In diesem Zeitraum wanderten rund 60 Millionen EuropäerInnen aus, die Vereinigten Staaten und Kanada waren auch aufgrund bereits vorhandener familiärer Netzwerke dabei die Hauptzielländer der europäischen MigrantInnen (Brandi 2; Weber 40ff.). Im Sogwasser der hohen Arbeitslosigkeit während der Weltwirtschaftskrise der Zwischenkriegszeit und der beiden Weltkriege des 20. Jahrhunderts wurde die Überseemigration durch Push-Faktoren wie die in Österreich staatlich unterstützte Abwanderung zur Verringerung der Arbeitslosigkeit nochmals angekurbelt (Scheibelhofer 181). Zu den ökonomisch begründeten Abwanderungsgründen gesellten sich politisch-ideologisch motivierte. Ab 1933 wanderten vor allem linksorientierte und liberale Intellektuelle und WissenschafterInnen, später gezwungenermaßen auch jüdische ForscherInnen, aus, die vor den autoritären Regimen des Ständestaates und in weiterer Folge des Nationalsozialismus flohen (Fleck 202). Ackerl und Schödl zeigen in ihrer Publikation *„Sie haben uns nicht zurückgeholt." Verlorene Intelligenz – Österreichische Wissenschaftler 1918–1945* anhand von 22 Biographien bedeutender österreichischer WissenschafterInnen des 20. Jahrhunderts den durch Abwanderung und Vertreibung entstandenen Verlust an österreichischem Humankapital auf – darunter Nobelpreisträger, die in die Vereinigten Staaten migrierten, wie Walter Kohn (1998 Nobelpreis für Chemie), Friedrich August von Hayek (1974 Nobelpreis für Wirtschaftswissenschaften; 1991 Presidential Medal of Freedom, höchste zivile Auszeichnung der USA) und Eric Kandel (2000 Nobelpreis für Medizin).

Migration in die USA nach 1945

Mit Beginn des Kalten Krieges nach 1945 intensivierten sich die Bemühungen der USA, das nationale Innovationssystem durch Forschung und Entwicklung zu stärken, um im Wettstreit mit der Sowjetunion bestehen zu können (Felt u.a. 198f.). So wurden einerseits einheimische Talente systematisch gesichtet, andererseits hochqualifizierte Arbeitskräfte, WissenschafterInnen und ForscherInnen aus Europa angeworben, mit dem Ziel, sie permanent in den Vereinigten Staaten zu verwurzeln. Mit dem „Immigration and National Act" im Jahr 1952 wurde eine bevorzugte Umwandlung von befristeten Aufenthaltsgenehmigungen in unbefristete Visa für spezielle, privilegierte Berufsgruppen möglich (Breinbauer 138). Als es die Sowjetunion am 4.10.1957 vor Amerika schaffte, den ersten Satelliten in den Weltraum zu entsenden, wurde ob dieses ‚Sputnik-Schocks' der Forschungsetat der USA nochmals aufgestockt, um den prestigeträchtigen Erfolg der Sowjetunion mit allen Mitteln wieder wettzumachen. Dies hatte eine substantielle quantitative Zunahme an Forschungsprojekten zur Folge (Wallner 262). Laut Brandi (6) waren mehr als die Hälfte aller im Zeitraum 1956–61 nach Amerika migrierten WissenschafterInnen deutschen oder britischen Ursprungs: Insgesamt wanderten 11,1 Prozent der deutschen und 13,9 Prozent der britischen WissenschafterInnen in die Vereinigten Staaten aus.[1]

Erst 1963, als die British Royal Society ob der nachteiligen Effekte des Brain Drain die wirtschaftliche Entwicklung Großbritanniens gefährdet sah, griff die britische Regierung mit einer Reihe von Maßnahmen ein, um die Arbeits- und Forschungsbedingungen britischer WissenschafterInnen im Land zu verbessern. Mittlerweile war auch Deutschland auf dem besten Weg, aus der Nachkriegsrezession zu kommen und sich wie-

1 Die korrespondierenden Zahlen für Frankreich (0,5 Prozent) und Italien (0,9 Prozent) fallen vergleichsweise gering aus, was sich auf mangelnde Sprachkenntnisse und tw. schwächere soziale Netzwerke zurückführen lassen dürfte (Brandi 6f.).

der als bedeutende europäische Wirtschaftsmacht zu behaupten. Ende der 1960er Jahre nahm die Abwanderung britischer und deutscher Hochqualifizierter in die Vereinigten Staaten daher stark ab (Brandi 8).

Erst 1965 wurde in den USA durch den „Immigration and Nationality Act 212(a) (14)", die sogenannte „labor certification provision", eine Selektion der Arbeitskräfte eingeführt, wonach Immigration nur unter zwei Bedingungen erlaubt sei:

> (1) that there are not sufficient workers in the United States who are able, willing, qualified, and available at the time of application for a visa and admission to the United States and at the place to which the alien is designed to perform such skilled or unskilled labor; and (2) that the employment of such alien will not adversely affect the wages and working conditions of workers in the United States similarly employed. (Weber 31)

Die Auswanderung aus Österreich erreichte in der Nachkriegszeit in den Jahren 1955 und 1956 ihren Höhepunkt mit 5.109 bzw. 5.600 emigrierten Personen, die es vornehmlich nach Australien, Kanada, die USA und Brasilien zog (Bauer-Fraiji/Fraiji 283).

Mit Beginn der 1960er Jahre nahm der Exodus aus Österreich quantitativ ab. Dieser Rückgang, der auch als Wechsel von einer Massen- zu einer Elitenmigration bezeichnet wird, ist durch einen Brain Drain gekennzeichnet. Waren in der unmittelbaren und frühen Nachkriegszeit wirtschaftliche und politische Faktoren sowie Abenteuerlust und Fernweh als Push-Faktoren ausschlaggebend für die Migrationsbereitschaft von FacharbeiterInnen und hochqualifizierten Personen, so änderten sich die Auswanderungsmotive im Laufe der Zeit. Die Migrationsströme waren nunmehr stärker durch Regulationen und Lenkungen der Zielländer bestimmt (Breinbauer 139f.). So lässt sich der elitäre Charakter der österreichischen ImmigrantInnen in die Vereinigten Staaten für den Zeitraum 1967–69 belegen. Laut Weber (36) waren von den 1.432 migrierten Personen mehr als ein Drittel, d.h. 503 Personen, hochqualifiziert. Nach Schmiedeck (15ff.) sind in den Jahren 1968 bis 1972 insgesamt 2.126 professionelle und technische Kräfte aus Österreich abgewandert, darunter 329 IngenieurInnen, 71 ChemikerInnen, 11 PhysikerInnen und 61 HochschullehrerInnen.

Die 1970er und 1980er Jahre: Neue Migrationsströme und die Hochphase des Kalten Krieges

Im Zuge des Kalten Krieges und des Ritterns um die internationale Vormachtstellung war der Bedarf der Vereinigten Staaten an hochqualifizierten Fachkräften und WissenschafterInnen in den 1970er und 1980er Jahren besonders hoch. Da, wie oben beschrieben, die Zuwanderung durch qualifiziertes Humankapital aus Europa quantitativ zurückgegangen war, bemühten sich die USA um Talente aus der Dritten Welt, die in ihren Heimatländern keine entsprechenden Arbeits-, Forschungs- und Lebensbedingungen vorfanden. Ebenso zeigen Statistiken, dass die Abwanderung von Hochqualifizierten aus asiatischen Ländern nach Amerika seit den 1950er Jahren kontinuierlich zugenommen hatte und ab Beginn der 1970er Jahre bedeutende Ausmaße erreichte. Ab 1969 übertrafen hochqualifizierte immigrierte AsiatInnen die Anzahl der EuropäerInnen, seit 1970 stellten asiatische Hochqualifizierte mehr als die Hälfte aller Highly Qualified Immigrants in die Vereinigten Staaten (Fortney 52ff.).

Tabelle 1: Hochqualifizierte Migration in die USA nach Ursprungsregionen im Zeitraum 1964–1970

Region	1964 (%)	1965 (%)	1966 (%)	1967 (%)	1968 (%)	1969 (%)	1970 (%)
Europa	37,1	37,9	35,2	31,5	30,5	23,9	22,3
Asien	9,7	7,2	18,7	29,7	26,7	41,4	52,9
Nordamerika	37,2	40,1	33,9	30,8	33,7	23,5	13,3
Südamerika	13,5	12,4	9,4	5,1	5,9	5,6	3,6
Afrika	1,4	1,2	1,5	1,6	2,1	4,5	6,7
Ozeanien	1,0	1,2	1,3	1,2	1,1	1,1	1,3
Summe	100,0	100,0	100,0	100,0	100,0	100,0	100,0

Quelle: Fortney 56.

Während der 1980er Jahre stieg die Anzahl der hochqualifizierten ImmigrantInnen in die USA weiter an, wenn auch mit kleinen Variationen, je nach Ausrichtung der vorherrschenden politischen Orientierung. Im Zeitraum von 1982 bis 1989 nahm die Anzahl der Aufenthaltsgenehmigungen in den Kategorien „Professional, Specialty and Technical" und „Executive, Administrative and Managerial" von 64.740 auf 90.739 bewilligte Anträge zu. Diese Genehmigungen machen ungefähr 10 Prozent aller in dieser Periode ausgestellten Visa aus. Obwohl nicht klar ist, wie viele dieser ImmigrantInnen dauerhaft in den Vereinigten Staaten sesshaft wurden, kann man in diesem Zusammenhang von einem eindeutigen Brain Gain zugunsten der USA sprechen: Zu Beginn der 1990er Jahre wiesen mehr als 430.000 der wissenschaftlichen und technischen Beschäftigen, was mehr als 16 Prozent der insgesamt in diesen Bereichen Beschäftigten entspricht, einen Migrationshintergrund auf. Ebenso waren mehr als 100.000 Doktoratstudierende an amerikanischen Universitäten, d.h. fast 30 Prozent der Grundgesamtheit, im Ausland geboren (Brandi 10). Laut Cheng/ Yang (627) zogen im vorletzten Jahrzehnt des 20. Jahrhunderts jährlich mehr als 40.000 WissenschafterInnen und Hochgebildete permanent in die Vereinigten Staaten. Zwar räumt Forntey (60f.) ein, dass der wissenschaftliche Input von ImmigrantInnen nicht immer eindeutig ökonomisch bewertet werden kann, dennoch ist der Beitrag von migrierten ausländischen WissenschafterInnen und ForscherInnen größer als es ihre Anzahl vermuten lässt. Wenn sich die Vormachtstellung in der Wissenschaft vor allem durch Indikatoren wie beispielsweise den Nobelpreis oder die Mitgliedschaft in der amerikanischen National Academy of Science annähernd bestimmen lässt, sprechen die Zahlen für sich: So wurden über 40 Prozent der ‚amerikanischen' NobelpreisträgerInnen und 24 Prozent der Mitglieder der amerikanischen Akademie der Wissenschaften im Ausland geboren. Zusätzlich zeigen Statistiken, dass immigrierte WissenschafterInnen und IngenieurInnen mit höherer Wahrscheinlichkeit einen PhD-Grad erlangen als in den USA geborene Hochqualifizierte.

Die 1990er Jahre: Globalisierung und Öffnung des Eisernen Vorhangs

Mit Ende der 1980er und in den frühen 1990er Jahren nahm die Mobilität von Hochqualifizierten stark zu: Das Ende des Kalten Krieges, der Zerfall des Ostblocks, die Bedeutungszunahme von wissensintensiven Produktionsmethoden (Stichwort: Wissensgesellschaft) sowie das Aufkommen eines globalisierten Marktes, in dem sich Kapital und Arbeitskräfte frei bewegen können, führten zu einem Anstieg von migrationswilligen Hochqualifizierten, die auf der Suche nach besseren Gehältern, Lebens- und Arbeitsbedingungen waren. Zwar ermöglichte Europa seinen Hochqualifizierten mit dem Schengen-Abkommen, sich innerhalb der Europäischen Union frei zu bewegen, genaue Aufzeichnungen zur Mobilität dieser Personengruppe wurden und werden jedoch nicht geführt (Brandi 11f.).

Alleine in den 1990er Jahren wanderten mehr als elf Millionen ImmigrantInnen in die USA ein, darunter sehr viele Hochqualifizierte. Dennoch bestanden Ende der 1980er Jahre in Amerika Ängste, wie es um das Qualifikationsprofil der ImmigrantInnen bestellt sei. Aus diesem Grunde wurde im Jahr 1990 der „Immigration Act" beschlossen, der einen einfacheren Zuzug für Hochqualifizierte ermöglichte und in Folge zu einer Verdoppelung der Visaerlässe für diese MigrantInnengruppe führte (Breinbauer 143). Im Jahr 1993, dem Höhepunkt des US-amerikanischen Brain Gain, wurden 147.000 positive Visabescheide für Hochqualifizierte ausgestellt. Der Großteil der Visa ging dabei an ausländische Studierende, die ihr Universitätsstudium in den USA abgeschlossen hatten und fortan permanent in den Vereinigten Staaten bleiben wollten (Brandis 12). An dieser Stelle muss jedoch festgehalten werden, dass eine lediglich auf das jeweilige Einwanderungsland fokussierte Betrachtung den Mobilitätsströmen von Hochqualifizierten nur bedingt gerecht wird. Vielmehr muss innerhalb des Ziellandes auf bestimmte Strukturen, Organisationen und Institutionen, die auf die Highly Qualified Anziehung ausüben, geachtet werden. So sind dies in Großbritannien beispielsweise die Universitäten Cambridge und Oxford, die im Zeitraum 1994 bis 1997 mehr als 15 Prozent aller akademisch gebildeten AusländerInnen des Landes beschäftigten (Guellec/Cervantes 83).

Neben den anhaltend hohen asiatischen Mobilitätsströmen verzeichneten die USA auch einen regen Zustrom von Hochqualifizierten aus Mittel- und vor allem Osteuropa. Obwohl die Bewegungen von Ost nach West nicht genau dokumentiert sind und statistische Größenangaben stark variieren, gibt es Schätzungen, wonach unmittelbar nach Zusammenbruch des Ostblocks und während der ersten Jahre danach (bis 1992) etwa zwei Millionen (Hoch-)Qualifizierte aus Zentral- und Osteuropa abgewandert sind. Ausschlaggebend für diese Migrationswelle war vor allem die in diesen Ländern bis Mitte der 1990er Jahre stattfindende ökonomische, politische und gesellschaftliche Transformationskrise. Viele Hochqualifizierte entschlossen sich allerdings – insbesondere unmittelbar nach der Öffnung des Eisernen Vorhangs – weniger aus objektiv-drängenden Gründen zur Migration, sondern können eher als „migrants out of curiosity" bezeichnet werden, die sich „pushed by the desire to visit or ‚test' the West, after a long period of closed-door policy" (Arditti 3) auf den Weg zu neuen Herausforderungen machten (Breinbauer 145).

Die folgende Abbildung in Anlehnung an Breinbauer (147) versucht anhand verschiedener Studien und Statistiken, den Brain Drain aus Mittel- und Osteuropa in die USA seiner Ausprägungsstärke nach zu quantifizieren. Wie schon oben erwähnt, unterliegen die statistischen Angaben beträchtlichen Schwankungen und sind mit Vorsicht zu betrachten.

Den stärksten Exodus an Hochqualifizierten musste/n die ehemalige Sowjetunion bzw. ihre Nachfolgestaaten verzeichnen, die Vereinigten Staaten konnten davon am meisten profitieren. Einer OECD-Studie aus dem Jahr 1993 zufolge verließ zwischen 1989 und 1991 mehr als eine halbe Million russischer[2] WissenschafterInnen ihr Land. Laut einer anderen Studie wan-

2 Brandi (2003) spricht in diesem Zusammenhang zwar von „Russian scientists" und der „Russian scientific community", die Daten sind nach Meinung der Autorin des vorliegenden Beitrags jedoch nicht eindeutig nur Russland zuzuordnen. In An-

*Abbildung 1: Ausgewählte Brain Drain-Wellen aus Mittel- und Osteuropa in die USA**

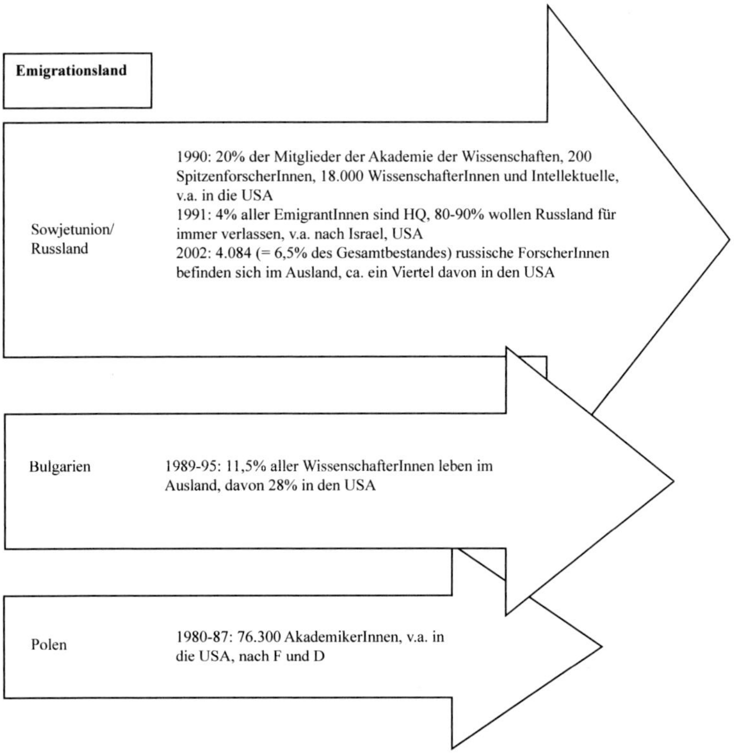

* *Anmerkung: Die Migrationsströme aus „Sowjetunion/Russland" setzen sich aus verschiedenen Wanderungswellen aus der ehemaligen Sowjetunion, Russland und den GUS-Staaten (ab 1991) zusammen.*

Quelle: eigene Darstellung (Auszug nach Angaben von Breinbauer 147).

derten im Zeitraum 1990–95 etwa 120.000 russische WissenschafterInnen, IngenieurInnen, TechnikerInnen, ÄrztInnen, ZahnärztInnen, KünstlerInnen und JournalistInnen Richtung Westen aus (Brandi 13).

Wie die folgende Tabelle zeigt, hatten von den insgesamt 146.600 im Jahr 2003 in den Vereinigten Staaten lebenden RussInnen 71,0 Prozent ihren Abschluss im Ausland, zumeist in der ehemaligen Sowjetunion, erworben. 73.000 dieser 146.600 Personen besitzen einen Bachelortitel, den 66,2 Prozent im Ausland erlangt haben. 43.200 der Hochqualifizierten aus der Ex-Sowjetunion besitzen einen Mastergrad, 78,1 Prozent haben diesen Abschluss nicht in den USA erworben. Von den insgesamt 17.900 rus-

betracht der geopolitischen Veränderungen Ende der 1980er und zu Beginn der 1990er Jahre müsste konsequenterweise zwischen Hochqualifizierten aus der ehemaligen Sowjetunion, Russland und den GUS-Staaten unterschieden werden.

sischen DoktorInnen in den Vereinigten Staaten haben 80,2 Prozent außerhalb der USA dissertiert. Diese Werte sind Spitzenwerte, die bei fast keiner anderen Nation auftreten (NSB 2006, Appendix table 3–18).

Tabelle 2: Gebürtige RussInnen in den USA nach im Ausland erworbenen Abschlüssen

	Anzahl	**höchster Abschluss außerhalb den USA erworben (in %)**
alle Abschlüsse	146.600	71,0
davon:		
Bachelor-Abschluss	73.000	66,2
Master-Abschluss	43.200	78,1
Doktorat	17.900	80,2

Quelle: NSB 2006, Appendix table 3–18.

Die statistischen Daten über den fachlichen Hintergrund der aus den ehemaligen Ostblockstaaten emigrierten Hochqualifizierten spiegeln auch den Stellenwert der naturwissenschaftlichen und technischen Disziplinen zu Zeiten des Kommunismus wider. Ein gewichtiger Grund für den Exodus vieler Hochqualifizierter ist neben den oben erläuterten Abwanderungsmotiven auch in der Kürzung der post-kommunistischen Budgets für naturwissenschaftliche und technische Projekte, speziell im Bereich der Militär- und Weltraumforschung, zu finden. In Verbindung mit Faktoren wie der im Vergleich zu den rasch steigenden Lebenshaltungskosten geringen Entlohnung im Herkunftsland und besseren Arbeitsbedingungen im Ausland war die Emigration für viele Hochgebildete aus dem ehemaligen Osten ein nahe liegender Schritt. Aufgrund von maßgeschneiderten US-Programmen, die hochqualifizierte WissenschafterInnen und ForscherInnen anlocken sollten, steuerten viele MigrantInnen die Vereinigten Staaten an. Im Laufe der Zeit entdeckten die Hochqualifizierten auch andere Industrieländer als mögliche Zielländer und wanderten nicht mehr nur in Richtung Übersee ab. Wie so oft, waren es nach dem Fall der Berliner Mauer die jüngsten und am besten ausgebildeten Personen aus dem Osten Europas, die ihr Glück im Ausland versuchten. In diesem Zusammenhang und vor dem Hintergrund der sich damals verlangsamenden Weltwirtschaft verwiesen einige ExpertInnen Mitte der 1990er Jahre auch auf das sich dadurch ergebende Gefahrenpotential des ‚Brain Waste': Hochgebildete aus Osteuropa könnten in ihrem Gastland keine ihrer Ausbildung adäquate Beschäftigung erhalten und wären von beruflicher Dequalifikation betroffen (Brandi 14f.).

Kurzfristige Mobilität von Hochqualifizierten – Expatriate Managers

Einen Sonderfall innerhalb der Debatte um Brain Drain, Brain Gain und Brain Exchange stellt die kurzfristige Mobilität von Hochqualifizierten innerhalb transnationaler Unternehmen dar. Quantitativ ist diese Form von Mobilität nur schwer zu fassen und über die Dauer der Auslandsaufenthalte gibt es nur unvollständige Schätzungen. Obwohl durchaus Elemente des Brain Drain und Brain Gain in diesem Mobilitätstypus zu finden sind, steht hier der Begriff des ‚Brain Exchange' im Mittelpunkt der Analysen, zumal der zeitliche Horizont eher im kurzfristigen Bereich angesiedelt ist. Breinbauer (144) sammelte dazu empirisches Material aus unterschiedlichen Studien und Artikeln und kam zu der Auffassung, dass der intrafirmenspezifische Austausch im Vergleich zur Mobilität anderer Gruppen von Hochqualifizierten wie etwa ForscherInnen oder Studierenden eher gering sein dürfte. Mitte der 1990er Jahre betrug der Anteil von Expatriates nur etwa fünf bis zehn Prozent des gesamten Zuwanderungsstromes von Hochqualifizierten in die USA und nach Kanada. Schätzungen für Großbritannien im selben Zeitraum beziffern die Anzahl von Personen, die jährlich an transnationalen Austauschbewegungen teilnehmen, auf 47.600, für die Vereinigten Staaten werden korrespondierende Zahlen von etwa 350.000 genannt. Andere Studien gehen für das Jahr 2000 von einer geringeren Größenordnung für die USA aus (ca. 295.000 Expatriates), Frankreich wird dabei auf etwa 2.200 und Japan auf ca. 3.900 transnationale firmeninterne Migrationen von Hochqualifizierten geschätzt.

Wohin führt der Weg im 21. Jahrhundert?

Wie oben skizziert, hatten die USA im 20. Jahrhundert den größten Brain Gain zu verzeichnen, während im Falle Europas bestenfalls von einem Brain Exchange gesprochen werden kann (Straubhaar 10). Die Vereinigten Staaten haben von dem Zuzug hochqualifizierter Personen zweifelsohne profitiert, Amerika hat seine ihm bis heute zugeschriebene wissenschaftliche Vormachtstellung weiter ausgebaut und gilt auch weiterhin als Magnet für Hochqualifizierte, insbesondere WissenschafterInnen, aus aller Welt (Breinbauer 152). Laut Buechtemann (26) beschäftigten die USA etwa ein Fünftel des weltweiten F&E-Personals. Etwa ein Drittel aller Auslandsstudierenden wird in amerikanischen Hochschuleinrichtungen ausgebildet, da die Nachfrage nach Humankapital speziell in naturwissenschaftlichen und technischen Disziplinen groß ist und durch den US-Binnenmarkt nicht gedeckt werden kann. So stieg der Anteil von ausländischen Postdocs in amerikanischen akademischen Institutionen von 17 Prozent im Jahr 1973 auf 43 Prozent im Jahr 2003 an (NSB 2006, Appendix table 5–30).

Als Folge der Terroranschläge vom 11. September 2001 wurde die – vor allem im Vergleich zu Europa – offene Einwanderungspolitik der Vereinigten Staaten strikter. So wurde etwa die Verantwortung für Einwanderung und Grenzschutz im neu errichteten Heimatschutzministerium (Department of Homeland Security) zusammengeführt: Das als „Patriot Act" bekannt gewordene Gesetz (Provide Appropriate Tools Required to Intercept and Obstruct Terrorism, PATRIOT) verknüpft Fragen der Einwanderung mit jenen der inneren Sicherheit. In den letzten Jahren wurden Versuche unternommen, das amerikanische Zuwanderungsgesetz dahingehend zu reformieren, dass die marktbedingte Nachfrage nach Arbeitskräften mit Sicherheitsbelangen in Einklang gebracht werden kann. Diese arbeitsmarktorientierte Einwanderung ist für hochqualifiziertes Humankapital und ungelernte Hilfskräfte, abgestuft in vier Kategorien, gleichermaßen möglich (Parrot 3). Laut Schätzungen des US-Bundesamts für Arbeitsmarktstatistik werden im Zeitraum 2002–2012 rund 60 Millionen neue Arbeitsplätze geschaffen werden, die Hälfte davon ist dem Segment der Niedrigqualifikation (bis zum High-School-Abschluss) zuzuordnen. Da die Nachfrage nach geeigneten gering- bis hochqualifizierten Arbeitskräften ob der Pensionswelle der 75 Millionen ‚Baby-Boomer' und der sinkenden Geburtenrate nicht durch Einheimische gedeckt werden kann, werden wieder vermehrt AusländerInnen ins Land geholt. Obwohl es seit 9/11 (kurz nach den Anschlägen vor allem für Personen aus islamischen Ländern) schwieriger wurde, legal in die Vereinigten Staaten einzuwandern, scheint die Attraktivität Amerikas für hochqualifizierte Personen ungebrochen zu sein. Die jährliche Quote für die temporären H–1B-Visa[3] für hochqualifizierte Arbeitskräfte ist zumeist schon in den ersten Wochen eines US-Geschäftsjahres ausgeschöpft (Parrot 7).

Die folgende Abbildung zeigt die Zuteilung der H–1B-Visas für das Jahr 2006 aufgeschlüsselt nach dem Tätigkeitsbereich der MigrantInnen. 57 Prozent der Personen in dieser Statistik besitzen zumindest einen Masterabschluss oder einen äquivalenten Abschluss (z.B. professional degree) und/oder ein Doktorat – Abschlüsse, die zumeist im Ausland erworben wurden und den Stellenwert von ausländischen Hochqualifizierten für die amerikanische Wissenschafts- und Wirtschaftslandschaft unterstreichen (NSB 2010, 3–55f.).

Der National Science Board spricht sich klar für eine Politik der offenen Tür für ausländische Hochqualifizierte aus. In seinem aktuellsten Bericht *Science and Engineering Indicators 2010* konstatiert der Board:

---

3 Dieser Visatyp wird an „aliens" vergeben, die „speciality occupations" aufweisen (Breinbauer 153). Die visumswerbenden Personen müssen über ein abgeschlossenes Hochschulstudium verfügen, welches zumindest dem US Bachelor-Abschluss entspricht, oder vergleichbare Leistungen vorweisen, deren Äquivalenz aus einem Gutachten hervorgeht (Department of Labor).

"The importance of foreign-born scientists and engineers to the S&E enterprise in the United States continues to grow" (NSB 2010, 3–7). Demnach wurden 25 Prozent aller Beschäftigten mit Universitätsabschluss, die in den USA in naturwissenschaftlichen und technischen Bereichen tätig sind, im Ausland geboren, bei Personen mit Doktorat erhöht sich dieser Wert sogar auf 40 Prozent. 42,2 Prozent aller ausländischen Personen mit Universitätsabschluss haben ihren höchsten Abschluss nicht in Amerika erworben, sondern wanderten bereits mit eben diesen Qualifikationen in die USA ein[4] (NSB 2010, 3–53). Hierbei scheint der Stellenwert Asiens als Exportregion für Hochqualifizierte eine besondere Rolle zu spielen: Ungefähr die Hälfte aller ausländischen WissenschafterInnen und TechnikerInnen stammt aus Asien, vor allem Indien (16 Prozent migrierte Hochgebildete), China (11 Prozent), die Philippinen (6 Prozent), Südkorea (4 Prozent) und Taiwan (4 Prozent) können in diesem Zusammenhang genannt werden.

Abbildung 2: Tätigkeitsbereiche von H–1B-VisaempfängerInnen im Jahr 2006

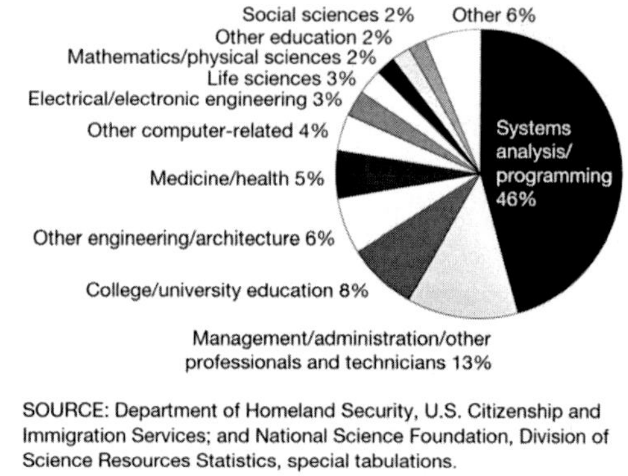

Quelle: NSB 2010, 3–55.

Die Anzahl der temporären Arbeitsvisa für Hochqualifizierte nimmt nach dem 9/11-Einbruch wieder zu. Grundsätzlich ist die Zahl der H–1B-Genehmigungen auf jährlich 65.000 beschränkt, zusätzliche 20.000 Visa sind jedoch für ausländische AbsolventInnen von amerikanischen Universitäten reserviert. Ebenso gibt es Ausnahmen für Hochschul- und Forschungseinrichtungen, die temporäre Visabescheide für abgeworbene ausländische Hochqualifizierte initiieren können. Mehr als die Hälfte aller H–1B-Visagenehmigungen erfolgte für Personen aus Indien, insgesamt erhielten asiatische VisaempfängerInnen rund drei Viertel aller positiven Visabescheide (NSB 2010, 3–7).

Die folgende Abbildung zeigt die aktuellsten Daten zu den weltweiten Migrationsströmen auf. Nach wie vor zieht es Hochqualifizierte aus Europa und Asien nach Nordamerika. Die Stärke der Pfeile spiegelt die quantitative Ausprägung der Wanderungsbewegungen wider.

---

4 Die korrespondierenden Zahlen für die 1980er Jahre belaufen sich nur auf etwa die Hälfte.

Abbildung 3: Weltweite Migrationsströme

Quelle: Le Monde diplomatique 17.

Gemäß den Statistiken der National Science Foundation blieb der Großteil (62 Prozent) der ausländischen Studierenden, die ihren Doktoratsabschluss im Jahr 2002 an einer amerikanischen Universität erworben hatten, auch danach für einen Zeitraum von mindestens fünf Jahren in den Vereinigten Staaten. Dennoch gingen die absoluten Bleibezahlen für ausländische Hochqualifizierte mit US-Doktoratsabschluss in den Jahren 2005 bis 2007 etwas zurück, was vor allem auf in ihre Heimatländer zurückkehrende DoktorInnen aus Taiwan (–8 Prozent), Japan (–6 Prozent) und Indien (–4 Prozent) zurückzuführen ist. Die Bleiberaten für Hochqualifizierte aus den Ländern der Europäischen Union nahmen jedoch während dieser Zeitspanne zu; Bei den beiden größten Sendeländern Großbritannien und Deutschland gab es Zuwächse von +6 bzw. +3 Prozent. Interessant in diesem Zusammenhang ist, dass die Bleibedauer von Personen, die ihren US-Doktoratsabschluss in einer besonders angesehenen[5] Institution erworben haben, tendenziell etwas niedriger ausfällt als von Personen, die ihr amerikanisches Doktorat an nicht ganz so prestigeträchtigen Institutionen erhalten haben (NSB 2010, 3–7, 3–56ff.).

5 Die Klassifikation der prestigeträchtigen *faculties* wurde aufgrund von Reihungen im U.S. News and World Report sowie auf Basis von Bewertungen durch das National Research Council vorgenommen und umfasst etwa 25 „top rated" Institutionen (NSB 2010, 3–57f.).

Asien im Vormarsch

Die oben genannten Fakten und Zahlen sprechen eine eindeutige Sprache und zeugen von der zunehmenden Bedeutung der asiatischen Region als Global Player. Nicht nur wissenschafts- und forschungsbezogene Daten deuten in diese Richtung, auch ökonomisch setzt Asien zum Überholmanöver an: Während die USA seit 2002 ein Handelsbilanzdefizit und vergleichsweise geringe BIP-Wachstumsraten aufweisen und mit Geburtenrückgängen und einer alternden Gesellschaft zu kämpfen haben, schöpfen die aufstrebenden Länder Asiens mit vergleichsweise besseren Wirtschaftsdaten und einer günstigeren demographischen Ausgangslage aus dem Vollen.

Wie Abbildung 4 zeigt, nahm die Anzahl der in den USA und den EU-Staaten tätigen WissenschafterInnen und ForscherInnen in den naturwissenschaftlichen und technischen Disziplinen mit einem Plus von etwa 40 Prozent im Vergleichszeitraum 1995–2007 ähnlich stetig zu, die Vereinigten Staaten können in absoluten Zahlen (noch) den ersten Rang einnehmen. Besonders ins Auge sticht jedoch die Aufholjagd Chinas mit enormen Wachstumsraten von 173 Prozent zwischen 1995 und 2007.

Was den globalen Export von wissensintensiven Hochtechnologie-Exportprodukten anbelangt, verwundert eine ähnliche Entwicklung kaum. Die Volkswirtschaften der neun wichtigsten asiatischen Länder ohne China (Indien, Indonesien, Malaysia, Philippinen, Singapur, Südkorea, Taiwan, Thailand, Vietnam) stellen zusammen etwas mehr als ein Viertel aller wissensintensiven Exporte. Chinas Ausfuhren schossen innerhalb von etwas mehr als einer Dekade von 6 auf 20 Prozent und machen das Reich der Mitte zum größten Exporteur von Hochtechnologieprodukten.

Abbildung 4: Geschätzte Anzahl an Science und Engineering (S&E) ForscherInnen in ausgewählten Regionen/Wirtschaften im Zeitraum 1995–2007

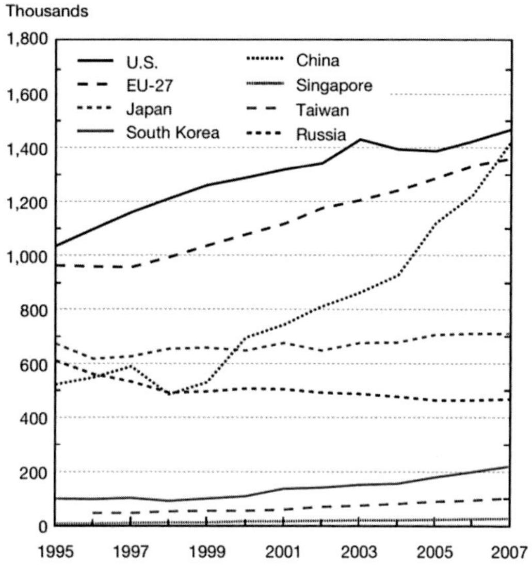

EU = European Union

NOTES: Researchers are full-time equivalents. 2007 data for United States are estimated based on annual growth rate between 1995 and 2006.

SOURCE: Organisation for Economic Co-operation and Development, Main Science and Technology Indicators (2009/1 and earlier years).

Quelle: NSB 2010, 3–48.

Abbildung 5: Internationaler Export von Hochtechnologieprodukten in ausgewählten Regionen / Wirtschaften im Zeitraum 1995–2008

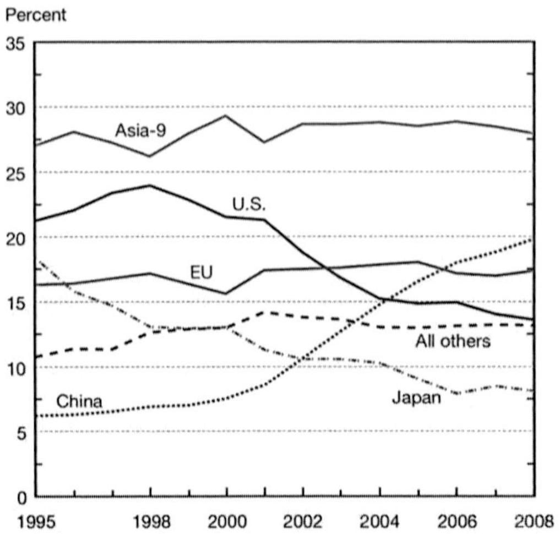

NOTES: High-technology products include aerospace, communications and semiconductors, computers and office machinery, scientific instruments and measuring equipment, and pharmaceuticals. Asia-9 includes India, Indonesia, Malaysia, Philippines, Singapore, South Korea, Taiwan, Thailand, and Vietnam. China includes Hong Kong. China's exports exclude exports between China and Hong Kong. EU excludes Cyprus, Estonia, Latvia, Lithuania, Luxembourg, Malta, and Slovenia. EU exports exclude exports among EU member countries.

SOURCE: IHS Global Insight, World Trade Service database, special tabulations (2009).

Quelle: NSB 2010, 6–28.

Conclusio

Die bisherige wissenschaftliche und wirtschaftliche Vormachtstellung Amerikas fußt zu einem beträchtlichen Teil auf im Ausland geborenen Hochqualifizierten. Asien jedoch befindet sich auf der Überholspur, bildet gute Leute aus bzw. ‚lässt' sein Humankapital in anderen Regionen ausbilden und schafft es zunehmend, diese Personen hochqualifiziert wieder zurückzuholen. Diese Veränderungen gehen am Rest der Welt nicht unbemerkt vorbei. Nicht umsonst konstatierte der US-amerikanische National Science Board bereits im Jahr 2003, dass sich der globale Wettbewerb um S&E-Talente zunehmend intensiviere, sodass sich die Vereinigten Staaten nicht mehr auf den internationalen S&E-Arbeitsmarkt verlassen können, um ihre Nachfrage nach qualifizierten Arbeitskräften zu stillen (NSB 2010, 3–5 nach NSB 2003).

Obwohl sich die Europäische Union bei ihrem Frühjahrsgipfel 2000 in Portugal mit ihrer Lissabon-Strategie das Ziel setzte, die EU bis zum Jahr 2010 zum wettbewerbsfähigsten und dynamischsten wissensbasierten Wirtschaftsraum der Welt zu machen, und dabei die Wettbewerbsfähigkeit durch Innovationen, die engere Verknüpfung der Wirtschaft mit der Forschung und die Konzentration auf hervorragende Leistungen in der Grundlagenforschung besonders hervorhob, sind die europäischen Länder vom vorgegebenen Kurs weit entfernt. Zusätzlich zu den Vereinigten Staaten hat Europa mit Asien noch einen weiteren neuen und flexiblen Mitbewerber im Rennen um die globale Vormachtstellung. Man darf also gespannt sein auf die Entwicklungen des 21. Jahrhunderts.

Literatur

Ackerl, Isabella und Ingeborg Schödl. „Sie haben uns nicht zurückgeholt.“ *Verlorene Intelligenz – Österreichische Wissenschaftler 1918–1945“*. Wien: Holzhausen Verlag, 2005. Print.

Department of Labor. „Work Authorization for Non-U.S. Citizens: Workers in Professional and Specialty Occupations (H–1B, H–1B1, and E–3 Visas)”. United States Department of Labor. Web. 20. Feb. 2010.

Arditti s, Solon, Hg.. *The Politics of East-West Migration*. Basingstoke: Macmillan Press, New York: St Martin's Press, 1994. Print.

Brandi, Carolina. *The Historical Evolution of Highly Qualified Migrations. Part 3. Flows-Historical Evolution of Qualified Migrations*. European Project “Brain Drain Emigration Flows of Qualified Scientists”. Maastricht: Maastricht Institute of Research on Innovation and Technology (MERIT), 2003. Print.

Breinbauer, Andreas. *Mobilität österreichischer und ungarischer Mathematiker. Ein Beitrag zur Brain Drain-Debatte in einem kleinen Segment Hochqualifizierter*. Wien: V&R unipress, 2008. Print.

Bauer-Fraiji, Adelheid, und Abderrahim Fraiji. „Auswanderungen von Österreichern und Österreicherinnen nach 1945. Statistische Darstellung“. *Auswanderungen aus Österreich. Von der Mitte des 19. Jahrhunderts bis zur Gegenwart*. Hg. Traude Horvath und Gerda Neyer. Wien, Köln, Weimar: Böhlau, 1996, 279–321. Print.

Cheng, Lucie und Philip Q. Yang. “Global Interaction, Global Inequality, and Migration of the Highly Trained to the United States”. *International Migration Review* 32.123 (1998): 626–653. Print.

Felt, Ulrike, Helga Nowotny und Klaus Taschwer. *Wissenschaftsforschung. Eine Einführung*. Frankfurt a. M./New York: Campus, 1995. Print.

Fleck, Christian. “Emigration of Social Scientists' Schools from Austria”. *Forced Migration and Scientific Change. Emigré German-Speaking Scientists and Scholars after 1933*. Hg. Mitchell Ash und Alfons Söllner. Washington DC: Cambridge University Press, 1996. 198–223. Print.

Fortney, Judith A. “Immigrant Professionals. A Brief Historical Survey”. *International Migration Review* 6.17 (1970): 50–62. Print.

Guellec, Dominique und Mario Cervantes. “International Mobility of Highly Skilled Workers: From Statistical Analysis to Policy Formulation”. *International Mobility of the Highly Skilled*. Hg. OECD. Paris: 2002. 71–98. Print.

Le Monde diplomatique, Hg. *Atlas der Globalisierung. Sehen und verstehen, was die Welt bewegt*. Berlin: taz Verlags- und Vertriebs GmbH, 2009. Print.

NSB, National Science Board. *Science and Engineering Indicators 2006*. 2 Bände. Arlington, VA: National Science Foundation (Band 1, NSB 06-01; Band 2, NSB 06-01A), 2006. Print.

---. *Science and Engineering Indicators 2010*. Arlington, VA: National Science Foundation (NSB 10-01), 2010. Print.

Parrot, Nicolas. „Länderprofil. Die Vereinigten Staaten von Amerika“. *focus MIGRATION* 4 / 2007. Print.

Scheibelhofer, Elisabeth. *Migration und Individualisierung. Grundlegende Handlungsorientierungen bei Auswanderungen aus Westeuropa in die Vereinigten Staaten*. Europäische Hochschulschriften, Reihe XXII. Soziologie, Bd. 388. Frankfurt a. M., Berlin, Bern u.a. 2003. Print.

Schmiedeck, Raoul A. „Österreichische Wissenschaftler in den Vereinigten Staaten: Eine Studie über die Motivation zur Abwanderung und die Entwicklung der Emigration". *Social Psychiatry and Psychiatric Epidemiology* 10/1 (1973): 15–24. Print.

Schwägerl, Christian. „Das Exodus-Dossier. Wohin es die akademische Elite zieht: Kinderarmut wird durch falsche Forschungspolitik gesteigert". *Frankfurter Allgemeine Zeitung,* 16. Februar 2005, 44. Print.

Straubhaar, Thomas. "International Mobility of the Highly Skilled: Brain Gain, Brain Drain or Brain Exchange". HAWWA Discussion Paper Nr. 88. Hamburgisches Welt-Wirtschafts-Archiv. Hamburg: 2000. Print.

Wallner, Mathias. "American Creativity Research in a Bipolar World. A Look at One Chapter in World History and History of Science". *Physics, Philosophy, and the Scientific Community: Essays in the Philosophy and the History of the Natural Sciences and Mathematics.* Boston Studies in Philosophy of Sciences, Bd. 163. Hg. Kostas Gavroglu, John Stachel und Marx W. Wartofsky. Dordrecht, Boston, London: Kluwer Academic Publishers, 1996. 253–272. Print.

Weber, Arnold R. „The Role of the U.S. Department of Labor in Immigration". International Migration Review 4.3, (1970): 31–46. Print.

Zukunft Europa. „Europas Blue Card ist keine Green Card". Zukunft Europa. Web. 18. Feb. 2010.

Persepolis: Interkulturelle Aspekte in Marjane Satrapis Comic-Roman und Film – ein Fallbeispiel

Diana Afrashteh

„Fremd ist der Fremde nur in der Fremde". (Valentin zit.n. Schulte 230)

Das autobiografische Werk der aus dem Iran stammenden Künstlerin Marjane Satrapi hat in den westlichen Medien große Aufmerksamkeit erlangt. Ihre Comics *Persepolis – Eine Kindheit im Iran* (I, 2005) und *Persepolis – Jugendjahre* (II, 2006) wurden vielfach prämiert und in mehr als fünfzehn Sprachen übersetzt. Sie erzählt darin nicht nur ihre eigene Geschichte im Iran der 1970er bis 1990er Jahre und ihre vierjährige Exilerfahrung im Wien der 1980er Jahre, sondern thematisiert auch soziale, politische und kulturelle Fragen dieser Zeit.

Als Folgeprojekt schuf sie gemeinsam mit Vincent Paronnaud den gleichnamigen Animationsfilm, der 2007 bei den Filmfestspielen in Cannes den Jury-Preis erhielt und 2008 mit dem US-amerikanischen „Golden Globe Award" für den besten fremdsprachigen Film ausgezeichnet wurde.

Satrapis persönliche Geschichte wirkt nur auf den ersten Blick einfach. Mit ihren reduzierten Bildern in schwarz-weiß gelingt ihr eine höchst expressive und bewegende Form der Artikulation. Ihre anekdotische Erzählweise mit den komischen und zugleich tragischen Geschichten appelliert direkt an unsere Emotionen und weckt Sympathie für ihre nuanciert dargestellten Figuren. Als populären Medienformen gelingt es sowohl dem Comic als auch dem Film, einem breiten Publikum unbekannte Bilder einer Gesellschaft zu vermitteln, die in den westlichen Medien allzu oft als ein nicht näher spezifizierter monolithischer Block radikaler Fundamentalisten dargestellt wird. *Persepolis* erhebt den Anspruch, ein Gegenbild zu diesen undifferenzierten und einseitigen Darstellungen zu zeichnen.

In unserer Zeit der Vorherrschaft visueller Medien und des Internets sind Comic-Romane und Animationsfilme geeignete Medien, um gesellschaftspolitisch relevante Themen unterschiedlichen Altersgruppen näher zu bringen. Genau dies gelingt *Persepolis*, indem Fragen der kulturellen Identität und der Migration mit Leichtigkeit und Humor behandelt werden und somit zu einem Instrument der Sensibilisierung für alltägliche Ausgrenzungsmechanismen in multikulturellen Gesellschaften gemacht werden. Auch wenn die Darstellung jeder individuellen Geschichte immer eine einzigartige und letztlich fiktive bleibt, so finden sich immer Spuren kollektiv in einem bestimmten historischen Moment erlebter Ereignisse. Und da jede Biographie sich in einem sozialen Kontext ereignet, ist sie nicht nur als Trägerin persönlicher, sondern auch historisch-politischer Ereignisse interessant. Die Analyse dieser individuellen Geschichte eröffnet uns ein Fenster mit Blick auf gesellschaftspolitische Realitäten und kann als Brücke zu einem besseren Verständnis der Ereignisse im Iran der letzten drei Jahrzehnte dienen. Dabei werden auch viele Aspekte der Migration und des Exils beleuchtet, die Menschen in Transitsituationen prägen.

In diesem Artikel wird von einem weitgefassten Kulturbegriff ausgegangen, der eine Vielzahl von komplexen Lebensweisen, unterschiedliche Praktiken und Bräuche, aber auch sämtliche Brüche und Widersprüche im Alltag der Menschen inkludiert und Kultur als flexibel und stets im Wandel begriffenes, heterogenes Phänomen versteht. Somit schließt diese weitgefasste Kulturdefinition auch die Kategorien Klasse, Geschlecht, Sexualität, Alter, Ethnizität und Nationalität ein. Kurzgefasst ist Kultur „eine gesamte Lebensart", wie es der Kulturwissenschafter Raymond Williams folgendermaßen formuliert: „A whole way of life, ... as a mode of interpreting all our common experience" (xiii, zit.n. Lutter und Reisenleitner 23). Hiervon ausgehend gehört jedes Individuum zugleich mehreren kulturellen Gruppen an und jede/r Einzelne ist somit eine mehr oder weniger multikulturelle Person, die in der Interaktion mit anderen automatisch in einen interkulturellen Raum eintritt. Die gezielte Bewältigung von hierbei entstehenden Widersprüchen und Friktionen eröffnet Gestaltungsräume, wo gemeinsames Neues entstehen kann.

Stuart Hall sieht im Zuge der Globalisierung bei Menschen, die aus ihren Heimatländern vertrieben wurden, eine „Möglichkeit der ‚Übersetzung'„ (1994, 218). Er beschreibt ihre Identitätsbildungen als „Produkte mehrerer ineinandergreifender Geschichten und Kulturen", wobei sie starke Bindungen zu den Orten ihrer Herkunft bewahren ohne die „Illusion, zur Vergangenheit zurückkehren zu können." Sie haben gleichzeitig mehrere „Heimaten", lassen sich nie vereinheitlichen und gehören demnach „Kulturen der Hybridität" an. Sie sind „unwiderruflich ‚Übersetzer'„ (1994, 218). Eine solche Übersetzungsleistung erbringt Satrapi mit *Persepolis*.

Ich richte meinen Fokus auf die Frage, wie in *Persepolis* kulturelle, soziale und individuelle Identitäten dargestellt, wie sie im jeweiligen spezifischen historischen Kontext konstruiert werden, und vor allem darauf, wie sie sich in Differenz zum Anderen herausbilden.

Marjane Satrapi wurde 1969 in der nordiranischen Stadt Rasht geboren und wuchs in Teheran auf, wo sie vor der Islamischen Revolution einige Jahre in eine französischsprachige Schule ging. 1984 kam sie nach Wien und maturierte am „Lycee Français de Vienne". 1988 kehrte sie nach Teheran zurück und studierte dort Visuelle Kommunikation und Graphik. 1998 verließ sie erneut ihr Geburtsland, absolvierte zunächst in Strasbourg ein Masterstudium für Graphik und ließ sich später in Paris nieder, wo sie heute noch lebt.

Mit *Persepolis* wendet sich Satrapi bewusst an ein westliches Publikum mit dem Anspruch, einen Gegenentwurf zu den in der westlichen Welt vorherrschenden Klischees über den Iran zu zeichnen, der seit der Islamischen Revolution oft nur mit Fundamentalismus, Fanatismus und Terrorismus in Verbindungen gebracht wird. Satrapi erzählt in *Persepolis* die Geschichte ihres Aufwachsens vor, während und nach der Islamischen Revolution von 1979 im Iran und beschreibt ihre Erfahrung im österreichischen Exil, in das sie als junges Mädchen geschickt wurde, um in Sicherheit und Freiheit ihre Ausbildung fortzusetzen und den Gefahren einer vom Krieg und von politischen Umwälzungen gezeichneten Gesellschaft zu entkommen.

Nach vier schwierigen Jahren in Wien und gescheiterten Integrationsversuchen kehrt sie nach Teheran zurück und muss feststellen, dass die Reintegration in der „Heimat" eine nicht mindere Herausforderung ist. In *Persepolis I* begegnen wir dem neugierigen und altklugen Kind Marji[1], das in einer links-liberalen Familie in Teheran aufwächst. Die Eltern waren schon vor der Revolution politisch engagiert und setzen sich nach dem Sturz des Schahs weiter für die Etablierung demokratischer Rechte in ihrem Land ein. Marji ist gerade zehn Jahre jung, als die Islamische Revolution ausbricht und große, unerwartete soziale Veränderungen mit sich bringt. Konfrontiert mit Fragen von Diktatur, Revolution, Klassenunterschieden, wechselnden Ideologien, Demokratiekämpfen, religiösem Fundamentalismus, Verfolgung, Haft, Folter, Krieg und Tod verliert sie bald ihre kindliche Naivität und wird früh politisch sozialisiert.

Persepolis II erzählt zunächst von ihrem Aufenthalt in Wien, wo Marji nicht nur mit der Marginalisierung als Migrantin konfrontiert wird, sondern auch mit all den üblichen Sorgen und Unsicherheiten eines pubertierenden Mädchens kämpft. Zugleich muss sie sich gerade in diesen schwierigen Jahren der Adoleszenz ohne familiäre Stütze in der Fremde durchschlagen. Sie versucht wiederholt, sich in verschiedenen Freundeskreisen einzugliedern, persönliche Beziehungen aufzubauen und ih-

1 Ich beziehe mich auf die Protagonistin von Persepolis durchgehend mit „Marji", dem Namen, den Satrapi selbst im Werk verwendet, auch wenn die Figur mit Marjane Satrapi den gleichen Namen trägt wie die Autorin. Mit dem Familiennamen Satrapi beziehe ich mich hingegen immer auf die Autorin.

ren Platz zu finden. Nach einer gescheiterten Liebesbeziehung erfährt sie eine tiefe existenzielle Krise, die sie auf den Straßen Wiens landen lässt. Ein psychischer und physischer Zusammenbruch zwingen sie schließlich dazu, nach Teheran zurückzukehren und ihr Dasein im Exil als gescheitert zu betrachten.

Im letzten Teil der Autobiographie begleiten wir schließlich Marji als junge Frau nach ihrer Rückkehr in den vom achtjährigen Krieg gegen den Irak gebeutelten Iran. Sie taumelt durch die emotionalen Tiefen des Rückkehrschocks und kämpft mit dem Dilemma eines neuen unsicheren Lebens in einer restriktiven Gesellschaft. Nach einem erneuten psychischen Zusammenbruch und zwei Selbstmordversuchen rafft sie sich schließlich wieder auf, wird aktiv, schafft trotz der ideologisch reglementierten Aufnahmeprüfung den Eintritt in die Universität und nimmt ein Kunststudium auf. Sie verliebt sich und heiratet den Mann ihrer Wahl, um sich nach drei Jahren Ehe wieder scheiden zu lassen. Schließlich entscheidet sie sich erneut für das Exil und muss zugeben, dass ein selbstbestimmtes, autonomes Leben mit den normativen Einschränkungen des islamischen Regimes für sie unvereinbar ist.

Die Erzählung endet mit Marjis neuerlicher Abreise aus dem Iran in Richtung Frankreich, wo sie ein neues Leben in individueller Freiheit und Autonomie zu finden hofft.

Graphic Novel und Animationsfilm als Medium

Der Begriff *Graphic Novel* geht auf den amerikanischen Comiczeichner und Cartoonist Will Eisner zurück und bezeichnet literarisch ambitionierte Comic-Erzählungen, die nicht an das Prinzip der Serien oder die Standardformate der Comichefte gebunden sind. Ein bekanntes Beispiel ist Art Spiegelmans *Maus*, worin er die Geschichte seiner Eltern nacherzählt, die den Holocaust überlebten, und wofür er 1992 den Pulitzer-Preis erhielt. *Maus* war für Satrapi ein erster Türöffner zu dieser Erzählform und eine Inspirationsquelle für *Persepolis*.

Als multimediale Texte, in denen Sprache und Bild zu einer untrennbaren Einheit verschmelzen, vermitteln Comics die Botschaft viel unmittelbarer und sinnlicher als es Worte oder aber textlose Zeichnungen allein könnten. *Graphic Novels* nutzen diese Ausdrucksmöglichkeit, um ihre teilweise schwer verdaulichen Themen leichter zu transportieren. Der Graphiker, Comiczeichner und -theoretiker Scott McCloud erklärt, dass der Cartoon „wie ein *schwarzes Loch* [ist], in das unser Ich und unser *Bewusstsein* hineingezogen werden. Eine *leere Hülle*, in die wir schlüpfen und die es uns *ermöglicht*, uns in einer *anderen Welt* zu bewegen. Wir *betrachten* ihn nicht nur: wir *werden selbst* zum Cartoon!“ (1994, 44). Dies macht sich Satrapi zu nutze. Ihre Expressivität und die starke Mimik, die trotz der minimalistischen Zeichnung die Emotionen der Figuren zum

Ausdruck bringen, konzentrieren unseren Blick auf das Wesentliche. Dadurch stellt Satrapi eine Verbindung zu den „seelischen Landschaften der Figuren“ (McCloud 140) her. Sie argumentiert darüber hinaus in einem *SPIEGEL-Online* Interview für die Universalität der grafischen Ausdrucksweise: „Außerdem gibt es keine internationalere Sprache als die Bildersprache. Egal ob man einen Deutschen, Iraner oder Amerikaner darstellt: Der Gesichtsausdruck ist immer derselbe, wenn man weint. Das macht Comics unmittelbar und international“ (Satrapi zit.n. Ernst).

Wie in anderen künstlerischen Ausdrucksformen entsteht auch beim Comic die Geschichte eigentlich im Kopf der Rezipient/innen. Wir sind gefordert, aktiv mitzuwirken und beim Lesen die abgehackten, filmartig aneinandergereihten Momente, die jeweils wie einzelne Schnappschüsse in den Panels festgehalten werden, zu einem Ganzen zu verbinden.

Diese Verknüpfungsleistung erklärt McCloud mit dem Begriff der Induktion und sieht in den Leser/innen freiwillige Kollaborateur/innen, die „[…] einen stillschweigenden, geheimen Kontrakt zwischen Autor und Leser“ (77) eingehen.

Im Gegensatz zum Comic setzt der Animationsfilm verstärkt andere Mittel wie Bewegung, Musik, Geräusche, Rückblenden, Stimmlagen u.ä. ein und führt das Publikum auf andere Weise durch das Geschehen. Aufgrund seiner limitierten Länge ist der Animationsfilm automatisch gezwungen, auf Details zu verzichten und andere Elemente in den Vordergrund zu rücken. Die Universalität des grafischen Ausdrucks bleibt jedoch auch bei diesem Medium prägend.

Im Comic reduziert Satrapi den Text oft auf ein Minimum und in einigen Sequenzen verzichtet sie sogar gänzlich auf Wörter, um den schweigenden Bildern die Fortsetzung des Geschehens zu überlassen. Manchmal sind das Szenen mit großem emotionalen Gehalt wie die Darstellung erinnerter Traumata. Durch *Induktion* gelingt es uns, die Bildfolge zu verbinden und „gedanklich eine in sich zusammenhängende, geschlossene Wirklichkeit zu konstruieren“ (McCloud 75). Ein Beispiel für den Verzicht auf Sprache zur Unterstreichung von unsagbarem Leid ist die Szene, als Marji bei einem Bombenangriff der Iraker besorgt nach Hause läuft und bestürzt das getroffene Haus der jüdischen Nachbarfamilie entdeckt, die an jenem Samstag wegen der Einhaltung des Sabbat zu Hause geblieben war und durch die Bombe in den Tod gerissen wurde. Für diese Darstellung kombiniert Satrapi zunächst geschickt ein Panel ohne Worte mit einem zweiten Panel, wo die gänzlich schwarze Fläche die Leser/innen in den Abgrund zieht. Das schwarze Panel, das die totenstille Leere des Augenblicks zum Ausdruck bringt, wird nur mit den Worten „Kein Schrei auf der Welt hätte mein Leid und meine Wut auszudrücken vermocht“ (I, 146) begleitet. Satrapi bezeichnet ihr Werk als „Comic-Autofiction“, wodurch sie die Fiktionalität und Subjektivität der Geschichte betont. „Dabei verstehe ich mich weder als Politikerin noch als Historikerin, sondern als

Mensch, der Zeuge einer Revolution und eines Krieges war. Ich nehme einen sehr subjektiven Standpunkt ein und erzähle die Geschichte Irans, wie ich sie erlebt habe." (Satrapi zit.n. Ernst). Dennoch kann jede subjektive Darstellung auch stets eine Auseinandersetzung mit gesellschaftspolitisch relevanten Themen und Fragen sein. Durch wiederholte Rückblicke auf die iranische Geschichte aus der Perspektive unterschiedlicher Erzählpersonen und indem sie geschickt Teile ihrer eigenen Biographie mit Berichten und Anekdoten anderer zusammenfügt, knüpft sie an viele Schlüsselereignisse an, die für das Verstehen der heutigen iranischen Gesellschaft hilfreich sind.

Identität im Wandel gesellschaftlicher Strukturen

Der inflationäre Gebrauch des Begriffs „Identität" in unseren heutigen Zeit hängt wohl mit jenem gesellschaftlichen Wandel zusammen, der in der zweiten Hälfte des 20. Jahrhunderts die traditionellen Bezüge und Bindungen zu Familie, Beruf, sozialer Schicht und Geschlechterrollen in Frage gestellt und Verunsicherungen hervorgerufen hat, die sich in den letzten Jahrzehnten in vielfältiger Weise intensiviert haben. Wie Bauman feststellt:

> One thinks of identity whenever one is not sure of where one belongs; that is, one is not sure how to place oneself among the evident variety of behavioural styles and patterns, and how to make sure that people around would accept this placement as right and proper, so that both sides would know how to go on in each other's presence. ‚Identity' is a name given to the escape sought from that uncertainty. (1996, 2)

Die empfundenen und realen Unsicherheiten sind verbunden mit der sich stets verdichtenden und beschleunigenden Globalisierung und den daraus erwachsenden steigenden Interdependenzen und der Verdichtung von Zeit und Raum im Zuge der Verbreitung von Kommunikations- und Informationstechnologien. Dieser umfassende Wandel verstärkt die Suche nach neuen Sicherheiten und das Bedürfnis nach Orientierung. Die wiederkehrende klassische Frage der Identität ist daher ein Ausdruck dieser Neuorientierung und spiegelt die Sehnsucht, aber auch die Notwendigkeit einer wiederholten Auseinandersetzung mit den eigenen Werten und der eigenen Positionierung in der Welt wider. Die Postmoderne geht vom Konzept einer im Prozess befindlichen, fließenden Identität aus, die sich stets neu formiert und an das Umfeld anpasst. Die kulturellen Zuordnungen zu Klasse, Geschlecht, Ethnizität, Alter und Nationalität, an denen sich Individuen orientieren, werden aufgelöst und bieten keine sicheren Anker mehr. Identitätsarbeit ist somit nach Heinar Keupp ein stetes Pendeln zwischen den vorhandenen Strukturen der Gesellschaft und dem, was wir aus ihnen machen (7ff.). Es ist ein Spielen mit neuen Rollen in unserer Interaktion mit anderen. Erst im Vergleich mit anderen und durch die Bezeichnung der Differenz kann das Eigene wahrgenommen und formuliert werden. Dadurch konstruieren wir unsere Identität einerseits in Anlehnung an und zugleich durch Abgrenzung von anderen. Dieses Konstruieren und Neudefinieren erfolgt primär durch Sprache, kulturelle Codes, Symbole und Repräsentationen, die unser Verständnis von der Umwelt bestimmen. Es wäre allerdings zu einfach zu glauben, Identitätsarbeit sei einzig von der Leistung des Individuums abhängig. Auch das Umfeld muss zulassen, dass für das Subjekt eine im Fluss befindliche Identität lebbar wird, ohne sich selbst verleugnen zu müssen. Dies spielt gerade im Kontext von Exil und Migration eine entscheidende Rolle (Maalouf 9ff.).

Marjis Geschichte erzählt primär die Suche nach dem Selbst in einer Zeit großer politischer und persönlicher Veränderungen. Obwohl in *Persepolis* der Individualismus und die Autonomie des Selbst eine zentrale Rolle spielen, werden auch kulturelle Zuschreibungen kollektiver und nationaler Identitäten sowie Fragen der sozialen Schicht, von Gender, Sexualität und Nationalität immer wieder thematisiert. Bereits auf den ersten Seiten wird die Frage der Identität thematisiert: Für die kleine Marji wird ihr Gespaltensein zwischen der säkularen, modernen Welt, ihrer Familie und der traditionellen, zunehmend religiös-dominierten Gesellschaft in jenem Selbstporträt sichtbar, in dem sie halb verschleiert und halb unverschleiert dargestellt ist. Der ornamentale Hintergrund der verschleierten Hälfte kontrastiert mit der anderen Hälfte, die mit Symbolen der Technik gefüllt ist. Sie erklärt uns: „Ich wusste nicht, was ich vom Kopftuch halten sollte, ich war tief gläubig, aber ich und meine Eltern waren auch modern und aufgeschlossen“ (I, 10). Die kulturellen Unterschiede, die Marji im Lauf der Erzählung kennen lernt, zeigen sich nicht erst in Österreich, sondern bereits im Iran innerhalb der säkularen und religiösen Gruppierungen, die einander vor und nach der Revolution politisch bekämpfen, sowie zwischen den gesellschaftlichen Schichten, die großteils voneinander isoliert bleiben und durch den strukturellen Wandel der iranischen Gesellschaft der 1970er und 1980er Jahre nur zum Teil neu definiert werden. Die kulturellen Differenzen werden auch zwischen dem privaten und dem öffentlichen Leben sowie den Frauen- und Männerwelten sichtbar. All dies verstärkt sich für Marji durch die Außenperspektive in der Migration. Dabei spitzt sich das Erleben und Verarbeiten der Kontraste zwischen der eigenen Herkunftskultur und der Migrationerfahrung zunächst in Wien und später nach der Rückkehr in den Iran zu.

In bestimmten Phasen der Geschichte, wie beispielsweise Revolutionen oder Kriegen, die große Umbrüche und Unsicherheiten mit sich bringen, schränken sich die Wahloptionen für die Definition der individuellen Identität durch kollektives Handeln ein. Das Kollektiv rückt dann stärker in den Vordergrund und wird oft in Verbindung mit einer konstruierten nationalen Identität tonangebend. Hall argumentiert in diesem Zusammenhang, dass nationale Identitäten nicht von Geburt an da sind, sondern durch Repräsentationen und Diskurse gebildet werden. „Eine nationale Kultur ist ein Diskurs – eine Weise, Bedeutungen zu konstruieren, die sowohl Handlungen als auch unsere Auffassungen von uns selbst beeinflusst und organisiert" (1994, 201). Zu den diskursiven Strategien zählt er u.a. Erzählungen, Geschichten, Symbole, Rituale und Alltagspraktiken. In *Persepolis* verdichten sich solche diskursiven Strategien auf mehreren Ebenen. Die gesellschaftlichen Verunsicherungen, die durch den Sturz des Schahs, die Islamische Revolution, die neuen kulturellen Praktiken des Regimes und den Iran-Irak-Krieg ausgelöst werden, aber auch die Erfahrungen der Flucht, Migration und Marginalisierung fordern einerseits von den Figuren, sich angesichts des Zerfalls gewohnter Strukturen neu zu positionieren. Andererseits ruft das fragile soziale Umfeld nach einer Rückbesinnung auf die eigene nationale Identität. Hierbei kann die Identifikation mit den Werten und Symbolen des Kollektivs im Widerspruch zu den eigenen stehen. Eine solche Situation erlebt Marji, als sie ein Gespräch zwischen ihrem Vater Ebi und ihrem kommunistischen Onkel Anoush verfolgt. Ebi wundert sich, wie plötzlich die Rebellion und Revolution der Linken in eine Islamische Republik umgewandelt wird. Anoush erklärt das so: „[...] Die halbe Bevölkerung kann nicht Lesen. Da kann man die Leute nicht mit Marx begeistern. Die einzigen Dinge, die uns zusammenhalten, sind der Nationalismus und die religiöse Moral ...." (I, 66). Nebenbei wird hier sozialpolitische Kritik am hohen Analphabetismus eingeflochten und die Bedeutung der Bildung für die Artikulation eigener Bedürfnisse und Forderungen unterstrichen.

Ein anderer Akt bewusster Identitätskonstruktion durch kulturelle Symbole kommt im Kapitel „Persepolis" vor, als Marji die Geschichte der Krönung des Schahs Mohammed Reza Pahlavi von ihrer Oma erzählt wird. Durch das Anknüpfen an Mythen und Symbole antiker Herrscher, die Inszenierung der Zeremonie am Ort der antiken achämenidischen Residenzstadt „Persepolis" wird ein „Gründungsmythos" (Hall 1994, 203) aufgebaut, wodurch die eigene Herrscheridentität als zeit- und fraglos manifestiert und die eigene Macht legitimiert werden soll (I, 31f.).

Im Lauf der Erzählung wird die nationale Identität Marjis häufig in Kontrast und in Abgrenzung zu den „Arabern" artikuliert. Dies fängt schon an, als Marji an ihrem „heiligen Buch" schreibend, die vorislamischen Traditionen des Neujahrfests zu Frühlingsbeginn oder das „Fest des Feuers" preist. Das setzt sich fort in den Erzählungen ihres Vaters über die wiederholten Invasionen aus Ost und West im Lauf der iranischen Geschichte und mündet in Marjis nationalem Stolz beim Ausbruch des Iran-Irak-Kriegs, als sie sich kampfbereit erklärt:

„Die zweite Invasion in tausendvierhundert Jahren! Mein Blut kochte! Ich war bereit, mein Land gegen die Araber zu verteidigen, die uns nicht in Frieden ließen" (I, 31f.). Etwas später zeigt sie sich zunächst über ihren

Vater enttäuscht, der „keinen Nationalstolz“ hat, ist aber dann gemeinsam mit ihren Eltern zutiefst ergriffen, als die Nationalhymne aus dem Fernsehen ertönt (I, 11; 15; 83; 87).

Starke Symbolik kollektiver Zugehörigkeiten wird auch in den Ritualen des Märtyrertums konstruiert und übertragen. Im Kapitel „Der Schlüssel“ zeigt Satrapi, wie das neue Regime mit kollektiven Ritualen die Schulkinder zu manipulieren versucht, indem täglich die Opfer des Krieges öffentlich beweint werden. Nicht zufällig bildet Satrapi jene Szene ganzseitig ab, in der Marji und ihre Klassenkameradinnen ihr Mitgefühl mit den Kriegsopfern durch das ritualisierte rhythmische Schlagen der rechten Hand aufs Herz kundtun müssen. In den darauffolgenden Panels sehen wir, wie die Schulkinder die Bedeutung verändern und die Symbolik dekonstruieren, indem sie sich über das Märtyrertum lustig machen und es ad absurdum führen (I, 99ff.).

Die nationale Identität kann aber auch als Gegenreaktion hochgehalten werden, wenn Menschen in der Migration von der Mehrheitsgesellschaft nicht als Individuen mit ihren jeweils spezifischen persönlichen Geschichten wahrgenommen werden, die sie zu dem gemacht haben, was sie momentan sind, sondern mit pauschalen Kategorien und Zuschreibungen konfrontiert werden. Eine solche Schlüsselszene findet sich in *Persepolis II*, als sich Marji lautstark zu ihrer nationalen Identität bekennt. Diesem Moment geht aber eine kleine, vermeintlich unbedeutende Episode voraus, die bemerkenswert ist: Marji hatte sich beim Schulfest gegenüber einem ehemaligen Schüler als Französin deklariert, um es leichter zu haben: „Zu der Zeit stand der Iran für das Böse. Iranerin zu sein war eine schwere Bürde. Es war leichter zu lügen als dazu zu stehen“ (II, 45). Als sie ein paar Tage später zur unfreiwilligen Lauscherin eines Gesprächs wird, in dem sich Gleichaltrige aus ihrer Schule mit herablassenden Bemerkungen und pauschalen Beleidigungen über sie lustig machen, ohne sie je selbst nach ihrer Geschichte gefragt zu haben, verliert sie die Beherrschung und bekennt sich zu ihrer Herkunft. In großer Wut brüllt sie die Mädchen an: „Haltet die Schnauze oder es gibt eins drauf! Ich bin Iranerin und stolz darauf!“ (II, 47). Die ausdrucksstarke Körpersprache in diesen Szenen streicht noch die Intensität des Augenblicks heraus.

Der erste Versuch Marjis, zunächst als eine „Andere“ bzw. als „Westlerin“ durchzugehen und sich nicht wieder als „Dritt-Weltlerin“ erklären zu müssen, sei es, weil sie sich dafür schämt oder weil es ihr in dem Moment zu kompliziert erscheint, allein gegen die überwältigenden medialen Repräsentationen des Iran anzukämpfen, stellt eine Situation dar, die vermutlich vielen Iraner/innen im Exil bekannt vorkommen dürfte. Diese Szene stellt zugleich bloß, mit welchen Zuschreibungen und kulturellen Codes nationale Zugehörigkeiten (nicht nur) im Westen belegt werden. Es ist eben „leichter“ und vermutlich vorteilhafter als „Französin“ aufzutreten, als all die imaginären Bilder korrigieren zu müssen, die eine „Dritt-Weltlerin“ bzw. Iranerin repräsentieren. Das Bekenntnis zu ihrer Herkunft markiert einen entscheidenden Moment in Marjis Selbstwerdung. Diese Positionierung ist ein wichtiger Akt des selbstbewussten Handelns. Nicht so sehr die Aussage über ihre Herkunft als vielmehr die Erhebung ihrer Stimme als emanzipatorischer Akt ist hier relevant. Indem Marji Stellung bezieht und zu sich selbst steht, eröffnet sie sich einen Freiraum, wo sie aktiv agiert und sich nicht als passives Opfer von Erniedrigungen hergibt. Diese Episoden zeigen, wie Symbole und kulturelle Repräsentationen die Bildung nationaler Identität konstruieren und wie sie nach Belieben herangezogen werden, um eine entsprechende Ideologie zu transportieren. Häufig werden sie in Opposition und als Reaktion auf vorangehende oder vorherrschende Machtstrukturen formuliert.

Neben der nationalen Identität ist die Frage des Milieus und der sozialen Schicht ein häufig vorkommendes Thema, selbst wenn die Erzählung aus der Perspektive der gehobenen Mittelschicht dargestellt wird. Marji wächst in einer intellektuellen Familie mit aristokratischen Wurzeln auf. Ihr kommunistischer Großvater hatte schon in Europa studiert und war Premierminister unter Reza Schah. Die Eltern sind politisch interessiert, gebildet und schmücken ihre Wohnung mit moderner Kunst. Die Familie beschäftigt ein Dienstmädchen und kann sich Reisen nach Europa leisten. Vor der Revolution besucht Marji eine laizistische französische Schule und wird in den Sommerferien in Feriencamps in Europa geschickt, um als Einzelkind nicht isoliert aufzuwachsen (I, 152). Diese bevorzugte Position wird Marji bereits sehr früh bewusst und äußert sich in ihrem schlechten Gewissen, wenn sie im Cadillac ihres Vaters mitfährt, während das Dienstmädchen der Familie nicht mit ihnen am Tisch sitzen darf und gleichaltrige Kinder gezwungen sind, den Lebensunterhalt ihrer Familien mit Teppichknüpfen, Lastentragen oder Autofensterputzen zu verdienen. Ihre Scham über dieses soziale Privileg versucht Marji dadurch wettzumachen, indem sie sich mit dem Dienstmädchen solidarisiert, für sie ihre Liebesbriefe an den Nachbarn schreibt und mit ihr – klassenkämpferisch – für die Revolution und gegen das Schah-Regime demonstrieren geht (I, 10 und 39ff.).

Die Schichtfrage ist erneut im Kapitel „Der Schlüssel“ ein Thema, als das Regime die jungen Männer und Burschen aus ärmeren Familien an die Front rekrutiert und sie mit Plastikschlüsseln als „Toröffner zum Paradies“ ausrüstet, bevor sie von den irakischen Minen in die Luft gejagt werden. Satrapi kontrastiert gekonnt diese Absurdität und die Gegensätze der Schichtzugehörigkeit am Ende des Kapitels, in dem sie zwei gegensätzliche Szenen gegenüberstellt: Im ersten Bild, das zwei Drittel der Seite einnimmt, fliegen die zerbombten „Schlüsselkinder“ wild durch die Luft, darunter tanzen und feiern die Kinder der Oberschicht zu verbotener westlicher Musik. Den Zynismus und die Selbstironie über die eigene privilegierte Position unterstreicht sie noch mit der Schlussbemerkung zu ihrem

Punk-Look: „Ein höllischer Look!" (I, 106). Durch die Destabilisierung des Schah-Regimes und den Ausbruch der Revolution kommt es einerseits zur Durchmischung der bisherigen sozialen Schichten, andererseits können die Privilegierten ihre kulturellen Praktiken weiterhin im Privaten fortsetzen. Diese Widersprüche thematisiert Satrapi, indem sie die privaten Feste mit Alkohol, Musik und Tanz ebenso darstellt wie die neuentstandenen, umgekehrten Abhängigkeiten, wie z.B. in jener Szene, als Marjis Tante im Krankenhaus auf ihren ehemaligen Fensterputzer trifft, der inzwischen zum Spitalsdirektor aufgestiegen ist und von dessen alleiniger Entscheidung es abhängt, ob der herzkranke Onkel eine Ausreisegenehmigung für die lebensrettende Operation in Europa bekommt (I, 125). Auch als Marji am äußersten Tiefpunkt ihrer Zeit in Wien zwei Monate auf der Straße lebt, kommentiert sie ihren sozialen Abstieg lakonisch: „Es ist unglaublich, wie schnell man seine Würde verliert. Bald schon rauchte ich Kippen .../... wühlte in Abfalleimern nach Lebensmitteln ... Ich, die früher nicht einmal von fremden Tellern gegessen hatte" (II, 89). Lopamudra Basu macht hier auf eine wichtige Parallele in diesem kathartischen Moment aufmerksam:

> This episode strips Marji of all the layers of social privilege that she had taken for granted and reduces the social and economic gap that separates her from illegal immigrants or refugees who struggle to survive in urban centers of Europe and North America. (Basu 15)

Als Marji bei ihrer Rückkehr in Teheran von ihrem Vater abgeholt wird, vermisst sie selbstironisch den ehemaligen Luxus des Cadillacs und bedauert, dass sie nun in einem Renault 5 durch die Straßen Teherans fährt. Trotz der verschlechterten sozialen Lage kann es sich die Familie dennoch leisten, ihre Tochter zum Skifahren in die Berge zu schicken, ihr ein eigenes Auto zu schenken, ihr den Besuch bei Psychiatern und Therapeuten zu ermöglichen, die Geldstrafen für die verbotenen Feiern zu bezahlen, um ihr Haft und körperliche Strafen zu ersparen, ihr ein Kunststudium zu finanzieren oder eine Hochzeit mit 400 Gästen zu feiern. All dies thematisiert Satrapi ironisch mit einem Augenzwinkern, sich ihrer privilegierten Lage stets sehr bewusst.

Der Entschluss zu migrieren oder ins Exil zu gehen ist für die Betroffenen niemals ein leichter. Ihm gehen oft monatelanges Hadern, Zweifeln und Überlegen voraus. Manchmal werden Menschen aber aufgrund von sozialen und politischen Umständen abrupt zu raschen Entscheidungen gezwungen.

In der Migration, in den Räumen des Dazwischen, werden die Identitäten brüchiger und wollen neu formiert werden. Nicht selten spielt der soziale Abstieg eine wichtige Rolle im Prozess der Identitätsanpassung. Das mögliche Scheitern in der Migration wird für viele Menschen, die ein neues Leben in einer fremden Gesellschaft beginnen, zu einem Faktor der

Unsicherheit und Angst vor dem Verlust der Würde und ihrer bis dahin definierten Identität. Die Notwendigkeit sich neu zu verorten erfordert viel Kraft und Mut sowie die Unterstützung auf persönlicher wie auch auf struktureller Ebene. Asit Datta schreibt, dass „Menschen, die nicht in einer Parallelgesellschaft in der Migration leben wollen, [...] darauf angewiesen [sind], eigene Identitätsbildung als einen Prozess zu begreifen und selbst aktiv zu gestalten. [...] Nur wer sich mit der neuen Realität arrangiert, wer sich an der neuen Lebenswelt orientiert, wer die neue Realität verarbeitet und fähig ist, darüber zu reflektieren, wird in der Lage sein, sich in der Diaspora zurecht zu finden" (Datta 74).

Die Konfrontation mit diesen neuen Realitäten erlebt Marji erstmalig, als Freunde der Familie aufgrund des Kriegs aus dem Süden des Landes nach Teheran flüchten. Marji wird Zeugin von Beschimpfungen und Auseinandersetzungen um knappe Lebensmittel in einem Supermarkt. Neben dem Verlust von Hab und Gut müssen sie auch noch Erniedrigungen und den Verlust an Würde erleiden (I, 97). Hier wird deutlich, wie Ausgrenzung und Abgrenzung vom Anderen situativ entstehen – nicht selten aus einer irrationalen Angst vor einem Verlust von Ressourcen oder einem befürchteten Eingriff in den eigenen Lebensraum.

Auch für Marjis Eltern wird die Option der Migration zum Thema. Als ihre Mutter überlegt, ob sie nicht den Iran verlassen sollten, ist die Gegenfrage ihres Vaters rein rhetorisch: „Damit ich Taxi fahre und du putzen gehst?" (I, 68).

In Wien beobachtet Marji, wie die Freunde ihrer Mutter mit dem Verlust ihrer früheren gesellschaftlichen Positionen hadern. Houshang, der in Teheran Generaldirektor einer Firma war und seine Frau als persönliche Sekretärin beschäftigen konnte, ist nun in Wien arbeitslos, zu einem „Nichts" heruntergekommen und gezwungen, vom Einkommen seiner Frau zu leben, die nun als Friseurin die Familie erhält. Die Verbitterung über den Verlust ihres sozialen Status spricht nicht nur aus ihrem mürrischen Gesichtsausdruck, sondern macht sich auch in den häufigen Streitszenen zwischen den beiden bemerkbar (II, 7). Auch einem Onkel Marjis, der nach Deutschland ausgewandert ist, geht es ähnlich und er leidet unter Depressionen: „Im Iran war er jemand. ‚Der Herr Buchprüfer!' In Deutschland ist er ein Türke. In seinem Alter ist es schwer, von vorn zu beginnen" (II, 53).

Kien Nghi Ha macht auf die nötigen Strukturen aufmerksam, damit ein Spielen mit der Identität im neuen Umfeld möglich wird:

> Während Identitätsspiele für Mitglieder der Dominanzgesellschaft eher den Charakter lustgewinnender Experimente annehmen, werden sie von Marginalisierten erheblich ambivalenter und riskanter erlebt. Kulturelle Identitätsentwicklung kann auch eine schmerzliche Erfahrung sein, die aus der Notwendigkeit entstanden ist, in deklassierten

Gesellschaftspositionen zu überleben und Strategien im Umgang mit Ausgrenzungen zu entwickeln. Ob hybride Identitäten eher in ihren zwanghaften oder befreienden Momenten erlebt werden, hängt wesentlich von der Subjektposition in den Gesellschaftsstrukturen ab. (Ha)

Obwohl sich Marji im österreichischen Exil explizit um Integration bemüht, erlebt sie Marginalisierung und wird an den Rand gedrängt. Sie ist häufig mit Vorurteilen und falschen Bildern über ihr Heimatland konfrontiert. Dies beginnt schon in der „Nonnenpension", in der sie gleich zu Beginn unfreiwillig landet und wo sie sich gezwungen sieht, sich dem negativen Stereotyp der völligen Ungebildetheit zu widersetzen, das die Ordensschwestern von Iraner/innen haben (II, 27). Später muss sie mit den Beleidigungen und Erniedrigungen ihrer Schulkamerad/innen fertig werden und Beschimpfungen in der U-Bahn und auf der Straße aushalten. Sie wird sogar von der Mutter ihres Freundes sowie ihrer späteren Vermieterin als „Prostituierte" und „Diebin" bezeichnet und somit gedemütigt. Immer wieder erschüttern diese Szenen der Entwürdigung das Selbstbild der Heranwachsenden. Und immer wieder muss Marji sich diesen Beleidigungen widersetzen, sich distanzieren und neu positionieren, indem sie wiederholt zu ihrer Herkunft steht. Selten kann sie einfach *sein*, ohne sich erklären oder verteidigen zu müssen. Diese erzwungene Auseinandersetzung mit der eigenen Herkunft und die Notwendigkeit der Positionierung unterstützen Marji letztlich in ihrer Suche nach Identität und auf dem Weg zur Selbstwerdung. Indem sie in die Lage der Außenstehenden versetzt wird, gewinnt sie eine Außenperspektive, die ihr später die kritische Selbstreflexion auf einer Metaebene ermöglicht.

Mit ihrer Ankunft in Österreich trifft Marji auf neue und unerwartete Eindrücke. Nicht nur ist sie von einer ihr fremden Sprache umgeben, es erwarten sie neue Normen, Werthaltungen, Denk- und Verhaltensmuster, die sie zunächst nicht versteht und immer wieder nach dem eigenkulturellen Orientierungssystem zu deuten versucht. Dabei entstehen oft Situationen der Unsicherheit und Verwirrung. Marjis Wahl für Österreich als Zielland fällt aus rein pragmatischen Gründen. Es ist leicht ein Visum zu bekommen, und es gibt Freunde der Familie in Wien, die Marji aufnehmen können.

Da sie kein Deutsch kann, ist von Anfang an klar, dass sie in Wien die französische Schule besuchen wird, was sie später zu einer doppelten Außenseiterin macht.

Dieser unvorbereitete Eintritt in ein neues kulturelles Umfeld spiegelt eine häufige Situation wider, in der sich Flüchtlinge und Migrant/innen befinden. Die Entscheidung zur Flucht oder Migration in das jeweilige Zielland wird seltener aufgrund kultureller Verbindungen, Sprachkenntnissen oder Vorlieben für die Kultur(en) des Gastlandes getroffen als vielmehr aufgrund pragmatischer Kriterien, wie z.B. persönliche Kontakte oder leichterer geo- und sozialpolitischer Zugang (Erreichbarkeit, Aufnahmeregelungen, Visum, Asylrecht, etc. ...). Nicht selten spielt auch der Zufall eine entscheidende Rolle.

Aufgrund dieses abrupten Übergangs ins Exil sind Marjis Vorstellungen von ihrem neuen Gastland zunächst entsprechend undifferenziert und klischeehaft. Sie erwartet eine laizistische Gesellschaft und landet prompt in einem von Nonnen geführten Internat, wo sie bald Probleme mit den Ordensschwestern bekommt, weil sie sich deren Beleidigungen nicht gefallen lässt und schlagfertig ihre Vorurteile zurückweist (II, 28). Ihre neue Zimmerkollegin stellt sie sich zunächst als eine Art „Heidi in den Alpen" vor, und als sie zu Weihnachten mit ihr nach Tirol fährt und ihre Familie kennen lernt, trifft sie auf eine fremde Welt: „Lucias Eltern waren unglaublich. Solche Leute hatte ich noch nie gesehen. Ihr Vater aus dem österreichischen Tirol trug eine Lederhose, ihre Mutter aus dem italienischen Tirol hatte einen Schnurrbart. Nur die Schwester erinnerte mich an Heidi" (II, 21). Auch dass sie mit ihnen gleich mehrere Stunden in der Kirche verbringt, ist ein weiterer Grund für Verwunderung. Dabei unterstreicht Satrapi die unerwartete Gewichtung der Religion, indem sie diese Szene halbseitig darstellt (II, 21).

Satrapi spielt hier bewusst mit dem Phänomen „Exotismus" in zwei Richtungen (Selmikeit): Während Marji Tirol und Österreich als exotisch empfindet, wirkt sie selbst auf ihr Umfeld interessant und spannend. In Tirol wird sie der gesamten Verwandtschaft Lucias vorgeführt, da diese „noch nie jemanden aus dem Iran gesehen" (II, 22) hatte, und ihre Schulkamerad/innen in Wien sind beeindruckt, da Marji Krieg und Revolution erlebt hat, was für sie nach Abenteuer klingt. Auch ihr späterer Freund Markus ist zunächst von ihrer „Andersheit" angezogen, doch reicht diese Faszination nicht aus, um Marji gegen die Beleidigungen seiner Mutter in Schutz zu nehmen (II, 16; 69; 86).

Das Porträt Wiens in *Persepolis* ist zunächst ein grimmiges und grantiges. Dies beginnt beim bitteren Gesichtsausdruck des Taxifahrers, setzt sich fort in der Unfreundlichkeit der Nonnen im Internat und wiederholt sich in den mehrfachen Beleidigungen und ausländerfeindlichen Beschimpfungen sowie den rüden Belästigungen der Skinheads, die Marji ironischerweise an die Revolutionswächter erinnern, was ihr wiederum den Umgang mit ihnen erleichtert. Den Höhepunkt der Diskriminierungen markiert jedoch die Vermieterin Dr. Heller, die für Marji letztlich zum „personifizierten Bösen" (II, 70ff.) wird, nachdem Marji von ihr als Prostituierte beschimpft und des Diebstahls beschuldigt wird. Obwohl Marji im Lauf der Zeit auch freundliche Seiten ihres Gastlandes kennen lernt, wie z.B. in Tirol, in der Anarchisten-Kommune oder in der Wohngemeinschaft mit acht homosexuellen Männern, dominiert das Bild von Österreich als einer geschlossenen, katholischen und fremdenfeindlichen Gesellschaft, die von Antagonismen gezeichnet ist.

Diese Ambivalenzen spitzt Satrapi im Kapitel „Versteckspiel“ zu, in dem Marji zu einem Anarchisten-Fest mitgenommen wird und sich politische Agitation und Engagement erwartet, stattdessen aber auf ein harmloses Versteckspiel und Lagerfeuer-Romantik trifft: „So eine Enttäuschung ... Meine Begeisterung wich einem Gefühl der Verachtung und einer tiefen Abscheu/ Das sollen Anarchisten sein?“ (II, 57ff.). Schließlich versöhnt sie sich aber dann doch mit der Situation und genießt das Zusammensein in der Gruppe.

Auch versteht sie ihre Schulfreundin Julie nicht, die ihre Mutter zu wenig respektiert und nur von einem Freund zum nächsten wechselt. Als Marji sich später mehr für tagespolitische Fragen interessiert und sich den Protesten gegen den damaligen österreichischen Bundespräsidenten Kurt Waldheim anschließt, ist sie über die Interpretation ihrer Kolleg/innen überrascht, die die Kontroverse um die Wahl Waldheims zum Bundespräsidenten mit dem Rückfall in den Nationalsozialismus gleichsetzen (II, 30 und 70ff.).

Mit dieser einseitigen und pauschalen Darstellung Österreichs als Sinnbild des Westens, das sich in den ersten Eindrücken Marjis als „exotisch“, „traditionell“ und klischeehaft manifestiert, wo zunächst die religiösen Begegnungen im Vordergrund stehen, beabsichtigt Satrapi eine Provokation ihrer Leserschaft. Sie hält ihren Rezipient/innen einen Spiegel vor und wiederholt eben jene Haltung, die sonst in den Medien und in den Vorstellungen vieler im Westen zum Iran und im weitesten Sinne zum „Orient“ eingenommen wird: unscharfe Klischees von entweder romantisierenden Vorstellungen von „Tausend und einer Nacht“ oder grauenvolle Bilder des Terrors bärtiger Fundamentalisten. Mit dieser satirehaften Umkehrung fordert Satrapi ihre westliche Leserschaft auf, die eigenen einseitigen Vorstellungen von einem kollektiven Bild des „Orients“ als eine vermeintlich einheitliche Region zu hinterfragen und genauer hinzusehen. Zugleich ermöglicht der Blick auf Österreich durch die fragenden Augen Marjis dem westlichen Publikum eine Außenperspektive und eine Option der veränderten kritischen Sicht auf sich selbst.

Während sie in Wien dagegen gekämpft hatte, nur als „Dritt-Weltlerin“ wahrgenommen zu werden, kehrt sich die Situation im Iran um. Sie muss feststellen, dass sie nicht nur als „Westlerin“ betrachtet wird und teilweise deshalb wieder „exotisch“ und interessant ist, sondern dass sie tatsächlich Werte und Gewohnheiten angenommen und integriert hatte, die sie in Österreich erfahren konnte, wie z.B. Unabhängigkeit und stark individualisiertes Verhalten.

Erst als sie selbst realisiert, dass sie weder das eine noch das andere ist, bzw. ein wenig von beidem, betritt sie im Sinne Homi Bhabhas einen „Dritten Raum“ (55) und findet zu ihrer hybriden Identität: „Meine Freunde und ich hatten uns entwickelt. Ich hatte meine westliche Sicht gemäßigt und sie waren nicht mehr ganz so traditionalistisch“ (II, 162).

Einflüsse und Symbole einer globalisierten Medienkultur sind weitere häufige Themen in Bezug auf Identitätsbildung und Identitätsfiguren: Marjis Vater vergleicht die Zeitungsnachrichten über die Besetzung der amerikanischen Botschaft mit Szenen aus James-Bond-Filmen, und Marji langweilt sich mit den japanischen Serien im staatlichen Fernsehen, in deren persischer Synchronfassung die Geishas zu Friseurinnen mutieren, damit sie dem Sittenkodex des neuen Regimes entsprechen.

Nicht nur sind viele Pop-Idole den iranischen Jugendlichen genauso bekannt wie Gleichaltrigen im Westen, es werden auch manche dieser Produkte früher konsumiert als im Westen. Schon als Kind verehrt Marji Bruce Lee, entdeckt als Zwölfjährige die Punk-Musik, liebt Iron Maiden und möchte so aussehen wie Kim Wilde. Ihr Schwärmen für Ikonen westlicher Popkultur im vor- und postrevolutionären Iran ist nur ein Beispiel dafür, dass westliche Symbole und Codes einer globalisierten Pop- und Jugendkultur bereits früh und vor der Islamischen Revolution in die iranische Gesellschaft eingeflossen sind und durch das neue Regime auch nicht aufgehalten werden konnten. Nicht ohne Ironie streut Satrapi die zahlreichen Vermischungen und Verbindungen zu den medialen Konsumprodukten des Westens in ihre Episoden ein.

Eine skurrile Szene findet sich im Kapitel „Kim Wilde“, als die pubertierende Marji in ihren ersten Nike-Turnschuhen und der neuen Jeansjacke mit einem Michael-Jackson-Button – und natürlich mit Kopftuch – stolz durch die Straßen Teherans marschiert, um sich auf dem Schwarzmarkt Kassetten zu kaufen. Dabei wird sie von zwei streng verschleierten Revolutionswächterinnen aufgehalten, die sie wegen ihres „dekadenten“ Auftritts festnehmen wollen. Ironischerweise wissen selbst diese Hüterinnen der Sittenmoral, wer Michael Jackson ist, und erkennen ihn sofort, weshalb Marji es schwer hat, ihnen vorzumachen, es sei Malcolm X, „Führer der schwarzen Muslime“, um ungeschoren davon zu kommen. Mit Mühe schafft sie es, nicht auf das Sittenkomitee gebracht zu werden und tobt sich anschließend zu Hause mit ihren neuen Kassetten aus: „We are the Kids in America, Uh-huh“, singt sie lautstark (I, 135ff.).

Im Kapitel „Die Parabolantenne“ erleben wir, wie Marji mit ein paar anderen in großer Aufregung zu einem Freund fährt, der sie – in einem „Madonna“ T-Shirt – als stolzer Besitzer einer verbotenen Satellitenantenne empfängt. Gebannt blickt das Grüppchen in den Fernseher und Marji kommentiert trocken: „Wir verbrachten den ganzen Tag bei Fariborz und sahen MTV und Eurosport. Danach hatte sich unser Horizont enorm erweitert“ (II, 174). Dieser „globale Konsumismus“, schreibt Hall, bietet Möglichkeiten einer „geteilten Identität“ als Konsumenten der gleichen Produkte und als Publikum derselben Botschaften (1994, 211f.). Durch die gemeinsame Identifizierung mit denselben Idolen der Popkultur verbinden sich die iranischen Jugendlichen mit Gleichaltrigen im Westen und bilden eine geteilte Gemeinschaft. Indem Satrapi dies thematisiert, bricht sie wiederholt mit der medialen Repräsentation des Iran als eine einheitliche Gesellschaft demonstrierender bärtiger Fundamentalisten und schwarzverschleierter Frauen und ironisiert zugleich den importierten fetischistischen Konsumismus.

In *Persepolis* wird wiederholt klar, dass interkulturelle Unterschiede nicht erst im österreichischen Exil bemerkbar werden, sondern bereits im Iran innerhalb der politischen und religiösen Gruppierungen sowie durch die Veränderung der gesellschaftlichen Strukturen wirksam sind und sich durch die Außenperspektive des Exils zuspitzen. Die kulturelle, soziale und individuelle Identität der Protagonistin wird in einem steten Pendeln zwischen der Anpassung an ihre Umwelt und in Abgrenzung zu anderen herausgebildet und immer wieder verändert. Marji bildet im Laufe ihrer Erzählung eine ausgeprägte Selbstreflexivität aus, die aus der Position der Außenstehenden zusätzlich vertieft wird. Das Exil in Österreich ermöglicht ihr in Bezug auf ihre Herkunftskultur eine Außenperspektive, welche sie darin schult, auf einer Metaebene ihr Selbstwerden bewusst wahrzunehmen und kritisch zu reflektieren. Erst durch diese Außenseiterinnenposition und den in der Fremde geschärften differenzierten Blick kann sie die sich ihr eröffnenden Handlungsspielräume erkennen und aktiv nutzen und damit zur „Autorin“ ihrer Biographie werden. Dies verbindet sie mit der Autorin selbst. In dieser Autobiographie wird außerdem deutlich, wie wichtig und notwendig tragfähige Bindungen für die Anpassung an die Außenwelt und die Neupositionierung in einer fremden kulturellen Umgebung sind. Das Fehlen verlässlicher persönlicher Bindungen ist ausschlaggebend für Marjis Scheitern im Exil und ihre Rückkehr in die alte Heimat. Dieses Scheitern wird letztlich zu einer wichtigen Ressource, die sie lehrt, immer wieder aufzustehen, nicht aufzugeben und die Kraft zu schöpfen, von neuem zu beginnen. Diese Kraft findet sie allerdings erst im Familien- und Freund/innen-Kreis, der ihr kontinuierlichen Halt und emotionale Unterstützung gibt.

Schließlich zeigt diese Analyse, welchen zentralen Platz Humor und Ironie als entscheidende Ressourcen für das Verarbeiten und Integrieren von schwierigen Situationen, aber auch Absurditäten, im Kontext von Exil und Migration einnehmen.

Erst in ihrem zweiten Exil findet Satrapi durch die Übersetzung ihrer Lebensgeschichte in die künstlerische Form der *Graphic Novel* zu ihrer hybriden Identität, da sie einerseits Distanz, aber andererseits auch Sicherheit gewinnt, um ihre Vergangenheit selbstkritisch reflektieren und beschreiben zu können. Ihre Identitätsbildung kann im Sinne Halls als Produkt mehrerer ineinandergreifender Geschichten und Kulturen begriffen werden. Durch diesen aktiven Akt der Mitteilung wird sie selbst zur „Übersetzerin“ in einem „Dritten Raum“. Nicht zuletzt durch die erfolgreiche Besetzung einer Nische als Comiczeichnerin mit einem unverwechselbaren künstlerischen Stil definiert sich Satrapi neu und wird zu einer anderen von sich selbst.

Die Nacherzählung der eigenen Biographie ist für Satrapi zugleich eine Affirmation ihres bisherigen Lebensweges mit all seinen Höhen und Tiefen. Die Darstellung der eigenen Geschichte ist somit eine Bestätigung des Selbst in einer Realität, die sie neu beschreibt und deren Teile sie aktiv zusammenfügt. Hierdurch bedient sie sich der Kraft des Narrativs als emanzipatorischen Akt auf der Suche nach sich selbst. In diesem Sinne kann *Persepolis* als die Schnittstelle zwischen Satrapis iranischer Vergangenheit und ihrem gegenwärtigen kulturellen Umfeld und als eigenständiges interkulturelles Produkt gelesen werden, welches die Identität seiner Autorin widerspiegelt.

Vorrangig ist *Persepolis* aber eine Liebeserklärung an das iranische Volk und ein Loblied auf den Humor der iranischen Menschen, der sie auch in schwierigen Zeiten und unerträglichen Situationen befähigt, doch noch einen Witz erzählen zu können.

Auch wenn Satrapis Gegenbild nicht als Repräsentation für die gesamte iranische Gesellschaft und den Alltag aller iranischen Frauen gelesen werden darf, so gelingt es ihr dennoch, vorhandene Vorstellungen und festgefahrene Bilder aufzubrechen. Sie greift gezielt in den westlichen Diskurs über die Repräsentation iranischer Frauen ein und eröffnet neue Interpretationsmöglichkeiten.

Die breite Diskussion und positive Aufnahme des Werks im Westen birgt zwar die Gefahr, nun diese persönliche Erfahrung zu generalisieren und dabei zu vergessen, dass das Erzählte aus der Perspektive eines Individuums aus einer privilegierten Schicht dargestellt wird, welches selbst die Möglichkeiten hatte, in den schwierigsten Phasen der jüngsten iranischen Geschichte das Land zu verlassen und den eigenen Weg autonom zu verfolgen. Doch im Idealfall kann *Persepolis* beim westlichen Publikum das Interesse und die Neugierde für die Menschen im Iran, aber auch für all jene Exilantinnen und Exilanten wecken, die gewollt oder ungewollt aus ihren ursprünglichen Heimatorten verstreut wurden und jeweils eine einzigartige Biographie mit sich tragen. Außerdem kann *Persepolis* durch die leichte Zugänglichkeit aufgrund seiner medialen Form dazu beitragen, Rezipient/innen zu ermöglichen, sich bereitwilliger mit interkulturellen Themen im eigenen Umfeld auseinander zu setzen.

Literatur

Basu, Lopamudra. “Crossing Cultures/Crossing Genres: The re-invention of the Graphic Memoir in Persepolis and Persepolis 2”. *Nebula Open J-Gate Press 4.3,* 9/2007.Web. 20. Feb. 2011.

Bauman, Zygmunt. “From Pilgrim to Tourist – or a Short History of Identity”. *Questions of Cultural Identity.* Hg. Stuart Hall und Paul Du Gay. London/Thousand Oaks/New Dehli: Sage Publications, 1996. Print.

---. *Identity.* Cambridge: Polity Press, 2004. Print.

Bhabha, Homi K. *Die Verortung der Kultur.* Tübingen: Stauffenburg, 2007. Print.

Datta, Asit, Hg. *Transkulturalität und Identität, Bildungsprozesse zwischen Exklusion und Inklusion.* Frankfurt a.M./London: IKO Vlg f. Interkulturelle Kommunikation, 2005. Print.

Dupont, Joan. "Marjane Satrapi at Cannes: An Iranian Graphic Novelist's Coming of Age". *International Herald Tribune.* 22. Mai 2007. Web. 20. Feb. 2011.

Ernst, Sonja. „Die Mullahs töten unsere Träume. *SPIEGEL-Online* 10. Feb. 2005. Web. 1. Feb. 2007.

Ha, Kien Nghi. „Hybridität ist Hip, Zur Verwertung postkolonialer Kritik in der deutschen Wissenschaft". *Jungle World* 46, 11. Nov. 2004. Web. 11. Jul. 2008.

Hall, Stuart. *Rassismus und kulturelle Identität. Ausgewählte Schriften 2.* Hamburg: Argument, 1994. Print.

Hall, Stuart und Paul Du Gay, Hg. *Questions of Cultural Identity.* London/ Thousand Oaks/New Dehli: Sage Publications, 1996. Print.

Keupp, Heinar, u.a. *Identitätskonstruktionen. Das Patchwork der Identitäten in der Spätmoderne. 3. Aufl.* Hamburg: Rowohlt, 2006. Print.

Knigge, Andreas C. *Alles über Comics. Eine Entdeckungsreise von den Höhlenbildern bis zum Manga.* Hamburg: Europa, 2004. Print.

Kousha, Mahnaz. *Voices from Iran. The Changing Lives of Iranian Women.* Syracuse/New York: Syracuse University Press, 2002. Print.

Lutter, Christina und Markus Reisenleitner. *Cultural Studies, Eine Einführung, Bd 0,* Wien: Löcker, 2005. Print.

Maalouf, Amin. *Mörderische Identitäten.* Frankfurt a. M.: Suhrkamp, 2000. Print.

Mayer, Susanne. „Das Leben kann so mies sein. Trotzdem!". *DIE ZEIT,* Nr. 48, Online Ausgabe v. 22. Nov. 2007. Web. 24. März 2008.

McCloud, Scott. *Comics richtig lesen.* Hamburg: Carlsen, 1994. Print.

Mottahedeh, Negar. "Off the Grid: Reading Iranian Memoirs in Our Time of Total War". *Middle East Research and Information Project.* September 2004. Web. 24. März 2008.

Satrapi, Marjane. *Persepolis, Eine Kindheit im Iran.* Wien: Ueberreuter, 2005. Print.

---. *Persepolis, Jugendjahre.* Wien: Ueberreuter, 2006. Print.

---. L'Association et Diaphana Distribution. *Marjane Satrapi. De Persepolis au Poulet aux Prunes – par Océane.* Web. 4. Jan. 2011.

Schulte, Michael, Hg. *Alles von Karl Valentin.* München: Piper, 1978. Print.

Selmikeit, Katja. „Die große Geschichte anhand der kleinen erzählen.": Eine Analyse im Rahmen eines Forschungsprojektes zu transnationalen Autobiographien des Lateinamerika Instituts der Freien Universität Berlin im SS 2006. Web. 3. Feb. 2008.

Mein Leben ist wie eine Piñata ... Moralische Konflikte im Leben einer Studentin indigener Herkunft in Mexiko

Claudia Pietig

Für meine qualitative Studie zu Identitätskonstruktionen von Studentinnen indigener Herkunft aus Oaxaca, Mexiko führte ich einige biographische Interviews mit jungen Frauen, denen allen gemeinsam war, dass sie auf dem Weg zum Abitur vom Frauenhaus Rosario Castellanos in Oaxaca gefördert wurden.

In den ländlichen, indigenen Dörfern Oaxacas ist höhere Schulbildung im Allgemeinen schwieriger zu erlangen als in den Stadtzentren, und im Besonderen für Mädchen kein selbstverständlicher, gesellschaftlich vorgezeichneter Lebensweg. Deshalb sollte das Stipendium, welches das Frauenhaus vergab, eine Bildungschance für die aufgrund von Geschlecht, Ethnizität und sozialer Herkunft dreifach benachteiligten Schülerinnen darstellen. Details zur von Diskriminierungen geprägten Lebenssituation der Studentinnen indigener Herkunft beschreibe ich im ersten Abschnitt des folgenden Textes.

Wie verändern und erleben sich diese jungen Frauen auf ihrem ungewöhnlichen Bildungsweg, wenn sie sich nach dem vom Frauenhaus geförderten Abitur zu einem Studium entscheiden? Die in den Interviews erzählten Lebensgeschichten geben Aufschluss über die Verarbeitung von Diskriminierungserfahrungen, über das jeweils individuelle Selbstverständnis unter Berücksichtigung von Ethnizität, Geschlecht und sozialer Herkunft, über Lernstrategien, Probleme, Selbstbewusstsein und letztlich über die persönlich bedeutsamen Lebensthemen.

Aus den umfangreichen Interviews präsentiere ich im zweiten Abschnitt lediglich eine kleine Passage, die aber in zweifacher Hinsicht interessant ist. Erstens bringt die zitierte Interviewpartnerin Sandra Diaz (der Name ist selbstverständlich anonymisiert) ihr Lebensgefühl mit der Metapher „Mein Leben ist wie eine Piñata“ komprimiert zum Ausdruck. Zweitens kontrastiert ihr persönliches ‚Piñata-Bild‘ die wissenschaftlichen Identitätsmetapher von Keupp et al, die im zweiten Abschnitt erklärt wird. Gerade dieser Kontrast verdeutlicht die Spannungen in ihrer Lebenssituation, die dadurch entstehen, dass sie – wie viele andere indigene und auch nicht indigene Menschen – in widersprüchlich normgeprägten Kontexten lebt. Die daraus entstehenden moralischen Konflikte beschäftigen Sandra Diaz sehr, wie ich im dritten Abschnitt anhand weiterer Interviewpassagen zeigen werde.

Auf der Basis von Sandra Diaz‘ Reflexionen über Normkonflikte bei der Herausbildung einer moralischen Identität reflektiere ich im vierten und letzten Abschnitt die pädagogische Arbeit des Frauenhauses. Dabei steht die Frage im Vordergrund, welche pädagogischen Maßnahmen des oben erwähnten Stipendienprogramms bei der Entwicklung von moralischen Überzeugungen hilfreich sind.

1. Zur Lebenssituation von Studentinnen indigener Herkunft

1.1. Dreifache Diskriminierung von indigenen Frauen

Seit 1992 gilt Mexiko verfassungsrechtlich als multiethnisches Land (Gall 15), entsprechend auch als multilinguale Nation, da zwischen 56 und 290 indigene Sprachen ausgemacht werden können, je nachdem wie differenziert die Unterscheidungskriterien ausfallen (Zimmermann 421). Die verfassungsrechtliche Reform unter Präsident Salinas de Gotari ist eine Antwort auf die jahrhundertelange Diskriminierung und Unterdrückung der indigenen Bevölkerung. Salinas de Gotari sprach deshalb von einer „historischen Schuld“ (zitiert nach Gabbert 32) gegenüber den indigenen Mexikanern und Mexikanerinnen. Angefangen mit der territorialen Eroberung durch die Spanier und der Christianisierung des Landes bis hin zum nachrevolutionären mestizischen Mexiko, letztlich waren Benachteiligung und Rassismus Bestandteile jeder Epoche, die mit Akkulturation und Homogenisierung als Ziel der politischen Bemühungen einhergingen (Olivera Bustamente 216).

Die wahrgenommene Andersartigkeit der indigenen Mexikaner und Mexikanerinnen wurde dadurch jahrhundertelang forciert. Sie waren Fremde im eigenen Land, und der Umgang mit ihnen wurde zum „Indianerproblem“ erklärt (Castellanos Guerrero 60), eine rassistische Meinung, die noch heute vorzufinden ist. Mir begegnete beispielsweise eine junge Studentin, die behauptete, dass ‚der Indianer‘ sich durch das reine, bessere Blut auszeichne. Andere denken, dass er sein Blut durch Vermischung aufzubessern habe (vgl. ebd.).

In gesellschaftlicher Hinsicht wird eine indigene Frau in zweifacher Form diskriminiert, einmal in Bezug auf ihre ethnische Herkunft, und einmal wegen ihrer Geschlechtszugehörigkeit. „Sie ist in doppelter Weise die Andere“ (Borsò und Gerling 88). Die beiden genannten Aspekte werden oftmals durch einen dritten ergänzt, und zwar durch den der Armut (Bonfil Sánchez 2003, 13). Die Diskriminierung wird anhand der folgenden Parameter festgemacht: schlechte Bildung, schlechte gesundheitliche Versorgung, die Ausbeutung ihrer Person als billige Arbeitskraft, eine Gender-Ideologie in den Dörfern, durch die Frauen auf ihre Mutterrolle reduziert und dadurch von politischen Entscheidungen ausgeschlossen werden, bis hin zur Gewalt gegen sie (ebd. 15f.).

1.2. Indigene Frauen und Bildung

Bei einem Besuch in einem zapotekischen Dorf verwunderte mich die Situation, dass Kinder ab einem Alter von zehn Jahren im Internat des ungefähr acht Kilometer entfernten Nachbardorfs leben mussten, um die restlichen drei Jahre der sechsjährigen Grundschulzeit zu absolvieren. Es gab keinen Schulbus, der es ihnen ermöglicht hätte, bei ihren Familien zu bleiben. Dies ist keine Ausnahmesituation. Viele Kinder oder Jugendliche müssen unter Umständen ihr Dorf und ihre Familie verlassen, um eine Schule besuchen zu können.

Trotz eines relativ gut ausgebauten Verkehrsnetzes, das die Städte Mexikos miteinander verbindet, mangelt es in entlegenen Bergdörfern an asphaltierten Straßen (Ewald 51). Die unzureichende Infrastruktur des Landes, der Mangel an Lehrpersonal oder existentielle Probleme der Familien führen unter anderem in diesen entlegenen ländlichen (und meist indigenen) Gebieten zu erschwerten Bedingungen der Schulbildung (Martínez Vasquez 2002a, 32; 2002b, 152; Bonfil Sánchez 2002, 209).

Hinzu kommt ein beträchtlicher Unterschied zwischen dem Schulbesuch von Jungen und Mädchen, der sich am deutlichsten im Alter von 15 bis 17 Jahren, wo die Oberstufe besucht wird, zeigt. Mädchen besuchen seltener die weiterführenden Schulen als Jungen (González Zetina 65). Hingegen heiraten mehr junge Frauen als junge Männer aus indigenen Gemeinden im Alter zwischen 15 und 19 Jahren. 21,5 Prozent der Frauen stehen im Gegensatz zu 7,5 Prozent der Männer (Fernández Ham 59). 12 Prozent der Frauen in Mexiko haben eine die mittlere Reife übersteigende Schulausbildung, bei Frauen aus indigenen Familien sind es unter sieben Prozent, im Vergleich dazu liegen die Prozentränge bei den Männern bei 16 zu 13 (ebd. 99). Bei einer Quote von 42 Prozent Analphabetismus unter den Frauen indigener Herkunft im Alter von und über 15 Jahren (der Prozentrang der Männer indigener Herkunft liegt bei 24,6) zeigt sich, dass Studentinnen indigener Herkunft einen ungewöhnlichen Lebensweg einschlagen (ebd. 87).

1.3. Indigene Frauen in den Städten

Angesichts der jahrhundertelangen Diskriminierung der indigenen Bevölkerung, wie in Abschnitt 1.1. skizziert, verwundert die Auffassung nicht, dass es zwischen der Lebenswelt der indigenen Bevölkerung, lokalisiert in den Dörfern, und der okzidentalen Sichtweise in den Städten, „niemals Übereinstimmung sondern Opposition" (Bonfil Batalla 101) gegeben habe. Die multiethnische Diversität in Mexiko scheint sich bis heute in einem grenzziehenden und polarisierenden Diskurs auf gewisse Dichotomien zu reduzieren: Stadt – Land, mesoamerikanische – okzidentale Kultur, Herrschaft – Unterdrückung.

Sind diese beiden Lebenswelten tatsächlich miteinander unvereinbar, oder kann von einer gegenseitigen Durchdringung die Rede sein, ohne dabei Unterschiede leugnen zu wollen? So dokumentieren durchaus alltägliche Vorkommnisse nicht vermeidbare kulturelle Vermischungen, die nicht bedrohlich erscheinen. Ein Beispiel dafür ist der folgende Auszug aus einem Memo zu einem Besuch bei der Interviewpartnerin Sandra:

> Bei Sandra zu Hause sitze ich in einem kahlen Raum mit Maispflanzen und Sternen verziertem Betonfußboden auf einem unbequemen Holzstuhl. Den Raum, mir fremd, interpretiere ich in seiner Kargheit als Zeichen der Armut der Familie. Wenig Dekoration, kein überflüssiger Schnickschnack. Dann fällt mein Blick auf die beiden Arbeitsgeräte: eine Singer-Nähmaschine und ein Dell-PC. Letzterer wird von Sandra in Betrieb genommen, die Gelegenheit ist günstig, eine Deutsche ist zu Besuch und kann die Lieder von Rammstein übersetzen. Der Rammsteinsound dringt nach draußen auf den Hof und teilt sich dort eine neue Klangrealität mit den gackernden Truthähnen ...

Beck würde diese Situation innerhalb der „Globalisierung des eigenen Lebens" (131) als „ortspolygam" bezeichnen. Ortspolygam in dem Sinne, dass an einem Ort verschiedene Kulturen aufeinandertreffen, aber auch, dass ein individuelles Leben in verschiedenen Ländern oder innerhalb eines Landes an diversen Orten stattfinden kann.

Ortspolygamie scheint nicht nur die Band *Rammstein* verursachen zu können. Auch eine indigene Studentin, die von ihrem Dorf in die Stadt zieht, um dort zu studieren, wird mit neuen Situationen konfrontiert. Nach der Erziehungswissenschaftlerin Alicia de Alba tritt sie aus ihrer „Primärgruppe" in die „nationale globale Kultur" (166) ein, welche die Werte der ersten eindeutig degradiere. In diesem Fall, so de Alba weiter, müsste eine „Identitätsblockade" mit Beziehungsproblemen zu sich selbst und anderen die Folge sein. Ein Grund dafür sei das Zusammentreffen verschiedener Sprachen in der Stadt. Ethnische Muttersprachen würden, sofern es sich nicht um Spanisch handelt, negiert oder diskriminiert werden, konstatiert Marjorie Thacker in ihrer Bestandsaufnahme zur Situation indigener Frauen in der Stadt (2003, 198).

Die von gesellschaftlicher Benachteiligung gekennzeichnete Lebenssituation von jungen Frauen indigener Herkunft scheint von Problemen mitbestimmt zu sein, welche die Ausbildung einer ‚positiven Identität' einschränken könnten. Die folgenden Identitätsmetaphern, einmal die allgemeine des „Patchworkens" nach Keupp et al. und schließlich die persönliche der *Piñata* nach Sandra, zeigen jedoch, dass die Ausbildung der persönlichen Identität in jedem Fall nur als eine spannungsreiche und lebenslange Herausforderung gedacht werden kann.

2. Identitätsmetaphern

2.1. Identitätsarbeit als Patchworken

Keupp geht davon aus, dass die gesellschaftlichen Bedingungen in einer zunehmend als globalisiert wahrgenommenen Welt Flexibilität vom Individuum einfordern (Keupp et al. 42). Ähnlich würde er wohl die Situation der indigenen Studentinnen einschätzen, die für ihren Bildungsweg wenig Vorbilder haben, kulturelle Diversität im eigenen Lebenslauf erleben und hoch komplexe Erfahrungen mit unterschiedlichen Werten machen.

Er spricht in diesem Zusammenhang von der alltäglichen Identitätsarbeit und hebt ihren prozessualen Charakter hervor. Die Metapher des nicht endenden „Patchworkens" (ebd. 266) verweist außerdem auf die vielen Teilidentitäten, die sich situations- und kontextabhängig in verschiedenen Lebensbereichen wie Familie, Arbeit und Freizeit ausbilden. Jede neue Erfahrung produziert ein neues Feld in dem gesamten Patchwork. Doch von einem lockeren Nebeneinander kann nicht die Rede sein, die Identitätsarbeit erfordert drei wichtige integrative Leistungen. Die erste bezeichnet Keupp als Kohärenzleistung, was nicht bedeuten soll, dass sich ein Individuum stets als gleichbleibend erleben muss. Es kann vielmehr Veränderungen verstehen und ihnen einen Sinn zusprechen: „Kohärenz entsteht so weniger inhaltlich denn als prozessuales Ergebnis (in dem Gefühl eines trotz unterschiedlicher Entwicklungen zu mir passenden Prozesses)" (246).

Zweitens hängt ein gutes Identitätsgefühl von Anerkennung ab. Anerkennung steht hier nicht nur für ein grundlegendes Bedürfnis des Menschen, sondern für ein zu erarbeitendes Gefühl, das einmal in der Wertschätzung durch andere und einmal durch Selbstanerkennung zustande kommt. Es kann auf unterschiedliche Art angestrebt werden, beispielsweise über die Zugehörigkeit zu einer Gruppe oder durch das Erleben von Selbstwirksamkeit bei der Umsetzung von Lebensprojekten (ebd. 262).

Authentizität als dritte Leistung bezieht sich auf ein grundlegendes Identitätsgefühl, das entsteht, wenn ein primäres, hoch bewertetes Identitätsziel (z.B. ‚Ich lasse mich nicht kontrollieren') für möglichst viele Teilidentitäten bedeutsam ist (vgl. ebd. 266).

Anstatt Widersprüchlichkeiten auflösen zu wollen, wird mit den beschriebenen Aufgabenbereichen ein produktives Spannungsverhältnis intendiert, in dem Ambivalenzen nicht nur eine Störung, sondern auch eine Chance zur Weiterentwicklung darstellen. Das Bild des Nähens eines ‚Patchwork-Teppichs' als Zusammensetzen verschiedener Muster oder womöglich von Komplementärfarben symbolisiert prozessuale Passungsarbeit, das Erarbeiten eines dynamischen Gleichgewichts innerhalb erlebter Konflikte und die Übernahme einer aktiven Rolle bei der Gestaltung der eigenen Identität.[1]

2.2. „Mein Leben – eine Piñata"

Meine Interviewpartnerin Sandra Diaz wuchs in einer Bauernfamilie auf. Sie ist das siebte von neun Kindern und die Erste in der Familie mit Abitur. Aufgrund ihrer guten Noten konnte sie sich um ein Stipendium im Frauenhaus bewerben und wurde dort als Stipendiatin akzeptiert. Schon vor der Oberstufe nahm Sandra Diaz erfolgreich als Klassenbeste an Schulwettbewerben teil, bis sie sogar beim Abitur das beste Zeugnis ihres Jahrgangs erhielt. Zum Zeitpunkt des Interviews studiert sie im Alter von 19 Jahren Chemie im zweiten Semester.

Mit ihren Brüdern, weniger mit ihren älteren Schwestern, teilt sie ihre Fußballleidenschaft. Außerdem unterscheidet sie sich von ihren Schwestern durch ihren ‚lockeren' Umgang mit dem anderen Geschlecht, weshalb sie in der Familie als „verrückt" beziehungsweise „explosiv" gilt. Diese Eigenschaft habe sie ihr und der Familie zufolge mit dem Vater gemeinsam, dessen unter Alkoholkonsum zu Tage tretenden, gewalttätigen Verhaltensweisen mit diesen Charaktereigenschaften freundlich umschrieben wurden. Mittlerweile sei der Vater allerdings abstinent und integriere sich nicht nur in die Familie, sondern beteilige sich auch – wie in besonderem Maße die gesamte übrige Familie – an den vielfältigen Aufgaben der katholischen Gemeinde. Nur Sandra Diaz praktiziert ihre katholische Glaubenszugehörigkeit weniger, was ihren Glauben jedoch nicht infrage stellen würde, wie sie betont. Zu ihrer Familie, wie zu anderen Gruppen unter Gleichaltrigen (zum Beispiel der Frauenfußballmannschaft) hegt sie sehr zärtliche und nostalgische Gefühle. Ihre Familie bezeichnet sie als „magisches Pulver", als treueste Freunde und als Trost. Sie fühle sich noch nicht reif genug für das Leben einer Erwachsenen. Vielmehr möch-

1 Der Vollständigkeit halber sei erwähnt, dass Keupp zwei weitere Aspekte in seinem Konzept betont: a) Identitätsarbeit ist Erzähl-Arbeit, und b) Identitätsarbeit hängt von zur Verfügung stehenden individuellen und sozialen wie kulturellen und ökonomischen Ressourcen ab.

te sie abenteuerlustig und experimentierfreudig ihre Jugend genießen. Gleichzeitig möchte sie sich verantwortungsvoll den manchmal als sehr anstrengend wahrgenommenen Herausforderungen der Universität stellen, auch deshalb, weil sie die Familie nicht enttäuschen möchte. Besonders der Mutter gegenüber empfindet Sandra Diaz sehr viel Dankbarkeit dafür, dass diese sich unter großer Opferbereitschaft stets für sie und ihren Bildungsweg eingesetzt habe. Entsprechend empfindet sie das Privileg, studieren zu können, als familiären Gemeinschaftserfolg.

Während des biographischen Interviews resümiert Sandra Diaz am Ende ihrer Lebenserzählung:

> „Also, das ist alles, ne. Ein- mein Leben ist wie ein unentwirrbares Knäuel, weiß nicht, es ist wie eine Piñata, aber eine mit vielen Seilen, die sie einmal in die eine und dann in die andere Richtung ziehen, und, und die in sich verschiedene Süßigkeiten trägt, also die von allem etwas hat, ...“ (Übersetzung von der Verfasserin, [II, 19])[2]

Diese Metapher bezieht sich hier auf einen mexikanischen Brauch an Kindergeburtstagen oder Weihnachtsfeiern, an denen die *Piñata* an einem Seil aufgehängt wird. Eine *Piñata* ist ein mit Pappe und buntem Papier zu unterschiedlichen Formen, traditionell jedoch zu einem Stern, verzierter Tonkrug, der mit Süßigkeiten oder Früchten gefüllt wird. Der gemeinschaftliche Höhepunkt des Feierrituals besteht darin, jedem Gast nacheinander die Augen zu verbinden, ihm einen Holzknüppel in die Hand zu drücken und ihn vor die Aufgabe zu stellen, unter einem anfeuernden Lied die *Piñata* zu zerschlagen. Kein einfaches Unterfangen, da die *Piñata* nicht nur schwer mit verbundenen Augen zu verorten ist, sondern auch von der zuschauenden Gruppe am Seil rettend in die Höhe gezogen wird. Schafft es jemand einen Zacken der Figur abzubrechen, behält er diesen als Trophäe. Das Spiel ist schließlich beendet, wenn die *Piñata* zerstört wurde, die Früchte und Süßigkeiten auf den Boden fallen und von allen eingesammelt werden.

Der Brauch ist also durch die spielerische Jagd auf einen bereichernden und zunächst beschützten Inhalt, der sich nur durch die Zerstörung der Form darbietet und unter allen Anwesenden aufgeteilt wird, gekennzeichnet. Neben vielen positiven Momenten wie dem des Spiels, der sozialen Funktion und des leckeren Inhalts der *Piñata,* beinhaltet diese Metapher auch einen destruktiven (oder aufopfernden?) Anteil.

---

2 Im spanischen Originaltext heißt es: „Entonces, es todo no, una- mi vida es como una maraña, no sé, es como una piñata, pero con muchas cuerdas, que la jalan hacia un lado y hacia otro. Y, y que va igual con muchos diferentes dulces adentro, o sea que tiene de todo, de todo pues ...“

Bezugnehmend auf den destruktiven Charakter der Metapher sei vorweggenommen, dass Sandra Diaz im Laufe des Interviews das Bild ihren Vorstellungen anpasst. Auf die Frage, ob die *Piñata* zerbrechen könnte, antwortet sie, dass kein Holzklotz sie zerstören würde, vielmehr seien die Zacken ein Schutz, und Gott halte das Seil und verhindere einen Bruch. Sie führt aus, dass die beschützenden Zacken ihre Familie und ihre Freunde seien, auf die sie sich bei einem schwierigen Problem verlassen könne.

Im Vergleich zum ‚Patchworken' steht bei der ‚*Piñata*-Metapher' jedoch nicht der aktive Part des Webens, Nähens oder Arbeitens im Vordergrund, sondern eine Situation, die zwischen Fremdbestimmung und Vertrauen, welches auf das soziale Eingebundensein in Familie und Freundeskreis oder auf Gott fußt, pendelt. Deutlich wird, dass Sandra Diaz aus dem Gefühl sicherer Beziehungen Kraft schöpft. Das Gewahrwerden eines unterstützenden Beziehungsnetzes könnte bei ihr für das Gefühl von Authentizität sorgen. Die Identitätskonstruktion hinge aus diesem Blickwinkel weniger von der eigenen Handlungsfähigkeit als von ihrer Gruppenzugehörigkeit ab.

In dem Zitat steht Sandra Diaz' Metapher zunächst für den Wirrwarr ihres Lebens, der sich dadurch erklärt, dass sie wie eine *Piñata* mit attraktivem Inhalt in verschiedene Richtungen gezogen wird. Im Nachfrageteil des Interviews erklärt sie, was das für sie bedeute und thematisiert die divergierenden von außen kommenden Erwartungen in ihren verschiedenen Lebensbereichen. Dort seien die Universität mit dem Appell „Studiere!", die Familie mit dem Ratschlag „Benimm dich, streng dich an!", schließlich auch die Freizeit, die locken würde „Komm, Fußball spielen!" und andere Einflüsse, die sie nur noch begrifflich aufzählt: Männer und die Liebe, Freunde, Gott und die Moral und das eigene ‚Teufelchen'[3] [III, 72b], das sie verführen könnte. Unterschiedliche Appelle konkurrieren miteinander und sorgen für Ambivalenzen, die Gergen als eine „multiphrene Situation" (36) bezeichnet. Multiphrenie entsteht durch ein erweitertes Beziehungsnetz von Möglichkeiten, Verpflichtungen und Werten, einhergehend mit hoch komplexen oder sogar widersprüchlichen Erfahrungen. Sandra Diaz empfindet dies folgendermaßen:

> „I: Und wie fühlst du dich mit diesen Zacken, Piñata?
>
> S: Also, einige sind schwerer als andere, aber ich hab das Gefühl dass, dass sie schwer wiegen. Aber, zum Beispiel weiß ich nicht, ob einer mehr wiegt, denn die anderen ... Zusammen lassen sie nicht zu, dass dieser gegen dich gewinnt. Also, und es ist so, dass du nicht weißt, wohin du gehen sollst.

---

3 Das eigene Teufelchen bezeichnet sie mit „mi yo malo", also mit „mein schlechtes bzw. böses Ich".

I: Macht dir das Angst?

S: Ja! Ein bisschen, das ist wie die Ungewissheit darüber nachzudenken: ‚Was passiert, wenn ich da lang gehe?' ‚Und was passiert, wenn ich da lang gehe?', ‚Und was, wenn ich mich irre, und was, wenn ich etwas nicht gut mache?' Das ist dieser Part." (Übersetzung von der Verfasserin, [III, 72e-h])[4]

In der ersten Antwort dieser Interviewsequenz drückt Sandra Diaz ein akzeptables Spannungsverhältnis zwischen den unterschiedlichen metaphorischen Zacken aus, die zwar unterschiedlich schwer wiegen, aber sich gegenseitig ausgleichen. Die Folge davon ist ein Gefühl von ungewisser Zukunft. Wohin soll Sandra Diaz' Weg gehen? Unter den verschiedenen Einflüssen stagniert die Situation und blockiert das eigene Handeln. In der zweiten Antwort bestätigt sie die Frage, ob ihr das Angst machen würde, und beschreibt ihre Unsicherheit dahingehend, wann sie eine richtige Entscheidung getroffen habe. Der zuvor interpretierte fremdbestimmte Charakter der Metapher wird hier in der Perspektive der Verantwortungsübernahme relativiert. „Biographische Unsicherheit" (Bonß et al. 212) entsteht durch die ‚multiphrene' Zackensituation, wird aber als Aufgabe interpretiert, den richtigen Weg zu wählen. Diese Entscheidungsarbeit übernimmt sie, nicht die Freunde oder die Familie. Letztere verdeutlichen ihr allerdings die Zugehörigkeit zur Gruppe, indem sie Erwartungen aussprechen und Richtungen weisen.

Dass die Ungewissheit für sie zu keiner Bedrohung, sondern zu einer Herausforderung wird, drückt sie in Bezug auf die Zukunft an anderen Stellen des Interviews aus. Sie trage als ‚Piñata' „Illusionslutscher", „Traumschokoladen" und „die Lust zu wachsen" [III, 72j] in sich. Das ist ein vielversprechender Inhalt, der eine optimistische und hoffnungsvolle Lebenseinstellung veranschaulicht, das Leben „ohne Pessimismus" [II, 19] zu meistern, auch wenn kein Tag vorhersehbar sei [II, 19]. Doch das sei „aufregend", betont Sandra Diaz, „das ist das, was mir an meinem Leben gefällt: die Varietät" [II, 19]. Dass ihre Zacken und das Schwingen der Kordel in unterschiedliche Richtungen Konflikte verursachen, wird hier von ihr eindeutig positiv bewertet. Das Leben, das Abwechslung und Überraschungen verspricht und dem sie sich jeden Tag aufs Neue stellen muss, gleicht demnach einem Abenteuer.

---

4 Im spanischen Originaltext heißt es: „I: ¿y como te sientes con estos picos, piñata? S: pues, algunos están como más pesados que otros, pero siento, que pesan, pero por ejemplo, no sé, si uno pesa más, pero los demás ... Juntos no dejan que ese te gane entonces, y como que no sabes a donde ir. I: ¿te da miedo? S: Si! Un poco, es como la incertidumbre de, de pensar ‚en si voy para acá que pasaría?' ‚Y si voy para acá que pasaría?' ‚Y si me equivoco y si no lo hago bien?' Es esa parte."

Die Metapher steht einerseits für ein Lebensgefühl, das ein inneres Spannungsverhältnis, biographische Unsicherheit und Fremdbestimmung einhergehend mit Stagnation und Handlungsunfähigkeit ausdrückt. Andererseits symbolisiert es soziales Eingebundensein, Vertrauen auf die Unterstützung anderer und die Bereitschaft, Verantwortung für das eigene Leben zu übernehmen, indem für den Lebensweg die richtigen Entscheidungen getroffen werden müssen.

Welche Kriterien dafür ausschlaggebend sind, wann eine Entscheidung die richtige ist und wann nicht, erläutert sie nicht. Sie empfindet lediglich einen starken Unterschied von richtig und falsch oder von gut und böse. Diese Dichotomien spielen mehrmals eine Rolle. Einmal äußert sie Zweifel darüber, ob die Zacken „gute" oder „betrügerische" [II, 19] seien, dann konkretisiert sie, dass ein Zacken der „Weg des Guten" sei, ein anderer sie selbst als „Böse" oder „Schlechte" [III, 72b]. Auch der vielversprechende (s. o.) Inhalt der *Piñata* wird mit den Ausdrücken „mein Inneres, das Gute" und „mein Inneres, das Schlechte" [III, 72j] polarisiert. Diese Gegenüberstellungen verweisen auf einen moralischen inneren Konflikt, der mithilfe von zwei weiteren Textstellen aus dem biographischen Interview im Folgenden näher beleuchtet werden soll.

3. Sandras Entwicklung von eigenständigen moralischen Überzeugungen

Sandra Diaz' Gefühl von biographischer Unsicherheit zeigt sich also besonders in Bezug auf das „Gute" und das „Böse". Die folgende Textpassage gibt ein Beispiel für miteinander unvereinbare Normen, die sie in unterschiedlichen Kontexten erfahren hat:

> Es ist so, ich erinner´ mich, und das ist mir als eine schlechte Erinnerung im Gedächtnis geblieben. [folgend schnell gesprochen] Einmal kamen wir von einer Hochzeit, von einem Tanz in der Nacht, und wir kamen zu Fuß nach Hause, und es kam so ein Typ mit uns. Und er begleitete uns, um sich mit meiner Schwester zu unterhalten. Also er ging nicht einmal hinter uns oder hat irgendwelche komischen Sachen gemacht, sie kamen weder in Umarmung noch haben sie sich geküsst also nichts dergleichen, nur geredet! Und als wir zu Hause ankamen hat mein Vater sie geschlagen! Meine Schwester! [entrüstet] Und ich sagte mir: Also, was, was, in welchen Kopf passt das denn? Nur weil sie sich unterhalten haben? Und dann, weil wir rauskamen – ... Als wir rauskamen, um in der Schule zu lernen und all das, weiß nicht, das hat unsere Art zu denken verändert [betont]. Vielleicht, und ä, und wenigstens um, ä, mit einem Typen zu reden, zumindest haben meine Schwester und ich nicht zugelassen, dass sie uns deshalb eben schlagen. Du machst ja nichts Schlechtes! [betont] Und ich sage immer zu

> meinem Vater, dass wir nichts Schlechtes [langgezogen und betont] machen! Also nur die Tatsache, dass du mit einem redest, heißt noch nicht, dass du seine Freundin bist! Denn mein Vater sagt oft, wenn Ihr auf der Straße mit einem redet und Euch die Leute sehen, dann ist das so, dass Ihr was Ernstes mit ihm habt! [Stimme des Vaters laut nachahmend] Und wir zu ihm: Hören Sie mal! [entrüstet, zurechtweisend] Eben nicht! Also wie? Will [denkt] er etwa, dass ich mit dem halben Dorf was Ernstes habe, denn ich versteh mich eben mit den Jungs, ja so. (Übersetzung der Verfasserin, [III, 60b]).[5]

Sandra Diaz erzählt diese Passage sehr gefühlsgeleitet, einzelne Wörter oder Sätze werden mal langsam, mal emotional und schnell gesprochen, teilweise sogar laut, die wörtliche Rede des Vaters nachahmend. Dadurch involviert sie die Zuhörerin in das Erleben der damaligen Situation und lässt sie an ihrer Entrüstung teilhaben. Das flüssige Erzählen weist darauf hin, dass sie die Anekdote eventuell schon mehrmals vorgetragen hat und sich der rhetorischen Wirkung sicher sein kann.

Ihre Empörung wendet sich gegen den Vater, eine Autoritätsperson, die von seinen Töchtern gesiezt wird. An anderer Stelle erzählt Sandra, dass lediglich eine Schwester den Mut habe, dem Vater Widerworte zu geben. Sandra ist schockiert, dass der Vater ihre Schwester schlägt, nur weil sie sich angeblich mit einem Jungen unterhalten habe. Dann wendet sie sich der Tatsache zu, dass sie „rauskam", dass sie und ihre jüngere Schwester durch den Schulbesuch andere Normen kennenlernten, die das Verbot des Vaters konterkarierten. Ihre eigene (neue) Überzeugung gewinnt Oberhand, sie betont, dass sie mit dem Vater diskutiert, ihn geradezu zurechtweist. Sie und ihre Schwester haben es geschafft, sich nicht schlagen zu lassen, sondern das Privileg zu genießen, mit dem männ-

---

5 Im spanischen Originaltext heißt es: „Entonces, yo recuerdo y me quedó como mal recuerdo esa vez, ((spricht nun schnell)) que veníamos de una boda, de un baile en la noche, y veníamos caminando, y se vino otro chavo con nosotros, pero se vino platicando con mi hermana, o sea ni tan siquiera venía atrás ((betont)) o haciendo cosas así. No venían ni abrazándose ni besándose, o sea nada, solo venían platicando! Y cuando llegamos a la casa, mi papá le pegó a mi hermana ((entrüstet)). Y yo dije bueno! Que, que, en que cabeza cabe pues? Que por platicar con alguien nada más! Y entonces, por eso es que salimos, cuando nosotros como salimos a estudiar y todo eso pues, no sé como que, cambia ((betont)) nuestra forma de pensar, tal vez. Y este, y pues al menos por estar, platicar con un chavo, pues al menos yo y mi hermana no nos hemos dejado que nos peguen, por que pues no estas haciendo nada malo! ((betont)) Y yo siempre le digo a mi papá, que no estamos haciendo nada ((langgezogen und betont)) malo! O sea el simple hecho, de que platiques con alguien, no ya por que seas su novia! Es que mi papá luego dice, ((die Stimme laut nachahmend)) si se van a poner a platicar con alguien en la calle, que las vea la gente, es por que tienen algo serio con el ...! Y nosotros así de oigame! ((entrüstet, zurechtweisend)) Pues no! O sea, como? Quiere, que con medio pueblo tenga yo cosas serias? Pues, es que yo me llevaba mucho con los chavos no y entonces."

lichen Geschlecht zu kommunizieren. Im letzten Satz parodiert sie durch eine ironische Frage das Verbot des Vaters und stellt es damit als absurd dar. Parodie stellt ein überaus geeignetes Sprachmittel dar, um „die scheinbare ‚Natürlichkeit' der patriarchalischen ‚Ordnung der Geschlechter' zu demontieren" (Borsò und Gerling 98) und entmachtet in diesem Fall die Normsetzung des Vaters.

Sandra Diaz wird mit konkurrierenden Normen in unterschiedlichen Kontexten konfrontiert. Das Verbot des Vaters empfindet sie nicht nur als absurd, sondern auch als Einschränkung ihres Handlungsspielraums im Kontext Schule. Vehemenz scheint notwendig zu sein, um sich gegen das Verbot der „Primärwelt" der Familie oder des Dorfes durchzusetzen. Sandra Diaz trifft eine klare Entscheidung für die neue Sichtweise auf das andere Geschlecht. Den normativen Konflikt handelt sie, zusammen mit ihrer Schwester, darüber hinaus zu ihren Gunsten offen in der Familie aus. Das ‚*Piñata*-Gefühl' des Hin- und Hergerissenseins dürfte sich in diesem Bereich erfolgreich aufgelöst haben.

An vielen anderen Stellen des biographischen Interviews benennt Sandra Diaz allerdings innere moralische Konflikte. Manchmal habe sie das Gefühl, die Eltern „in Bezug auf den gesellschaftlichen Aspekt der Moral" [I, 13a] zu enttäuschen. Im Vergleich zu den Geschwistern und den Eltern, die alle in der katholischen Kirche engagiert sind, bezeichnet sie sich als „das schwarze Schaf" [III, 46g]. Sehr oft benutzt sie die Formulierung, dass sie sich schlecht fühle bzw. ein schlechtes Gewissen habe, und unter lautem schambesetzten Lachen erzählt sie von einigen „Sünden" [III, 54 ff], die sie begangen habe.

Ein Blick auf die Einbettung der oben zitierten Sequenz im Interviewverlauf gibt Aufschluss über noch weitere implizite Aussagen. Sandra Diaz' „Sünden", durch die sie sich von ihren Geschwistern abheben würde, bestünden vor allem im vielfältigen Kontakt mit dem anderen Geschlecht, der sich allerdings nicht nur in freundschaftlicher Kommunikation, sondern auch schon mal als Flirten, vielleicht sogar bis zum Austausch von Zärtlichkeiten wie zum Beispiel Küssen, darstelle. Sandra Diaz äußert sich nach der oben zitierten Interviewpassage folgendermaßen dazu:

> Ich denke, dass, weil, weiß nicht, ... Also meine Schwester sagt mir oft [Stimme nachahmend]: was musst du eigentlich, weiß nicht, immer so viel mit den Jungs quatschen? Und was weiß ich, weiß nicht.

> Ich bin eben mehr so eine Spaßnudel. Und ich fang an zu ... Und ich versteh mich besser mit den Jungs, und weiß nicht. Plötzlich machen sie mich an, und ich bin eben so, ich gebe ihnen Einlass könnte man sagen. Also wenn mir einer gefällt, na klar! Und dann, weiß nicht, dann ergeben sich die Dinge. Und ja, also wenn mir also eine Person gefällt, na klar! Dann lass ich mich treiben, könnte man sagen.

> Und im Vergleich, weiß nicht, sind meine Schwestern mehr so, so, weiß nicht. Also manchmal empfinden sie etwas, aber es passiert nichts. Also, die Moral [betont] gewinnt. Denn vielleicht ist es nicht unmoralisch, verschiedene Freunde zu haben, aber da wir so erzogen sind eben doch. Also weiß nicht, aber ja.
>
> Und weiß nicht, ich hatte solche Liebschaften, ja ... (Übersetzung der Verfasserin, [III, 60d-f])[6]

Im Vergleich zur Vehemenz der vorherigen Interviewpassage wirkt Sandra Diaz in diesem Zitat zweifelnder, allein durch das mehrmalige Einfügen der Floskel „weiß nicht". Ihr Verhalten, mit Jungen zu ‚quatschen', wird in der Familie anscheinend nicht kommentarlos akzeptiert. Der eigentlich als ‚harmlos' anzusehende Kontakt zum anderen Geschlecht, so deutet sie an, bleibt allerdings nicht bei einer Freundschaft. „Ich bin eben so", argumentiert sie schicksalhaft. Die Formulierung passt zur ‚*Piñata*-Metapher'. Attraktiv oder lustig bietet sie sich dar, und wenn ein Seil in eine bestimmte Richtung ziehen mag, dann muss die *Piñata* nachgeben. Kurz darauf wiederholt sie: „Ich hab mich nicht unter Kontrolle, und wenn mir einer gefällt, dann sag ich ihm das" [III, 60g].

In ihren Formulierungen wirkt Sandra Diaz einerseits fremdbestimmt und schicksalhaft getrieben. Dadurch kann sie mögliche Schuldzuweisungen von sich weisen. Andererseits verbirgt sie hinter der scheinbaren Passivität ihren eigenen aktiven Part, der ansatzweise auch verbalisiert wird, wenn sie später erzählt, dass sie auf die Jungen zugehen würde.

Das Verhalten wird mithilfe von moralischen Kategorien reflektiert. Während die Moral bei ihren Schwestern gewinnt, kann Sandra Diaz nicht sicher entscheiden, ob die Moral ihrer Familie die richtige ist oder ob es eine dieser Erziehung übergeordnete Moral gibt, die besagt, dass es nicht unmoralisch sei, verschiedene Freunde zu haben. Ihr Verhalten verrät, dass sie letzteres für sich als Norm akzeptiert hat, während aber die Umgebung anders denkt. Daher hat sie das Gefühl, „die anderen Leute könnten denken, ich sei eine Verrückte" [III, 60g]. Nach solchen Erlebnissen mit Kuss, ohne verliebt zu sein, ist es für sie bedeutsam zu wissen,

6 Im spanischen Originaltext heißt es: „Pienso, que, por que, no sé, es que mi hermana luego me dice [Stimme nachahmend]: Es que, tú no sé, que tanto tienes que hablar con los chamacos, y no sé que, no sé. Es que, yo soy más así como que desmadrosa. Y empiezo a- ... Y me llevo más con los chavos, y no sé. De repente me insinúan algo. Y pues yo así como que ... Les doy entrada se podría decir. O sea como que cuando alguien me gusta pues si! Y entonces no sé, pues ya se dan las cosas. Y pues si, o sea como que si a mi me gusta una persona pues si! Me dejo llevar podría decirse. En cambio, no sé, mis hermanas son como mas así, de que, no sé. O sea a veces si sienten algo pero no ... Como que la moral [betont] les gana. Por que tal vez no es inmoral tener varios novios, no, pero como estamos educadas pues si. Entonces no sé, pero si. Y no sé, he tenido amigos con derecho, si ..." [III, 60d-f]

was nachher über sie gedacht wird [vgl. III, 60j]. Ihr guter Ruf steht auf dem Spiel. Ihre Reflexionen enden mit derselben Entrüstung, wie sie begonnen hat. Sie würde gerne all jenen, die nicht verstehen, dass das Reden mit einem Jungen nichts Schlechtes ist, „etwas einspritzen, ins Gehirn“ [III, 60 j], damit sie endlich ihre Meinung ändern.

Hinter der offen und selbstbewusst vertretenen Ansicht „Ich darf mit Jungen sprechen“ verbirgt sich noch eine weitere persönliche Überzeugung, die Sandra Diaz nur heimlich umsetzen kann, und die sie weniger selbstbestimmt als schicksalhaft in ihren Formulierungen vertritt: „Es ist nicht unmoralisch, verschiedene Freunde oder Liebschaften zu haben.“

In welchem Kontext hat ihre persönliche Überzeugung Geltung? Nicht bei der Familie, nicht im Dorf, auch nicht bei den Schwestern. Selbst einige Freundinnen geben ihr den Tipp, mehr Distanz zum anderen Geschlecht zu wahren. Letztlich kann sie diese Vorstellung nur in der Gruppe der Jungen leben, wenn diese auch nach einer Zärtlichkeit, wie einem Kuss, sie weiterhin als Freundin akzeptiert. Genau das betont Sandra Diaz, wenn sie sagt, sie fühle sich nur dann gut nach einer „Liebschaft“, wenn die Freundschaft danach fortbestehe.

Sandra Diaz' Verhalten lässt sich einer Lebensphase zuordnen, zu der auch das Erproben der sexuellen Wirkung auf das andere Geschlecht gehört. Attraktion und Leidenschaft gehören zu den zentralen Motiven der ersten Liebesbeziehungen in der frühen Adoleszenz (Wendt 16), die als temporäres „Übungsfeld“ (15) fungieren, um wichtige Beziehungskompetenzen aufzubauen.

Vielleicht ist es einfach nur Sandra Diaz' „gutes Recht“, experimentieren zu wollen. Bei den jungen Männern ihres Alters würde dieses Recht in der Regel in keiner Weise infrage gestellt werden. Dieses Recht aus der Welt der Männer erkämpft sich die junge Frau einerseits mit Genugtuung, andererseits unter der Gefahr der Einbuße ihres guten Rufes und in Begleitung eines schlechten Gewissens. Sie steht vor der Aufgabe, im Bereich der Sexualität zu lernen, ihren eigenen Weg zu gehen – derart, dass ihre Identität durch Selbstanerkennung und nicht durch die Anerkennung der Jungen gespeist wird, aber auch nicht von der Meinung der ‚Anderen‘ abhängt. Im Hinblick auf ihre Metapher würde das bedeuten, dass sie sich von den Seilen befreit, die an ihr ziehen, ihren eigenen Inhalt lieber selbst plündert und sich samt ihren Süßigkeiten und den Zacken-Trophäen auf eine selbstbestimmte Wanderschaft begibt.

4. Pädagogische Förderung im Frauenhaus Oaxacas

Sandra Diaz ist eine Ex-Stipendiatin des Frauenhauses Rosario Castellanos der Stadt Oaxaca, welches Schülerinnen indigener Herkunft nicht nur finanziell unterstützt, damit diese das Abitur machen können, sondern auch in pädagogischer Hinsicht fördert. Das pädagogische Programm mit dem

Ziel, die Aspekte Gender, Ethnizität, soziale Herkunft mit Bildung identitätsfördernd zu vereinen, umfasst verschiedene Instrumente.[7] Jeder Stipendiatin wird eine Patin zugeordnet, die sich individuell um die Belange des Mädchens kümmert. Die Schülerin verpflichtet sich regelmäßig an Kursen teilzunehmen, die ausschließlich für die Stipendiatinnen gestaltet werden.

Mit der Zeit haben sich vier Themenkomplexe herauskristallisiert: Rechte von Frauen, Sexualität, Selbstbewusstsein und Lebensplanung. Jede Stipendiatin verpflichtet sich darüber hinaus, in der Schule ihren bereits vorhandenen guten Notendurchschnitt zu halten und ein soziales Projekt in ihrem Dorf zu planen und durchzuführen, wie zum Beispiel aufklärende Gespräche über die Rechte von Frauen. Seit einem Jahr laden die verantwortlichen Frauen des Stipendien-Projektes auch die Familien der Stipendiatinnen zu Gruppengesprächen in das Frauenhaus ein. Eine Vielzahl an pädagogischen Interventionen breitet sich mit der Intention aus, die jungen Frauen indigener Herkunft auf ihrem Bildungs- und Lebensweg zu stärken.

Mit Blick auf die persönliche Entwicklung von Sandra Diaz als junge Frau lässt sich sagen, dass sie sich gegen ein rigides Regelnetz, das sie von der Welt und den Privilegien der Männer trennen soll, mit individuellen Strategien wehrt. Ein wichtiger Bereich ihres derzeitigen Lebensgefühls stellt der Umgang mit Liebe und Sexualität dar, eine sogenannte Entwicklungsaufgabe der frühen Adoleszenz. Sie erfährt Anerkennung, Leidenschaft, aber auch moralische Konflikte. Daher bedeutet die Ausbildung von eigenen moralischen Überzeugungen eine weitere Entwicklungsaufgabe. Ziele der sexuellen Entwicklung sind Selbstakzeptanz, sexuelle Authentizität und Verantwortungsübernahme gegenüber Partnern (Wendt 34). Die Ausbildung von moralischen Überzeugungen erfordert Entscheidungskompetenzen und sowohl Anpassungs- als auch Abgrenzungsvermögen zur Durchsetzung oder Verteidigung eigener Vorstellungen.

Das Frauenhaus bietet dafür eine exzellente Plattform. Die Themen ‚Sexualität' und ‚Selbstwertgefühl' sind bereits explizit in das pädagogische Programm aufgenommen worden. Die Schülerinnen werden angeregt, sich nicht vom Gerede anderer Menschen abhängig zu machen und auch über sexuelle Bedürfnisse nachzudenken. Die Gespräche vermitteln unter Umständen neue Sichtweisen, der Austausch untereinander fördert reflexive Kompetenzen.

Ich konnte Sandra Diaz während einer Veranstaltung erleben und hören, wie offen sie über das Thema ‚Sexualität' reden konnte, ohne etwas verheimlichen zu müssen. Dennoch zeigt sich durch das biographische Interview, wie stark der Einfluss des Elternhauses oder die erlernten Nor-

7 Mehrsprachige Informationen zum Stipendiumsfond „Guadalupe Musalem" und zum Frauenhaus „Rosario Castellanos" sind zu finden unter: www.gesmujer.org, 09. Aug. 2009.

men der „Primärwelt" verinnerlicht sind und trotz Reflexion und dem Wunsch nach Veränderung immer wieder ein schlechtes Gewissen auslösen können.

Auch moralische Fragestellungen finden im pädagogischen Programm des Frauenhauses Berücksichtigung. Beispielsweise geben Informationen über die Rechte von Frauen Halt und Orientierung, falls die Stipendiatinnen in moralische Dilemmata geraten. Darüber hinaus können moralische Ungereimtheiten zwischen Frauenhaus und Familie auf der Ebene der Erwachsenen besprochen werden, wenn Gespräche mit den Eltern stattfinden.

Die Förderung des Selbstbewusstseins, die das Frauenhaus mit vielen Aktionen verfolgt, ist zudem unabdingbar für die Entwicklung von moralischen Überzeugungen. Als besonders wirksam erscheint in diesem Zusammenhang die Aufgabe, ein Projekt im Heimatdorf durchzuführen, da es integrativ auf die eigene Persönlichkeit wirken kann. Durch eine neue Sichtweise auf die geschlechtsspezifischen Erwartungen an junge Frauen oder auf ihre Rechte im Bereich der Sexualität, muss sich die Stipendiatin nicht von zu Hause oder ihrer „Primärwelt" abgrenzen, sondern kann vielmehr in der Rolle der Überbringerin von neuen Ideen dienen. Die aktive Auseinandersetzung mit Normkonflikten, wie sie das Frauenhaus Rosario Castellanos in ihrer Förderung zu gewährleisten versucht, scheint darüber hinaus die Lösung für vermeintliche Identitätsprobleme zu sein, die durch Multiphrenie oder Ortspolygamie entstehen könnten.

Literatur

Bonfil Batalla, Guillermo. *México profundo – una civilización negada*. Mexiko: Random House Mondadori, 2005. Print.

Beck, Ulrich. *Was ist Globalisierung?* Frankfurt a. M.: Suhrkamp, 2007. Print.

Bonfil Sánchez, Paloma. *Niñas indígenas: la esperanza amenazada*. Mexiko: Unicef, 2002. Print.

---. „Entre la reclusión y la exclusión. La discriminación diferenciada contra las mujeres indígenas". *Diagnóstico de la discriminación hacia las mujeres indígenas*. Hg. Paloma Bonfil Sánchez und Elvia Rosa Martínez Medrano. Mexiko: CDI, 2003. 7–18. Print.

Bonß, Wolfgang et al.. „Biographische Sicherheit". *Entgrenzung und Entscheidung*. Hg. Ulrich Beck und Christoph Lau. Frankfurt a. M.: Suhrkamp, 2004. 211–233. Print.

Borsò, Vittoria und Vera Elisabeth Gerling. „Von Malinche zu Frida Kahlo: Territorium und Gender am Beispiel Mexikos". *Transkulturelle Genderforschung – ein Studienbuch zum Verhältnis von Kultur und Geschlecht*. Hg. Michiko Mae und Britta Saal. Wiesbaden: VS, 2007. 75–110. Print.

Castellanos Guerrero, Alicia. „Antropologia y racismo en México". *Racismos*. Desacatos, Revista de Antropología Social, verano 2000. 53–79. Print.

De Alba, Alicia. „Posmodernidad y educación. Implicaciones epistémicas y conceptuales en los discursos educativos". *Posmodernidad y educación.* Hg. Dies. Mexiko, UNAM: Porrúa, 1995. 129–176. Print.

Ewald, Ursula. „Der Raum und seine Bevölkerung". *Mexiko heute, Politik, Wirtschaft, Kultur.* Hg. Walther L. Bernecker et al. Frankfurt a. M.: Vervuert, 2004. 15–64. Print.

Fernández Ham, Patricia, et al., Hg.. *Indicadores con perspectiva de género para los pueblos indígenas.* Mexiko: CDI, 2006. Print.

Gabbert, Wolfgang. „Vom Land der Mestizen zur multi-ethnischen Nation – Staatspartei und Indianer im nachrevolutionären Mexiko". *Lateinamerika – Analysen und Berichte.* Hg. Dietmar Dirmoser et al. Band 16, Münster: Lit, 1992. 32–47. Print.

Gall, Olivia. „Racismo y sexismo en la historia y el presente de México". *México indígena,* 2.5 (2003): 15–23. Print.

Gergen, Kenneth. „Sinn ist nur als Ergebnis von Beziehungen denkbar. Interview mit K. Gergen". *Psychologie heute* 10 (1994): 34–38. Print.

Gippert, Wolfgang, Petra Götte und Elke Kleinau, Hg.. *Transkulturalität, Gender- und bildungshistorische Perspektiven.* Bielefeld: transcript, 2008. Print.

González Zetina, Graciela. „Las mujeres indígenas en los números". *México indígena,* 2.5 (2003): 64–68. Print.

Keupp, Heiner et al. *Identitätskonstruktionen. Das Patchwork der Identitäten in der Spätmoderne.* Hamburg: Rowohlt, 1999. Print.

Martínez Vásquez, Víctor Raúl. „La población en Oaxaca". *Oaxaca: Escenarios del nuevo siglo (Sociedad, economía, política).* Hg. ders. Oaxaca, 2002a. 25–33. Print.

---. „La educación en Oaxaca". *Oaxaca: Escenarios del nuevo siglo (Sociedad, economía, política).* Hg. Ders. Oaxaca, 2002b. 147–185. Print.

Olivera Bustamente, Mercedes. „Discriminaciones de género y etnia". *Diagnóstico de la discriminación hacia las mujeres indígenas.* Hg. Paloma Bonfil Sánchez und Elvia Rosa Martínez Medrano. Mexiko: CDI, 2003. 211–252. Print.

Thacker, Marjorie. „La identidad múltiple: de la tolerancia a la aceptación. Mujeres indias en las ciudades". *Diagnóstico de la discriminación hacia las mujeres indígenas.* Hg. Paloma Bonfil Sánchez und Elvia Rosa Martínez Medrano. Mexiko: CDI, 2003. 195–210. Print.

Wendt, Eva-Verena. *Sexualität und Bindung – Qualität und Motivation sexueller Paarbeziehungen im Jugend- und jungen Erwachsenalter.* Weinheim und München: Juventa, 2009. Print.

Zimmermann, Klaus. „Die Sprachensituation in Mexiko". *Mexiko heute, Politik, Wirtschaft, Kultur.* Hg. Walther L. Bernecker et al.. Frankfurt a. M.: Vervuert, 2004. 421–463. Print.

Autorinnen und Autoren

Diana Afrashteh ist Referentin für internationale Beziehungen an der Karl-Franzens-Universität Graz. Sie studierte Translationswissenschaften mit Fokus auf Englisch und Arabisch an der Universität Graz und absolvierte berufsbegleitend ein postgraduales Masterstudium für interkulturelle Kompetenz an der Donau-Universität Krems. Seit 2006 ist sie als Trainerin und Lektorin für Interkulturelle Kompetenz in der Erwachsenenbildung tätig.

Alexandra Dorfer ist interimistische Leiterin der Abteilung Lehr- und Studienservices, stellvertretende Leiterin des Zentrums für Lehrkompetenz (2011–2013) und Lehrbeauftragte am Institut für Soziologie der Karl-Franzens-Universität Graz. Sie studierte Soziologie und Betriebswirtschaftslehre, derzeit Doktoratsstudium der Sozial- und Wirtschaftswissenschaften. Ihre Arbeits- und Forschungsschwerpunkte liegen in den Bereichen Hochschulentwicklung, Qualitätsentwicklung, empirische Forschungsmethoden und Bildungssoziologie.

Eva Eirmbter-Stolbrink ist Akademische Direktorin im Fach Pädagogik an der Universität Trier. Sie studierte Pädagogik, Soziologie und Psychologie an der Universität zu Köln. Ihre Forschungsinteressen liegen im Bereich der Bildungstheorie, der Methoden zur Vermittlung und Aneignung von Wissen in der Wissensgesellschaft sowie der allgemeinen und politischen Weiterbildung.

Evelyne Glaser leitet seit 1994 das Zentrum für Fachsprachen und Interkulturelle Kommunikation an der Johannes Kepler Universität in Linz. Sie studierte Anglistik und Romanistik an der Universität Salzburg und wurde dort 1978 mit einer Dissertation über John Barth promoviert. Sie verfügt über Lehrerfahrung in europäischen und außereuropäischen Ländern im Bereich der Bachelor- und Masterprogramme, ist Visiting Professor an der Széchenyi István Universität in Györ, Ungarn, und seit vielen Jahren aktiv an der Internationalisierung der Johannes Kepler Universität Linz beteiligt. In Forschung und Lehre beschäftigt sie sich vorwiegend mit multikulturellen Teams und Gruppenprozessen sowie mit interkultureller Kompetenz und Kommunikation.

Christian Hofer studierte Erziehungs- und Bildungswissenschaften auf Diplom, Italienisch und Psychologie/Philosophie auf Lehramt und hat ein Doktoratsstudium im Bereich Bildungswissenschaften absolviert. Er ist als (Senior)Lecturer bei treffpunkt sprachen – Zentrum für Sprache, Plurilingualismus und Fachdidaktik der Universität Graz tätig, Lehrer in einem Gymnasium sowie Erwachsenen- und LehrerInnenfortbildner. Seine Forschungsinteressen liegen in den Bereichen Lernen, Lehren, Fach- und Sprachendidaktik.

Elisabeth Katschnig-Fasch (1947–2012) war Professorin am Institut für Volkskunde und Kulturanthropologie an der Karl-Franzens-Universität Graz. Studium der Volkskunde, Psychologie und Philosophie in Graz und Paris, Abschluss des Studiums 1976 mit dem Doktorat aus Volkskunde / Philosophie und Psychologie zum Thema Vereine in Graz (ausgezeichnet mit dem Preis der Stadt Graz). Habilitation 1996 in Volkskunde an der Karl Franzens Universität Graz zum Thema Möblierter Sinn. Städtische Wohn- und Lebensstile (ausgezeichnet mit dem Charlotte Bühler Habilitationsstipendium). 1997–1998 Vertretungsprofessur am Institut für Kulturanthropologie in Frankfurt am Main, Gastprofessuren in Frankfurt am Main und Wien. Ausgezeichnet für die Publikation Das ganz alltägliche Elend. Begegnungen im Schatten des Neoliberalismus mit dem Bruno Kreisky Preis (Verleihung des Anerkennungspreises für das politische Buch 2003).

Ulla Kriebernegg ist Assistenzprofessorin am Center for Inter-American Studies der Karl-Franzens-Universität Graz. Sie studierte Anglistik/Amerikanistik und Germanistik an der Karl-Franzens-Universität Graz und am University College Dublin. Ihre Forschungsschwerpunkte liegen im Bereich der nordamerikanischen Literatur- und Kulturwissenschaft, der Identitäts- und Interkulturalitätsforschung und der Aging Studies sowie im Bereich der Inter-American Studies.

Roberta Maierhofer ist Professorin der Amerikanistik und akademische Leiterin des Zentrums für Inter-Amerikanische Studien der Universität Graz, studierte Anglistik/Amerikanistik und Germanistik an der Universität Graz und Vergleichende Literaturwissenschaften an der State University of New York at Binghamton, wo sie heute noch als Adjunct Associate Professor tätig ist. Neben ihrem Schwerpunkt in den Alternswissenschaften hat sie Arbeiten zu William H. Gass, den 1930er Jahren, Dokumentarfilmen, amerikanischer Kultur der 1980er Jahre, Interkulturalität, Frauen- und Geschlechterforschung und transatlantische Bildungskooperationen vorgelegt. Von 1999–2011 war sie Vizerektorin für Internationale Beziehungen der Universität Graz.

Hermine Penz ist Professorin für englische Sprachwissenschaft an der Universität Graz, studierte Anglistik/Amerikanistik und Geschichte in Graz sowie Soziolinguistik an der Georgetown University in Washington D.C., USA. Ihre Forschungsschwerpunkte liegen im Bereich der Diskursanalyse, Pragmatik und der interkulturellen Kommunikation, insbesondere den Strategien der Verständigung in der interkulturellen Kommunikation, sprachlichen und kulturellen Aspekten der Studierendenmobilität sowie Fragen des Klimawandeldiskurses im internationalen Kontext.

Claudia Pietig promoviert an der Universität zu Köln in Erziehungswissenschaft zum Thema ‚Zwischen Autonomie und Bindung – Studentinnen indigener Herkunft aus Oaxaca, Mexiko'. Sie ist examinierte Förderschullehrerin mit dem Schwerpunkt ‚emotionale und soziale Entwicklung'. Ihre Forschungsinteressen liegen im Bereich der Cultural, Postcolonial und Gender Studies zu Themen wie Schule, Inklusion, Mexiko, Familie und Diversity.

Barbara Schröttner lehrt und forscht als Assistenzprofessorin im Arbeitsbereich Weiterbildung am Institut für Erziehungs- und Bildungswissenschaft der Karl-Franzens-Universität Graz. Forschungsschwerpunkte: Globalisierung, globaler Wandel, soziale Ungleichheit, Indien. Qualitative ethnographische Feldforschungen in Indien seit 1999. Lehr- und Vortragstätigkeiten in Europa, Asien und USA.

Birgit-Katharine Seemann ist Leiterin des Fachbereichs Kultur und Museum der brandenburgischen Landeshauptstadt Potsdam. Sie promovierte an der Universität Hamburg im Fach Neuere Geschichte über Aspekte der Museumsentwicklung im 19. und 20. Jahrhundert. Ihre neueren Veröffentlichungen beschäftigen sich mit den Chancen kultureller Bildung und kulturpolitischen Themenstellungen. Ihre Forschungsinteressen liegen in den Bereichen Kulturpolitik, Kulturmanagement und kulturelle Teilhabe.

Interkulturelle Pädagogik

Susanne Binder; Eva Kössner (Hg.)
Erfahrungen teilen – Vielfalt erleben
Interkulturelles Mentoring und Mehrsprachigkeit an österreichischen Schulen
Kulturelle und sprachliche Vielfalt ist heute auch in Klassenzimmern ganz alltäglich. Im Gegensatz zu problemorientierten Diskursen in Politik und Medien zeigt dieser Band, wie multikulturelle Lebenserfahrungen als Ressource genutzt werden können. Initiatorinnen, Lehrkräfte sowie Mentoren und Mentorinnen berichten über *Interkulturelles Mentoring für Schulen*: Studierende mit Migrationserfahrung unterstützen Kinder und Jugendliche bei ihrer persönlichen und schulischen Entwicklung. Daneben werden weitere Mentoringprojekte vorgestellt und Mehrsprachigkeit im schulischen Kontext beleuchtet.
Bd. 15, 2015, 160 S., 24,90 €, br., ISBN 978-3-643-50626-9

Ilse Born-Lechleitner (Hg.)
Interkulturelle Kompetenz: vermitteln, erwerben, anwenden
Teaching, Acquiring and Applying Intercultural Competence
Interkulturelle Kompetenz wird gemeinhin als Schlüsselqualifikation für alle Berufsgruppen anerkannt. Forscher und Pädagogen haben jedoch bislang noch keine ideale Methode für die Vermittlung und den Erwerb dieser Kompetenz entwickelt. In diesem Band beschreiben Wissenschaftler und Praktiker aus zwölf Ländern ihren Zugang zu dieser Thematik. Die Beiträge reichen von philosophisch-theoretischen Grundlagen über pädagogisch-didaktische Ansätze für die Vermittlung interkultureller Kompetenz an verschiedenen europäischen Schulen und Universitäten bis zur Bedeutung von interkultureller Kompetenz in der Berufswelt.
Bd. 14, 2014, 328 S., 29,90 €, br., ISBN 978-3-643-50624-5

Ulla Kriebernegg; Roberta Maierhofer; Hermine Penz (Eds.)
Intercultural Encounters in Education
What kind of cultural encounters enhance cultural awareness and intercultural competence in educational contexts?
This volume highlights the potential of different types of (inter)cultural encounters for intercultural learning and developing critical (cultural) awareness in education. Several articles explore the potential of critical reading of classical and other culturally relevant texts as well as physical or virtual encounters with people from other cultures as part of course activities for the development of intercultural competence.
Bd. 13, 2014, 200 S., 29,90 €, br., ISBN 978-3-643-90514-7

Rüdiger Lohlker; Elke Gornik (Hg.)
(Weiter) Bildung – erleben
Dialog – Muslime – Universität – Gesellschaft
Bd. 12, 2017, 104 S., 19,90 €, br., ISBN 978-3-643-50569-9

Inga Schwarz
Anthropology of Governance in Education
Indigenisierung alternativer Bildungskonzepte in der Türkei
Bd. 11, 2014, 280 S., 29,90 €, br., ISBN 978-3-643-12449-4

Ulrike Lingen-Ali
Agency im Kontext
Eine transkulturelle, biografische Untersuchung zu frauenpolitischen Akteurinnen in Palästina und Deutschland
Bd. 10, 2013, 344 S., 34,90 €, br., ISBN 978-3-643-12055-7

Renate Seebauer (Hg.)
Europäische Dimensionen in der Bildungsarbeit
Intensiv-Programm EURIDENT
Bd. 8, 2010, 216 S., 19,90 €, br., ISBN 978-3-643-50143-1

LIT Verlag Berlin – Münster – Wien – Zürich – London
Auslieferung Deutschland / Österreich / Schweiz: siehe Impressumsseite

Renate Seebauer
Fenster nach Europa
Intensiv-Programm EURIDENT
Bd. 7, 2009, 176 S., 19,90 €, br., ISBN 978-3-643-50004-5

Renate Seebauer
Auslandssemester – Eine Chance zur Konfiguration bestehender Interpretationsmuster?
Bd. 6, 2009, 184 S., 19,90 €, br., ISBN 978-3-8258-1945-3

Renate Seebauer (Hg.)
Mosaik Europa
Diskussionsbeiträge zur ethnischen und sprachlichen Vielfalt
Bd. 5, 2006, 184 S., 14,90 €, br., ISBN 3-8258-9709-5

Menekşe Çağlıyan
Sexuelle Normenvorstellungen und Erziehungspraxis von türkischen Eltern der ersten und zweiten Generation in der Türkei und Deutschland
Bd. 4, 2006, 312 S., 30,90 €, br., ISBN 3-8258-9617-X

Renate Seebauer (Hg.)
Das Fremde und das Eigene
Bd. 3, 2005, 168 S., 12,90 €, br., ISBN 3-8258-8524-0

Andrea Zorka Kinda-Berlakovich
Die kroatische Unterrichtssprache im Burgenland
Bilinguales Pflichtschulwesen von 1921 – 2001
Bd. 2, 2005, 304 S., 34,90 €, br., ISBN 3-8258-8432-5

Susanne Binder
Interkulturelles Lernen aus ethnologischer Perspektive
Konzepte, Ansichten und Praxisbeispiele aus Österreich und den Niederlanden
Bd. 1, 2005, 304 S., 24,90 €, br., ISBN 3-8258-8260-8

LIT Verlag Berlin – Münster – Wien – Zürich – London
Auslieferung Deutschland / Österreich / Schweiz: siehe Impressumsseite